# Commelin

Pierre Commelin, né à Noyal-Muzillac (Morbihan) en 1837 et mort en 1926, est un traducteur et écrivain français. Après avoir obtenu son agrégation de grammaire en 1875, il devient professeur. Il est connu pour être l'auteur de *Mythologie grecque et romaine* (1907), référence incontournable en la matière.

# MYTHOLOGIE GRECQUE ET ROMAINE

COMMELIN

# MYTHOLOGIE GRECQUE ET ROMAINE

*Édition illustrée*
*de nombreuses reproductions*

POCKET

MIXTE
Papier issu de sources responsables
FSC® C003309

Pocket, une marque d'Univers Poche,
est un éditeur qui s'engage pour la préservation
de son environnement et qui utilise du papier fabriqué
à partir de bois provenant de forêts
gérées de manière responsable.


ISBN : 978-2-266-28617-6
Dépôt légal : juin 2018

# INTRODUCTION

Cet ouvrage s'adresse surtout aux personnes désireuses de connaître la Mythologie traditionnelle des Grecs et des Latins. Il ne saurait entrer dans nos vues de faire ici œuvre d'érudition, chose d'ailleurs plus fastidieuse qu'utile, si l'on considère les différents ouvrages de ce genre parus depuis quelques années. Mais hâtons-nous d'ajouter que ces ouvrages ne se lisent guère ; et nous nous proposons au contraire de faire lire, en donnant à ce travail un caractère d'utilité.

La Mythologie est évidemment une série de mensonges. Mais ces mensonges ont été, durant de longs siècles, des sujets de croyance. Ils ont eu, dans l'esprit des Grecs et des Latins, la valeur de dogmes et de réalités. À ce titre, ils ont inspiré les hommes, soutenu des institutions parfois très respectables, suggéré aux artistes, aux poètes, aux littérateurs l'idée de créations et même d'admirables chefs-d'œuvre. C'est donc, croyons-nous, un devoir de les respecter ici, et de les reproduire dans leur entière simplicité, sans pédantisme et sans commentaire, avec leurs étranges, leurs merveilleux détails, sans nous préoccuper de leur invraisemblance ou de leurs contradictions.

En fait de croyances, l'humanité se laisse guider non par sa raison, mais par le désir, le besoin de connaître la raison des êtres et des choses. Les doctrines philosophiques ne sauraient la satisfaire : il y a trop de merveilles sous ses yeux pour qu'elle n'en recherche pas la cause. Elle s'adresse d'abord à la science ; mais, si la science est incapable de l'instruire, comme il lui faut une explication suffisante ou satisfaisante, elle s'adresse à son propre cœur et à son imagination.

Dans l'enfance des peuples, dit-on, tout n'est que croyances, articles de foi. C'est entendu. Mais dans l'âge mûr des peuples, lors même que la science a dévoilé, lui semble-t-il, un grand nombre des mystères de la nature, l'humanité peut-elle se flatter d'évoluer en pleine lumière ? Dans le monde ne reste-t-il pas encore une infinité de coins ténébreux ? En admettant même que tous les secrets de la nature visible et palpable fussent révélés, ne restera-t-il pas toujours ce monde métaphysique, invisible et insaisissable, sur lequel la science a si peu de prise, et que la philosophie, malgré ses efforts, n'a pu jusqu'ici ni éclaircir ni pénétrer ?

L'Antiquité, dont les connaissances scientifiques étaient si imparfaites, si rudimentaires, plaça une divinité partout où, pour elle, il n'y avait que mystère. C'est là, en partie, ce qui explique le grand nombre des dieux. Mais il y a plus. Tout ce qui frappa d'admiration, d'étonnement, de crainte ou d'horreur les premiers hommes prit à leurs yeux un caractère divin. Pour l'humanité primitive, la divinité représente tout ce qui dépasse la conception humaine. Dieu n'est pas seulement l'être absolu, parfait, tout-puissant, souverainement généreux et bon, c'est aussi l'être extraordinaire, monstrueux, prodige à la fois de force, de malveillance et de méchanceté. Et ce ne sont pas seulement les êtres animés qui se trouvent revêtus de ce caractère divin, aux yeux de l'humanité des premiers âges : les choses elles-mêmes sont divines. En un mot, ce n'est pas la divinité qui pénètre les choses, ce sont les choses elles-mêmes qui sont réellement la divinité. Une âme divine, répandue partout dans ce monde, se divise en une infinité d'âmes également divines, réparties de tous côtés entre la diversité des créatures, si bien que les vertus, les passions les plus abstraites de l'homme ont aussi ce privilège d'être empreintes d'une marque surnaturelle, de porter le sceau divin, et de revêtir, avec une physionomie particulière, les insignes et les attributs de la divinité.

Étudier la Mythologie, c'est s'initier à la conception d'un monde primitif, aperçu dans un demi-jour, ou plutôt dans une pénombre mystérieuse, pendant de longues années. N'y voir que les aberrations d'esprits frustes et superstitieux, c'est n'en juger sans doute que d'après les apparences ; mais, d'autre part, n'y voir que des allégories transparentes, chercher l'explication de tous ces mythes, de toutes ces fables, de toutes ces légendes, dans l'observation du monde physique, c'est outrepasser gratuitement les limites de la réalité. Dans cette longue énumération de croyances mythologiques, acceptées par les peuples anciens, l'imagination, la fantaisie ont une large part. Chaque siècle, chaque génération s'est plu à augmenter le nombre de ses dieux, de ses héros, de ses merveilles et de ses miracles.

Aux données lointaines, même de l'Égypte ou de l'Asie, la Grèce et Rome ont ajouté les produits de leur imagination. Les images des dieux s'offrent à nous sous des aspects si divers qu'il est parfois d'une extrême difficulté d'en décrire le type le plus universellement reconnu. Leurs traits se sont modifiés entre les mains de tant d'artistes, et par le caprice de tant d'écrivains qui s'en sont occupés !

Depuis quelques années, il est de mise, en littérature, de désigner les divinités grecques par leur dénomination hellénique. Est-ce simplement par un scrupule d'exactitude mythologique, ou pour faire montre d'érudition ? Nous n'osons nous prononcer. Mais, de quelque nom que l'on désigne les dieux de la fable, il n'en est pas un seul qui exprime l'universalité de leurs attributs, pas un seul qui donne une idée exacte de ce qu'était la même divinité en Grèce et à Rome. Sans doute l'appellation grecque a l'avantage d'être assez précise lorsqu'il ne s'agit que d'interpréter les œuvres artistiques et littéraires des Grecs ; sans doute les noms tels que Zeus, Hèra, Hèphæstos, Arès, Héraclès, etc., ne sauraient surprendre, ni dérouter le lecteur ou l'auditeur averti, mais il faut bien reconnaître et avouer que ces noms ne disent pas grand-chose au public français, et ne devaient pas en dire davantage au peuple romain. Ajoutons même que, pour l'oreille française, s'ils ne sont pas barbares, ils semblent parfois dépourvus d'harmonie.

L'érudition ou le pédantisme aura beau faire, le public français s'obstinera toujours à employer, dans le langage usuel, les noms romains de Jupiter, Junon, Apollon, Mars, Hercule, etc., qui nous sont familiers.

Est-ce notre faute à nous, si la Gaule a été conquise, non par la Grèce, mais par Rome ?

Nous sommes un peuple latin de langue, sinon d'origine ; ce sont, malgré nous, et en dépit des savants, les mots latins qui reviennent sur nos lèvres, et c'est Rome qui d'abord nous a enseigné le nom et les attributs de ses dieux. Il est vrai qu'elle-même s'était approprié la plupart des divinités de la Grèce. Mais, en les introduisant chez elle, dans son culte et dans ses mœurs, elle les désigna par des noms qui leur sont restés.

Qu'elle ait confondu ses divinités nationales ou traditionnelles avec celles des Grecs, en se les appropriant, c'est une autre question. D'ailleurs, en Grèce même, chaque divinité n'avait pas dans toutes les villes, dans toutes les régions, le même caractère ni les mêmes attributs. Ainsi donc, ce n'est pas, à proprement parler, commettre une hérésie mythologique que de désigner les dieux d'Homère et d'Hésiode, à la façon de Virgile et d'Horace, par des noms purement et essentiellement latins.

Nous nous sommes arrêté à ce dernier parti.

Est-ce à dire que l'on ne doive faire aucune distinction entre la Mythologie grecque et la Mythologie romaine ? Telle n'est pas notre pensée. Mais la Mythologie dont nous nous occupons ici est celle qui permet de comprendre, d'interpréter les œuvres, les monuments, les écrits de deux civilisations dont l'influence s'est fait et se fait encore heureusement sentir dans nos travaux artistiques et littéraires.

Pour expliquer et apprécier le génie d'Athènes et celui de Rome, il est nécessaire de posséder au moins quelques notions de Mythologie. Que de passages resteraient inexplicables dans les auteurs les plus répandus, sans la connaissance de ces notions ! Que de jeunes gens se trouvent arrêtés, nous ne dirons pas dans Homère, Hésiode, Pindare, mais dans Ovide, Virgile, Horace, même dans un grand nombre d'auteurs français, par des difficultés qui résident dans une allusion, une comparaison, une réminiscence mythologique !

Nous n'ignorons pas que, en littérature, la Mythologie est quelque peu délaissée. Mais elle a eu sa période de renaissance et de faveur ; elle a marqué notre langage de son empreinte ; elle reste toujours un trésor d'idées séduisantes et de splendides tableaux. Aujourd'hui, si nous nous en rapportons aux expositions annuelles de la peinture et de la sculpture, les divinités anciennes comptent encore dans le monde des artistes beaucoup d'adeptes ou de fidèles prosélytes. Longtemps encore le pinceau et le burin s'efforceront de reproduire, sous l'inspiration des Muses et des Grâces, les actions, les attitudes, la physionomie, la démarche des dieux et des héros. Dans le domaine de l'art, l'histoire ne saurait l'emporter sur la fable : la realité, si merveilleuse, si sublime, si inspiratrice qu'elle soit, est cependant limitée dans sa sphère, tandis qu'il n'y a ni bornes ni mesure dans les données de l'imagination et du sentiment. Ainsi donc, si grande que l'on fasse la part de la vérité historique, jamais, aux yeux de l'artiste et du poète, elle n'aura l'amplitude, la fécondité et le prestige de la fiction.

Qu'on nous pardonne ces considérations. Elles n'étaient pas sans doute indispensables, comme exorde à cet ouvrage ; elles ne laisseront pas toutefois d'indiquer nos intentions et notre but.

En publiant cette Mythologie, nous n'avons pas oublié qu'elle est destinée aux études de la jeunesse autant qu'aux artistes et aux gens du monde. On reconnaîtra que nous nous sommes efforcé, non seulement d'édifier le lecteur sur tout ce que comporte la Fable, mais encore de ne jamais le surprendre ou le blesser par l'indiscrétion d'une image ou l'inconvenance d'une expression.

La difficulté de notre travail ne consistait pas évidemment dans la recherche de documents nouveaux. Il ne s'agissait pour nous ni de compulser les archives, ni de remuer le sol pour exhumer des divinités inconnues. La Mythologie de la Grèce et de Rome se compose de faits et de légendes qui font partie du domaine public ; on les trouve partout épars dans des livres que tout le monde a sous la main. Les savantes investigations de l'antiquaire pourront éclaircir, modifier quelque détail ; elles ne changeront rien à l'ensemble des traditions fondées par les poètes et désormais consacrées par le temps.

Nous nous sommes donc appliqué à coordonner des matériaux qui abondent, à disposer les différentes parties de notre ouvrage de manière à présenter au lecteur une sorte de tableau.

Tout d'abord, nous exposons les croyances relatives à la genèse du monde et des dieux. Ensuite, après avoir passé en revue successivement les divinités de l'Olympe, celles de l'Air, de la Terre, de la Mer, et des Enfers, nous racontons les légendes héroïques, en les classant, autant que possible, par régions, ou en les groupant autour d'expéditions fabuleuses d'une grande célébrité.

On nous pardonnera de nous être laissé entraîner à quelques redites. Toutes ces légendes mythologiques sont liées les unes aux autres, et il est difficile de les détacher, de les raconter isolément, sans reproduire des particularités communes. Du reste, nous avons pensé que, si une Mythologie, comme une Histoire, peut être l'objet d'une lecture suivie, elle reste, après cette lecture, un véritable répertoire où chaque article doit fournir de complets éclaircissements. C'est dans ce but que nous avons placé, après la table des matières, un index analytique, à la fin du volume.

On reconnaîtra que les nombreuses gravures et les dessins dont cet ouvrage est illustré et enrichi, ont tous un caractère d'authenticité. Les uns, empruntés aux monuments antiques, ont la valeur d'indiscutables documents ; les autres, reproductions d'admirables chefs-d'œuvre, donneront un aperçu de ce que la sculpture et l'art en général trouvent de ressources dans les inspirations des poètes et les religieuses conceptions de la Mythologie.

# MYTHOLOGIE
# GRECQUE ET ROMAINE

# Les Origines

## Le Chaos

L'état primordial, primitif du monde, c'est le Chaos. C'était, selon les poètes, une matière existant de toute éternité, sous une forme vague, indéfinissable, indescriptible, dans laquelle les principes de tous les êtres particuliers étaient confondus. Le Chaos était en même temps une divinité pour ainsi dire rudimentaire, mais capable de fécondité. Il engendra d'abord la Nuit, et plus tard l'Érèbe.

## La Nuit

La Nuit, déesse des ténèbres, fille du Chaos, est de fait la plus ancienne des divinités. Certains poètes en font la fille du Ciel et de la Terre ; Hésiode la met au nombre des Titans, et la nomme la mère des dieux, parce qu'on a toujours cru que la nuit et les ténèbres avaient précédé toutes choses. Elle épousa l'Érèbe, son frère, dont elle eut l'Éther et le Jour. Mais elle avait engendré seule, sans le commerce d'aucune divinité, l'inéluctable et inflexible Destin, la Parque noire, la Mort, le Sommeil, la troupe des Songes, Momus, la Misère, les Hespérides, gardiennes des pommes d'or, les impitoyables Parques, la terrible Némésis, la Fraude, la Concupiscence, la triste Vieillesse et la Discorde opi-

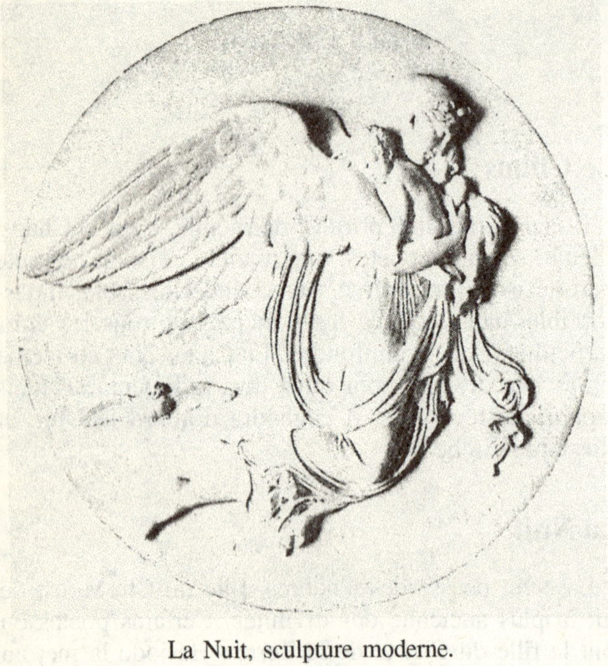

La Nuit, sculpture moderne.

niâtre ; en un mot, tout ce qu'il y a de fâcheux dans la vie passait pour une production de la Nuit. Elle est parfois appelée en grec *Euphroné* et *Eubulie*, c'est-à-dire Mère du bon conseil. Les uns plaçaient son empire au nord du Pont-Euxin, dans le pays des Cimmériens ; mais généralement il est placé vers la partie de l'Espagne nommée *Hespérie*, c'est-à-dire contrée du Soir, près des colonnes d'Hercule, limites du monde connu des anciens.

La plupart des peuples de l'Italie regardaient la Nuit comme une déesse ; mais les habitants de Brescia en avaient fait un dieu, nommé *Noctulius* ou *Nocturnus*. La chouette, qu'on voit aux pieds de ce dieu tenant un flambeau renversé qu'il s'efforce d'éteindre, annonce celui qui est l'ennemi du jour.

Dans les monuments antiques, on voit la déesse la Nuit tantôt tenant au-dessus de sa tête une draperie volante parsemée d'étoiles, ou avec une draperie bleue et un flambeau renversé ; tantôt figurée par une femme nue avec de longues ailes de chauve-souris et un flambeau à la main. On la représente aussi couronnée de pavots et enveloppée d'un grand manteau noir étoilé. Elle est parfois montée sur un char tiré par deux chevaux noirs ou par deux hiboux, et elle tient sur sa tête un grand voile parsemé d'étoiles. Souvent on la place dans le Tartare, entre le Sommeil et la Mort, ses deux enfants. Quelquefois elle est précédée d'un enfant portant un flambeau, image du crépuscule. Les Romains ne lui donnaient pas de char, et la représentaient oisive et endormie.

Notre gravure, d'après Thorwaldsen, représente la Nuit endormie, s'envolant dans l'espace avec l'Éther et le Jour.

## L'Érèbe

L'Érèbe, fils du Chaos, frère et époux de la Nuit, père de l'Éther et du Jour, fut métamorphosé en fleuve, et précipité dans les Enfers pour avoir secouru les Titans. Il se prend aussi pour une partie de l'Enfer et pour l'Enfer même.

Par le mot Éther, les Grecs entendaient les Cieux, distingués des corps lumineux. Jour étant du féminin en grec (*Hèméra*), on disait que l'Éther et le Jour furent le père et la mère du Ciel. Ces étranges unions signifient seulement que la Nuit était avant la création, que la Terre était perdue dans l'obscurité qui la couvrait ; mais que la lumière, perçant à travers l'Éther, avait éclairé l'univers.

En langage moins mythologique, on peut dire simplement que la Nuit et le Chaos précédèrent la création des cieux et de la lumière.

## **Éros** et **Antéros**

Si le Chaos, la Nuit, l'Érèbe ont pu s'unir et procréer, c'est par l'intervention d'une puissance divine, éternelle comme les éléments du Chaos lui-même, par l'intervention manifeste d'un dieu qui, sans être, à vrai dire, l'amour, a cependant avec lui quelque conformité.

Éros et Antéros.

En grec, ce dieu antique, ou plutôt antérieur à toute antiquité, s'appelle *Éros*. C'est lui qui inspire ou produit cette invisible et souvent inexplicable sympathie entre les êtres, pour les unir et en procréer de nouveaux. La puissance d'Éros s'étend au-delà de la nature vivante et animée : elle rapproche, unit, mélange, multiplie, varie les espèces d'animaux, de végétaux, de minéraux, de liquides, de fluides, en un mot de toute la création. Éros est donc le dieu de l'union, de l'affinité universelle : aucun être ne peut se soustraire à son influence ou à sa force : il est invincible.

Cependant, il a pour adversaire dans le monde divin *Antéros*, c'est-à-dire l'antipathie, l'aversion. Cette divinité possède tous les attributs contraires à ceux du dieu Éros : elle sépare, désunit, désagrège. Peut-être aussi salutaire qu'Éros, aussi forte et aussi puissante que lui, elle empêche les êtres de nature dissemblable de se confondre : si parfois elle sème autour d'elle la discorde et la haine, si elle nuit à l'affinité des éléments, du moins l'hostilité qu'elle crée entre eux les contient chacun dans des bornes fixes, et ainsi la nature ne peut retomber dans le chaos.

## Le Destin

Le *Destin*, ou *Destinée*, est une divinité aveugle, inexorable, issue de la Nuit et du Chaos. Toutes les autres divinités lui étaient soumises. Les cieux, la terre, la mer et les enfers étaient sous son empire : rien ne pouvait changer ce qu'il avait résolu ; en un mot, le Destin était lui-même cette fatalité suivant laquelle tout arrivait dans le monde. Le plus puissant des dieux,

Jupiter, ne peut fléchir le Destin en faveur ni des dieux, ni des hommes.

Les lois du Destin étaient écrites de toute éternité dans un lieu où les dieux pouvaient les consulter. Ses ministres étaient les trois Parques : elles étaient chargées d'exécuter ses ordres.

On le représente ayant sous ses pieds le globe de la terre, et tenant dans ses mains l'urne qui renferme le sort des mortels. On lui donne aussi une couronne surmontée d'étoiles et un sceptre, symbole de sa souveraine puissance. Pour faire entendre qu'il ne variait pas, les anciens le figuraient par une roue que fixe une chaîne. Au haut de la roue est une grosse pierre, et au bas deux cornes d'abondance avec des pointes de javelot.

Dans Homère, la destinée d'Achille et d'Hector est pesée dans la balance de Jupiter, et comme celle du dernier l'emporte, sa mort est arrêtée, et Apollon lui retire l'appui qu'il lui avait accordé jusqu'alors.

Ce sont les aveugles arrêts du Destin qui ont rendu coupables tant de mortels, malgré leur désir de rester vertueux : dans Eschyle, par exemple, Agamemnon, Clytemnestre, Jocaste, Œdipe, Étéocle, Polynice, etc., ne peuvent se soustraire à leur destinée.

Les oracles seuls pouvaient entrevoir et révéler ici-bas ce qui était écrit au livre du Destin.

## **La Terre,** en grec **Gaia**

La Terre, mère universelle de tous les êtres, naquit immédiatement après le Chaos. Elle épousa Uranus ou le Ciel, fut mère des dieux et des géants, des biens et des maux, des vertus et des vices. On lui fait aussi épouser le Tartare et le Pont, ou la Mer, qui lui firent produire les monstres que renferment tous les éléments. La Terre est parfois prise pour la Nature. Elle avait plusieurs noms, Titée ou Titéia, Ops, Tellus, Vesta et même Cybèle.

L'homme, disait-on, était né de la terre imbibée d'eau et échauffée par les rayons du soleil ; ainsi, sa nature participe de tous les éléments, et, quand il meurt, sa vénérable mère l'ensevelit, et le garde dans son sein. Dans la mythologie, il est souvent parlé des enfants de la Terre : en général, lorsqu'on ne connaissait pas l'origine soit d'un homme, soit d'un peuple célèbre, on l'appelait fils de la Terre.

Parfois la Terre est représentée par une figure de femme assise sur un rocher ; les modernes l'allégorisent sous les traits d'une matrone vénérable, assise sur un globe, et qui, couronnée de tours, tient une corne d'abondance remplie de fruits. Quelquefois elle est couronnée de fleurs, et près d'elle sont le bœuf qui laboure, le mouton qui s'engraisse, et le lion que l'on voit aussi près de Cybèle. Dans un tableau de Lebrun, elle est personnifiée par une femme qui fait jaillir le lait de ses mamelles, en même temps qu'elle se débarrasse de son manteau d'où un essaim d'oiseaux se répand dans les airs.

## Tellus

Tellus, déesse de la terre, souvent prise pour la Terre même, est appelée par les poètes la Mère des dieux. Elle représente le sol fertile, et aussi le fondement sur lequel reposent les éléments qui s'engendrent les uns des autres. On la faisait femme du Soleil ou du Ciel, parce que c'est à l'un et à l'autre qu'elle doit sa fertilité. On la représentait comme une femme corpulente avec quantité de mamelles. Souvent elle est, ainsi que la Terre, confondue avec Cybèle. Avant qu'Apollon fût en possession de l'oracle de Delphes, c'était Tellus qui y rendait ses oracles : elle les prononçait elle-même ; mais elle était de moitié en tout avec Neptune. Dans la suite, Tellus céda tous ses droits à Thémis, et celle-ci à Apollon.

## **Uranus** ou **Cælus,** en grec **Ouranos**

Uranus ou Cælus, le Ciel, était fils d'Éther et du Jour. Selon Hésiode, Uranus était plutôt fils d'Éther et de la Terre. Quoi qu'il en soit, il épousa Titéia ou Titée, c'est-à-dire encore la Terre ou Vesta qui, dans ce cas, doit être distinguée de la Vesta, déesse du feu et de la virginité. On dit qu'Uranus eut quarante-cinq enfants de plusieurs femmes, mais qu'il en eut entre autres dix-huit de Titéia dont les principaux furent Titan, Saturne, Océanus. Ceux-ci se révoltèrent contre leur père, et le mirent hors d'état d'avoir des enfants. Uranus mourut ou de chagrin ou de la mutilation dont il avait été victime.

Ce qui caractérise les divinités des premiers âges mythologiques, c'est un brutal égoïsme joint à une impitoyable cruauté. Uranus prenait en aversion tous ses enfants : dès leur naissance, il les renfermait dans un abîme, et ne leur laissait pas voir le jour. Ce fut là le motif de leur révolte. Saturne, qui succéda à son père Uranus, montra la même cruauté que lui.

## **Titée** ou **Titéia**

Titée ou Titéia, ou encore l'antique Vesta, femme d'Uranus, fut la mère des Titans, nom qui signifie *fils de Titée* ou *de la Terre*. Outre Titan proprement dit, Saturne et Océanus, elle eut pour enfants Hypérion, Japet, Thia, Rhéa ou Cybèle, Thémis, Mnémosyne, Phébée, Thétis, Brontès, Stéropé, Argé, Cottus, Briarée, Gygès. Elle eut aussi du Tartare le géant Typhée qui se distingua dans la guerre contre les dieux.

## **Saturne,** en grec **Cronos**

Fils puîné d'Uranus et de l'antique Vesta, ou du Ciel et de la Terre, Saturne, après avoir détrôné son père, obtint de son frère aîné Titan la faveur de régner à sa place. Titan toutefois y mit une condition, c'est que Saturne ferait périr toute sa postérité mâle, afin que la succession au trône fût réservée aux propres fils de Titan. Saturne épousa Rhéa dont il eut plusieurs fils qu'il dévora avidement, ainsi qu'il en était convenu avec son frère. Sachant d'ailleurs qu'un jour il serait lui aussi renversé du trône par un de ses fils, il exigeait de son épouse qu'elle lui livrât les nouveau-nés. Cependant Rhéa parvint à sauver Jupiter. Celui-ci, étant devenu grand, fit la guerre à son père, le vainquit, et, après l'avoir traité comme Uranus avait été traité par ses fils, il le chassa du ciel. Ainsi la dynastie de Saturne se continua au détriment de celle de Titan.

Saturne eut trois fils de Rhéa qui parvint à les sauver avec la même adresse : Jupiter, Neptune et Pluton, et une fille, Junon, sœur jumelle et épouse de Jupiter. Quelques-uns y ajoutent Vesta, déesse du feu, et Cérès, déesse des moissons. Il eut en outre un grand nombre d'enfants de plusieurs autres femmes, comme le centaure Chiron de la nymphe Philyre, etc.

On dit que Saturne, détrôné par son fils Jupiter, et réduit à la condition de simple mortel, vint se réfugier en Italie, dans le Latium, y rassembla les hommes féroces, épars dans les montagnes, et leur donna des lois. Son règne fut l'âge d'or, ses paisibles sujets étant gouvernés avec douceur. L'égalité des conditions fut rétablie ; aucun homme n'était au service d'un autre ; personne ne possédait rien en propre ; toutes choses étaient communes, comme si tous n'eussent eu qu'un même héritage. C'était pour rappeler la mémoire de cet âge heureux qu'on célébrait à Rome les Saturnales.

Ces fêtes, dont l'institution remontait dans le passé bien au-delà de la fondation de la ville, consistaient principalement à représenter l'égalité qui régnait primitivement parmi les hommes. Elles commençaient le 16 décembre de chaque année : d'abord elles ne durèrent qu'un jour, mais l'empereur Auguste ordonna qu'elles se célébreraient pendant trois jours auxquels plus tard Caligula en ajouta un quatrième. Pendant ces fêtes, on suspendait la puissance des maîtres sur leurs esclaves, et ceux-ci avaient le droit de parler et d'agir en toute liberté. Tout ne respirait alors que le plaisir et la joie : les tribunaux et les écoles étaient en vacances ; il n'était permis ni d'entreprendre aucune guerre, ni d'exécuter un criminel, ni d'exercer d'autre art que celui de la cuisine ; on s'envoyait des présents, et l'on se donnait de somptueux repas. De plus tous les habitants de la ville cessaient leurs travaux : la population se portait en masse vers le mont Aventin, comme pour y prendre l'air de la campagne. Les esclaves pouvaient critiquer les défauts de leurs maîtres, jouer contre eux, et ceux-ci les servaient à table, sans compter les plats et les morceaux.

En grec, Saturne est désigné sous le nom de Cronos, c'est-à-dire le Temps. L'allégorie est transparente dans cette fable de Saturne. Ce dieu qui dévore ses enfants n'est, dit Cicéron, que le Temps lui-même, le Temps insatiable d'années, et qui consume toutes celles qui s'écoulent. Afin de le contenir, Jupiter l'a enchaîné, c'est-à-dire l'a soumis au cours des astres qui sont comme ses liens.

Les Carthaginois offraient à Saturne des sacrifices humains : ses victimes étaient des enfants nouveau-nés. À ces sacrifices, le jeu des flûtes et des tympanons ou tambours faisait un si grand bruit que les cris de l'enfant immolé ne pouvaient être entendus.

À Rome, le temple que ce dieu avait sur le penchant du Capitole fut dépositaire du trésor public, par la raison que, du temps de Saturne, c'est-à-dire durant l'âge d'or, il ne se commettait aucun vol. Sa statue était attachée avec des chaînes qu'on ne lui ôtait qu'au mois de décembre, époque des Saturnales.

Saturne était communément représenté comme un vieillard courbé sous le poids des années, tenant une faux à la main pour marquer qu'il préside au temps. Sur beaucoup de monuments, il est représenté avec un voile, sans doute parce que les temps sont obscurs et couverts d'un voile impénétrable.

Saturne ayant le globe sur la tête est considéré comme étant la planète de ce nom. Une gravure, dite étrusque, le représente ailé, avec sa faux posée sur un globe ; c'est ainsi que nous représentons toujours le Temps.

Le jour de Saturne est celui que nous nommons samedi (*Saturni dies*).

## **Rhéa** ou **Cybèle**

Saturne, quoique père des trois principaux dieux, Jupiter, Neptune et Pluton, n'a point eu le titre de père des dieux chez les poètes, peut-être à cause de la cruauté qu'il exerça envers ses enfants ; au lieu que Rhéa, son épouse, était appelée la mère des dieux, la Grande Mère, et était honorée sous ce nom.

Les différents noms par lesquels on désigne la mère de Jupiter exprimaient sans doute des attributs différents de la même personne. En réalité, cette déesse, de quelque nom qu'on la désigne, c'est toujours la Terre, mère commune de tous les êtres. Rhéa ou Cybèle était fille de Titée et du Ciel, sœur des Titans, femme de Saturne.

Les fables de Rhéa et de Cybèle se confondent. Dans les poètes, il y a même souvent confusion entre

Rhéa ou Cybèle.

ces deux déesses et l'antique Vesta, femme d'Uranus. Cependant, c'est le nom de Cybèle qui, dans les cérémonies du culte et les croyances religieuses des peuples, semble avoir été le plus généralement en honneur. Voici ce qu'on racontait de Cybèle.

Fille du Ciel et de la Terre et, par suite, la Terre elle-même, Cybèle, femme de Saturne, était appelée la *Bonne Déesse*, la *Mère des dieux*, comme étant mère de Jupiter, de Junon, de Neptune, de Pluton et de la plupart des dieux du premier ordre. Aussitôt après sa naissance, sa mère l'exposa dans une forêt où des bêtes sauvages prirent soin d'elle et la nourrirent. Elle s'éprit d'amour pour Atys, jeune et beau Phrygien auquel elle confia le soin de son culte, à condition qu'il ne violerait pas son vœu de chasteté. Atys oublia son serment en épousant la nymphe Sangaride, et Cybèle l'en punit dans la personne de sa rivale qu'elle fit périr. Atys en éprouva un violent chagrin. Dans un accès de frénésie l'infortuné se mutila lui-même ; et il était sur le point de se pendre, lorsque, touchée d'une compassion tardive, elle le changea en pin.

Le culte de Cybèle devint célèbre dans la Phrygie, d'où il fut porté en Crète. Il fut introduit à Rome à l'époque de la deuxième guerre punique. Le simulacre de la Bonne Déesse, grosse pierre longtemps conservée à Pessinunte, fut placé dans le temple de la Victoire sur le mont Palatin. Il devint un des gages de la stabilité de l'empire, et une fête fut instituée, avec des combats simulés, en l'honneur de Cybèle. Ses mystères, aussi licencieux que ceux de Bacchus, étaient célébrés avec un bruit confus de hautbois et de cymbales : les sacrificateurs poussaient des hurlements.

On lui offrait en sacrifice une truie, à cause de sa fertilité, un taureau ou une chèvre, et les prêtres sacrifiaient ces victimes, assis, touchant la terre avec la main. Le buis et le pin lui étaient consacrés, le premier parce que c'était le bois dont on faisait les flûtes, instruments employés dans ses fêtes, et le second à cause du malheureux Atys qu'elle avait passionnément aimé. Ses prêtres étaient les Cabires, les Corybantes, les Curètes, les Dactyles du mont Ida, les Galles, les Semivirs et les Telchines, qui, tous, en général, étaient eunuques, en souvenir d'Atys.

On représentait Cybèle sous les traits et avec la prestance d'une femme robuste. Elle portait une couronne de chêne, arbre qui avait nourri les premiers hommes. Les tours dont sa tête est ceinte indiquent les villes qui sont sous sa protection ; et la clé qu'elle tient à la main désigne les trésors que le sein de la terre renferme en hiver, et qu'il donne en été. Elle est portée sur un char traîné par des lions. Son char est le symbole de la terre qui se balance et roule dans l'espace ; les lions indiquent qu'il n'y a rien de si farouche qui ne soit apprivoisé par la tendresse maternelle, ou plutôt qu'il n'y a pas de sol si rebelle qui ne soit fécondé par l'industrie. Ses vêtements sont bigarrés, mais surtout verts, allusion à la parure de la terre. Le tambour près d'elle figure le globe du monde ; les cymbales, les gestes violents de ses prêtres indiquent l'activité des laboureurs et le bruit des instruments de l'agriculture.

Quelques poètes ont supposé que Cybèle était la fille de Méon et de Dindyme, l'un roi, l'autre reine de Phrygie. Son père, s'étant aperçu qu'elle aimait Atys, fit mourir son amant et ses femmes, et jeter leurs corps à la voirie. Cybèle en resta inconsolable.

## Ops

Ops, la même que Cybèle et Rhéa ou encore la Terre, est représentée comme une matrone vénérable qui tend la main droite pour offrir son secours, et qui, de la gauche, donne du pain au pauvre. On la regardait aussi comme la déesse des richesses. Son nom signifie secours, aide, assistance.

Il n'y a pas lieu de s'étonner de voir la Terre si souvent personnifiée sous des dénominations différentes. Source intarissable de richesses, mère féconde de tous biens, elle s'offrait à l'adoration des peuples sous des aspects divers selon le climat ou la contrée : de là ses légendes multiples et ses innombrables attributs.

## L'Olympe

Les divinités antérieures à Jupiter appartiennent aux âges mythologiques les plus reculés, et, pour ainsi dire, aux origines du monde. Leurs histoires, ou plutôt leurs légendes, sont empreintes d'une certaine confusion, leur physionomie tient encore pour ainsi dire du chaos. À partir du règne de Jupiter, les personnalités divines s'accentuent plus nettement. Si parfois les dieux ont encore des attributs ou des fonctions semblables, si plusieurs d'entre eux sont la même personne sous des noms différents, leurs traits sont plus distincts, leur rôle mieux défini.

Avant Jupiter, le Chaos se débrouille, le Jour se fait, le Ciel et la Terre s'unissent, la divinité se manifeste en quelque sorte partout, mais le monde divin ne réside dans aucun lieu bien déterminé. Le fils et successeur de Saturne constitue et organise l'ordre divin. Dès le commencement de son règne, mais non sans combat, les Titans, fils de la Terre, vont disparaître, le partage du monde se fera dans sa famille, la voûte céleste, tantôt voilée de nuages, tantôt resplendissante d'azur, de feux et de lumière, soutiendra le palais mystérieux du souverain maître, père des dieux et des hommes. Ce palais, c'est l'Olympe, ou l'Empyrée.

De son séjour élevé bien au-dessus des régions terrestres, aux extrêmes confins de l'éther, dans l'espace invisible, Jupiter préside aux évolutions du monde, observe les peuples, pourvoit aux besoins des hommes, assiste à leurs rivalités, prend part à leurs querelles, poursuit et punit les coupables, veille à la protection de l'innocence, en un mot s'acquitte des devoirs d'un roi souverain. Il convoque les autres dieux, les réunit dans l'Olympe, à sa cour et sous son sceptre.

Il s'établit entre toutes les divinités un commerce incessant, elles daignent se rapprocher des mortels, s'unir avec eux ; réciproquement les mortels généreux aspirent aux honneurs de l'Olympe, et, par leurs actions héroïques, s'efforcent d'obtenir des dieux l'immortalité.

Le mont Olympe étant le plus élevé de la Grèce, c'est sur son sommet, parfois perdu dans les nuages, que les poètes placèrent le séjour de Jupiter et de la plupart des dieux.

On appelait Olympiens les douze dieux principaux, c'est-à-dire Jupiter, Neptune, Pluton, Mars, Vulcain, Apollon, Junon, Vesta, Minerve, Cérès, Diane et Vénus.

## **Jupiter,** en grec **Zeus**

Jupiter, disent les poètes, est le père, le roi des dieux et des hommes ; il règne dans l'Olympe, et, d'un signe de tête, ébranle l'univers. Il était le fils de

Rhéa et de Saturne qui dévorait ses enfants à mesure qu'ils venaient au monde. Déjà Vesta, sa fille aînée, Cérès, Pluton, Neptune avaient été dévorés, lorsque Rhéa, voulant sauver son enfant, se réfugia en Crète, dans l'antre de Dicté, où elle donna le jour, en même temps, à Jupiter et à Junon. Celle-ci fut dévorée par Saturne. Quant au jeune Jupiter, Rhéa le fit nourrir par Adrasté et Ida, deux nymphes de Crète, qu'on appelait les Mélisses, et recommanda son enfance aux Curètes, anciens habitants du pays. Cependant, pour tromper son mari, Rhéa lui fit avaler une pierre emmaillotée. Les Mélisses nourrirent Jupiter avec le lait de la chèvre Amalthée et le miel du mont Ida de Crète.

Devenu adolescent, il s'associa la déesse Métis, c'est-à-dire la Prudence. Ce fut par le conseil de Métis qu'il fit prendre à Saturne un breuvage dont l'effet fut de lui faire vomir premièrement la pierre qu'il avait avalée, et ensuite tous les enfants engloutis dans son sein.

Avec l'aide de ses frères, Neptune et Pluton, il se proposa d'abord de détrôner son père et de bannir les Titans, cette branche rivale qui faisait obstacle à sa royauté. Il leur déclara donc la guerre ainsi qu'à Saturne. La Terre lui prédit une victoire complète, s'il pouvait délivrer ceux des Titans que son père tenait enfermés dans le Tartare, et les engager à combattre pour lui. Il l'entreprit, et en vint à bout, après avoir tué Campé, la geôlière, qui avait la garde des Titans dans les Enfers.

C'est alors que les Cyclopes donnèrent à Jupiter le tonnerre, l'éclair et la foudre, à Pluton un casque, et à Neptune un trident. Avec ces armes, les trois frères

Jupiter assis.

vainquirent Saturne, le chassèrent du trône et de la société des dieux, après lui avoir fait subir de cruelles tortures. Les Titans qui avaient aidé Saturne à combattre furent précipités dans les profondeurs du Tartare sous la garde des Géants.

Après cette victoire, les trois frères, se voyant maîtres du monde, se le partagèrent entre eux : Jupiter eut le ciel, Neptune la mer, et Pluton les Enfers.

Jupiter foudroyant les Géants.

Mais à la guerre des Titans succéda la révolte des Géants, enfants du Ciel et de la Terre. D'une taille monstrueuse et d'une force proportionnée, ils avaient les jambes et les pieds en forme de serpent, quelques-uns avaient cent bras et cinquante têtes. Résolus de détrôner Jupiter, ils entassèrent Ossa sur Pélion, et l'Olympe sur Ossa d'où ils essayèrent d'escalader le ciel. Ils lançaient contre les dieux des rochers dont les uns, tombant dans la mer, devenaient des îles, et les autres, retombant à terre, formaient des montagnes.

Jupiter était dans une grande inquiétude, parce qu'un ancien oracle annonçait que les Géants seraient invincibles, à moins que les dieux n'appelassent un mortel à leur secours. Ayant défendu à l'Aurore, à la Lune et au Soleil de découvrir ses desseins, il devança la Terre qui cherchait à secourir ses enfants ; et, par l'avis de Pallas, ou Minerve, il fit venir Hercule qui, de concert avec les autres dieux, l'aida à exterminer les Géants Encelade, Polybétès, Alcyonée, Porphyrion, les deux Aloïdes Éphialte et Otus, Eurytus, Clytius, Tityus, Pallas, Hippolytus, Agrius, Thaon et le redoutable Typhon qui, seul, donna plus de peine aux dieux que tous les autres.

Après les avoir défaits, Jupiter les précipita jusqu'au fond du Tartare, ou, suivant d'autres poètes, il les enterra vivants, les uns dans un pays, les autres dans un autre. Encelade fut enseveli sous le mont Etna. C'est lui dont l'haleine embrasée, dit Virgile, exhale les feux que lance le volcan ; lorsqu'il essaie de se retourner, il fait trembler la Sicile, et une épaisse fumée obscurcit l'atmosphère. Polybétès fut enterré sous l'île de Lango, Otus sous l'île de Candie, et Typhon sous l'île d'Ischia.

Selon Hésiode, Jupiter fut marié sept fois ; il épousa successivement Métis, Thémis, Eurynome, Cérès, Mnémosyne, Latone et Junon, sa sœur, qui fut la dernière de ses femmes.

Il s'éprit aussi d'amour pour un grand nombre de simples mortelles, et des unes et des autres lui naquirent beaucoup d'enfants qui tous furent mis au rang des dieux et demi-dieux.

Son autorité suprême, reconnue par tous les habitants du ciel et de la terre fut cependant plus d'une fois contrariée par Junon, son épouse. Cette déesse osa même une fois ourdir contre lui une conspiration des dieux. Grâce au concours de Thétis et à l'intervention du terrible géant Briarée, cette conspiration fut promptement étouffée, et l'Olympe rentra dans l'éternelle obéissance.

Parmi les divinités, Jupiter tenait toujours le premier rang ; et son culte était le plus solennel et le plus universellement répandu. Ses trois plus fameux oracles étaient ceux de Dodone, de Libye et de Trophonius. Les victimes les plus ordinaires qu'on lui immolait étaient la chèvre, la brebis et le taureau blanc dont on avait eu soin de dorer les cornes. On ne lui sacrifiait point de victimes humaines ; souvent on se contentait de lui offrir de la farine, du sel et de l'encens. L'aigle, qui plane en haut des cieux et fond comme la foudre sur sa proie, était son oiseau favori.

Le jeudi, jour de la semaine, lui était consacré (*Jovis dies*).

Dans la fable, le nom de Jupiter précède celui de beaucoup d'autres dieux, même de rois : Jupiter-Ammon en Libye, Jupiter-Sérapis en Égypte, Jupiter-Bélus en Assyrie, Jupiter-Apis, roi d'Argos, Jupiter-Astérius, roi de Crète, etc.

Le plus ordinairement il est représenté sous la figure d'un homme majestueux, avec de la barbe, une abondante chevelure, et assis sur un trône. De la main droite il tient la foudre figurée de deux manières, ou par un tison flamboyant des deux bouts ou par une machine pointue des deux côtés et armée de deux flèches. De la main gauche il tient une Victoire, et à ses pieds se trouve un aigle aux ailes déployées qui enlève

Ganymède. La partie supérieure du corps est nue, et la partie inférieure couverte.

Mais cette manière de le représenter n'était pas uniforme. L'imagination des artistes modifiait son image ou sa statue, suivant les circonstances et le lieu même où Jupiter était honoré. Les Crétois le représentaient sans oreilles, pour marquer son impartialité ; les Lacédémoniens, au contraire, lui en donnaient quatre, pour démontrer qu'il est en état d'entendre toutes les prières. À côté de Jupiter on voit souvent la Justice, les Grâces et les Heures.

La statue de Jupiter, par Phidias, était d'or et d'ivoire : le dieu paraissait assis sur un trône, ayant sur la tête une couronne d'olivier, tenant de la main gauche une Victoire aussi d'or et d'ivoire, ornée de bandelettes et couronnée. De la droite il tenait un sceptre sur le bout duquel reposait un aigle resplendissant de l'éclat de toutes sortes de métaux. Le trône du dieu était incrusté d'or et de pierreries : l'ivoire et l'ébène y faisaient par leur mélange une agréable variété. Aux quatre coins il y avait quatre Victoires qui semblaient se donner la main pour danser, et deux autres aux pieds de Jupiter. À l'endroit le plus élevé du trône, au-dessus de la tête du dieu, on avait placé d'un côté les Grâces, de l'autre les Heures, les unes et les autres comme filles de Jupiter.

## **Junon,** en grec **Hèra**

Junon était fille de Saturne et de Rhéa, sœur de Jupiter, de Neptune, de Pluton, de Cérès et de Vesta.

Elle fut nourrie, selon Homère, par l'Océan et par Thétis ; d'autres disent que ce furent les Heures qui prirent soin de son éducation. Elle épousa Jupiter, son frère jumeau. Leurs noces furent célébrées en Crète, sur le territoire des Gnossiens, près du fleuve Thérène. Pour rendre ces noces plus solennelles, Jupiter ordonna à Mercure d'y inviter tous les dieux, tous les hommes et tous les animaux. Tous s'y rendirent, excepté la nymphe Chéloné, assez téméraire pour se moquer de ce mariage, et qui fut changée en tortue.

Jupiter et Junon ne vivaient pas en bonne intelligence : des querelles éclataient continuellement entre eux. Junon fut plus d'une fois battue et maltraitée par son époux, à cause de son humeur acariâtre. Une fois Jupiter alla jusqu'à la suspendre entre le ciel et la terre avec une chaîne d'or, et lui mettre une enclume à chaque pied. Vulcain, son fils, ayant voulu la dégager de là, fut culbuté, d'un coup de pied, de ciel sur terre.

Les infidélités de Jupiter en faveur des belles mortelles excitèrent et justifièrent souvent la jalousie et la haine de Junon. De son côté, cette déesse irascible eut des intrigues amoureuses, notamment avec le géant Eurymédon. Elle conspira avec Neptune et Minerve pour détrôner Jupiter, et le chargea de liens. Mais Thétis, la Néréide, amena au secours de Jupiter le formidable Briarée, dont la seule présence arrêta les desseins des conspirateurs.

Junon persécuta toutes les concubines de Jupiter et tous les enfants issus de ses illégitimes amours, Hercule, Io, Europe, Sémélé, Platée, etc. On dit qu'elle éprouvait pour les femmes inconstantes et coupables une profonde aversion.

Elle eut plusieurs enfants : Hébé, Vulcain, Mars, Typhon, Ilithyie, Argé.

Dans la guerre de Troie, elle prit fait et cause avec Minerve pour les Grecs contre les Troyens qu'elle ne cessa de poursuivre de sa haine, même après la destruction de leur ville. Dans *l'Iliade*, elle prend la ressemblance de Stentor, un des chefs grecs dont la voix plus éclatante que l'airain, plus forte que celle de cinquante hommes robustes réunis, servait de trompette à l'armée.

Comme on donnait à chaque dieu quelque attribution particulière, Junon avait en partage les royaumes, les empires et les richesses ; c'est aussi ce qu'elle offrit au berger Pâris, s'il voulait lui adjuger le prix de la beauté. Elle prenait, disait-on, un soin particulier des parures et des ornements des femmes : c'est pour cela que, dans ses statues, ses cheveux paraissaient élégamment ajustés. Elle présidait aux mariages, aux noces, aux accouchements. Alors, et selon le cas, on l'invoquait sous les noms de Juga, Pronuba, Lucine, etc. Elle présidait aussi à la monnaie, d'où son surnom de Moneta.

Le culte de Junon était presque aussi solennel et aussi répandu que celui de Jupiter. Elle inspirait une vénération mêlée de crainte. C'est à Argos, Samos et Carthage qu'elle était principalement honorée.

À Argos, on voyait sur un trône la statue de cette déesse, d'une grandeur extraordinaire, toute d'or et d'ivoire : elle avait sur la tête une couronne au-dessus de laquelle étaient les Grâces et les Heures. Elle tenait d'une main une grenade, et de l'autre un sceptre, au bout duquel était un coucou, oiseau aimé de la déesse.

Junon.

À Samos, la statue de Junon portait aussi une couronne : on l'appelait même *Junon la reine* ; du reste, elle était couverte d'un grand voile de la tête aux pieds.

À Lanuvium, en Italie, la *Junon tutélaire* portait une peau de chèvre, une javeline, un petit bouclier et des escarpins recourbés en pointe sur le devant.

Ordinairement elle est représentée en matrone majestueuse, quelquefois un sceptre à la main, ou une couronne radiale sur la tête ; elle a auprès d'elle un paon, son oiseau favori.

L'épervier et l'oison lui étaient aussi consacrés : ils accompagnent quelquefois ses statues.

On ne lui sacrifiait pas de vaches, parce que, durant la guerre des géants et des dieux, elle s'était cachée sous cette forme en Égypte. Le dictame, le pavot, la grenade lui étaient donnés en offrande : ces plantes ornaient ses autels et ses images. La victime immolée ordinairement en son honneur était une toute jeune brebis ; cependant, le premier jour de chaque mois, on lui immolait une truie. Les prêtresses de Junon étaient universellement respectées.

Les querelles de Junon et de Jupiter ne sont, dit-on, qu'une allégorie : elles représentent les troubles, les perturbations de l'air ou du ciel. Ainsi Junon serait l'image de l'atmosphère si souvent agitée, obscure et menaçante. Quant à Jupiter, il semblerait personnifier l'éther pur, la sérénité du firmament par-delà les nuages et les astres. Du reste, une expression de la langue latine paraît justifier cette conception. De même que nous disons « passer la nuit à la belle étoile », c'est-à-dire en plein air, les Latins disaient « passer la nuit *sous Jupiter* ». Dans la même langue, le nom de ce dieu est employé poétiquement dans le sens de *pluie*, phénomène aussi inexplicable que la foudre pour les anciens.

## **Minerve** ou **Pallas,** en grec **Athèna**

Minerve, fille de Jupiter, était la déesse de la sagesse, de la guerre, des sciences et des arts. Jupiter, après avoir dévoré Métis ou la Prudence, se sentant un grand mal de tête, eut recours à Vulcain qui, d'un coup de hache, lui fendit la tête. De son cerveau sortit Minerve tout armée, et dans un âge qui lui permit de secourir son père dans la guerre des géants où elle se distingua par sa vaillance. Un des traits les plus fameux de l'histoire de Minerve est son différend avec Neptune pour donner son nom à la ville d'Athènes. Les douze grands dieux, choisis pour arbitres, décidèrent que celui des deux qui produirait la chose la plus utile à la ville lui donnerait son nom. Neptune, d'un coup de trident, fit sortir de terre un cheval, Minerve en fit sortir un olivier, ce qui lui assura la victoire.

La chaste Minerve resta vierge ; cependant, elle ne craignit pas de disputer le prix de la beauté à Junon et à Vénus. Afin de l'emporter sur ses rivales, elle offrit à leur juge, Pâris, le savoir et la vertu. Ses offres furent vaines, et elle en conçut un grand dépit.

Cette déesse était la fille privilégiée du maître de l'Olympe ; il lui avait accordé plusieurs de ses prérogatives suprêmes. Elle donnait l'esprit de prophétie, prolongeait à son gré les jours des mortels, procurait le bonheur après la mort ; tout ce qu'elle autorisait d'un signe de tête était irrévocable ; tout ce qu'elle promettait arrivait infailliblement. Tantôt elle conduit Ulysse dans ses voyages, tantôt elle daigne enseigner aux filles de Pandare l'art d'exceller dans les travaux qui conviennent aux femmes, à représenter des fleurs et des combats dans des ouvrages de tapisserie. C'est elle encore qui embellit de ses mains le manteau de Junon. Enfin c'est elle qui fait construire le vaisseau des Argonautes d'après son dessin, et qui place à la proue le bois parlant, coupé dans la forêt de Dodone, lequel dirigeait leur route, les avertissait des dangers, et leur indiquait les moyens de les éviter. Sous ce langage figuré, il est aisé de reconnaître le gouvernail du vaisseau.

Beaucoup de villes se mirent sous la protection de Minerve, mais la ville entre toutes favorisée par la déesse fut Athènes, à laquelle elle avait donné son nom. Là, son culte était en honneur perpétuel : elle y avait ses autels, ses plus belles statues, ses fêtes solennelles, et surtout un temple d'une remarquable architecture, le temple de la Vierge, le Parthénon. Ce temple, reconstruit sous Périclès, avait cent pieds en tous sens. La statue, d'or et d'ivoire, haute de trente-neuf pieds, était l'œuvre de Phidias.

Aux Panathénées, fêtes solennelles de Minerve, tous les peuples de l'Attique accouraient à Athènes. Ces fêtes, à l'origine, ne duraient qu'un jour, mais ensuite leur durée se prolongea. On distinguait les grandes et les petites Panathénées ; les grandes se célébraient tous les cinq ans, et les petites tous les ans. À ces fêtes, se disputaient trois sortes de prix, ceux de la course, de la lutte et de la poésie ou de la musique. Aux grandes Panathénées, on promenait dans Athènes un navire orné du peplum, ou voile de Minerve, chef-d'œuvre de broderie exécuté par les dames athéniennes.

Dans ses statues et ses images, on lui donne une beauté simple, négligée, modeste, un air grave, empreint de noblesse, de force et de majesté. Elle a ordinairement le casque en tête, une pique d'une main, un bouclier de l'autre, et l'égide sur la poitrine. Le plus souvent la déesse est assise ; mais, quand elle est debout, elle a toujours, avec l'attitude résolue d'une guerrière, l'air méditatif et le regard porté vers de hautes conceptions.

Les animaux consacrés à Minerve étaient la chouette et le dragon. On lui sacrifiait de grandes victimes ; ainsi, aux grandes Panathénées, chaque tribu de l'Attique lui immolait un bœuf, dont la chair était ensuite distribuée au peuple par les sacrificateurs.

On considère habituellement Minerve (Athèna) et Pallas comme la même divinité. Les Grecs mêmes associent les deux noms Pallas-Athèna. Cependant, d'après certains poètes, ces deux divinités ne sauraient être confondues. Pallas, appelée la Tritonienne aux yeux pers, fille de Triton, avait été chargée de l'éducation de Minerve. Toutes deux se plaisaient aux exercices des armes. Un jour, elles se portèrent un défi et en vinrent aux mains. Minerve allait être blessée si Jupiter n'eût mis l'égide devant sa fille ; Pallas en fut épouvantée, et, tandis qu'elle reculait en regardant cette égide, Minerve la blessa mortellement. Elle en éprouva un profond chagrin, et, pour se consoler, elle fit faire une image de Pallas ayant l'égide sur sa poitrine. C'est, dit-on, cette image ou statue qui plus tard devint le fameux Palladium de Troie.

Minerve.

Dans Homère, Minerve couvre ses épaules de l'immortelle égide où est gravée la tête de la Gorgone Méduse, environnée de serpents, et de laquelle pendent des rangs de franges d'or. Autour de cette égide étaient la Terreur, la Dissension, la Force, la Guerre, etc. L'égide se prend quelquefois pour la cuirasse de Minerve, plus rarement pour son bouclier. Les seules divinités portant l'égide sont Minerve, Mars et Jupiter. L'égide de Jupiter était faite avec la peau de la chèvre Amalthée, sa nourrice.

## **Vesta,** en grec **Hestia**

Il importe de ne pas confondre l'antique Vesta, c'est-à-dire Titéia ou la Terre, femme d'Uranus, avec la vierge Vesta, déesse du feu ou le feu même, car les Grecs la nommaient Hestia, mot qui signifie *foyer de la maison*. Cependant, chez les poètes, bien souvent ces deux divinités paraissent être confondues.

Vesta, déesse du feu, avait un culte qui, en Asie et en Grèce, remontait à la plus Haute Antiquité. Elle était honorée à Troie, longtemps avant la ruine de cette ville, et ce fut Énée qui, croit-on, apporta en Italie son culte et son symbole : il l'avait parmi ses dieux pénates.

Les Grecs commençaient et finissaient tous leurs sacrifices par honorer Vesta, et l'invoquaient la première, avant tous les autres dieux. Il y avait à Corinthe un temple de Vesta, mais sans aucune statue ; on voyait seulement au milieu de ce temple un autel pour les sacrifices qui se faisaient à la déesse. Elle avait aussi des autels dans plusieurs temples consacrés à d'autres dieux, comme à Delphes, à Athènes, à Ténédos, à Argos, à Milet, à Éphèse, etc.

Son culte consistait principalement à entretenir le feu qui lui était consacré et à prendre garde qu'il ne s'éteignît.

Vesta.

À Rome, Numa Pompilius fit bâtir à Vesta un temple en forme de globe, image de l'univers. C'est au milieu de ce temple que l'on entretenait le feu sacré avec d'autant plus de vigilance qu'il était regardé comme le gage de l'empire du monde. Si ce feu venait à s'éteindre, on ne devait le rallumer qu'aux rayons du soleil, au moyen d'une sorte de miroir. Même sans que le feu s'éteignît, il était renouvelé tous les ans, le premier jour de mars.

À Rome, ainsi que chez les Grecs, Vesta, la vierge, n'avait d'autre image ou d'autre symbole que le feu sacré. Une des manières de la représenter était en habit de matrone, vêtue de la stola, tenant de la main droite un flambeau ou une lampe, ou une patère, vase à deux anses, appelé *capeduncula*, quelquefois aussi un Palladium ou une petite

Victoire. Parfois, au lieu de la patère, elle tient une haste, javelot sans fer, ou une corne d'abondance. Sur les médailles et les monuments, les titres qu'on lui donne sont Vesta la sainte, l'éternelle, l'heureuse, l'ancienne, Vesta la mère, etc.

Chez les Romains, le feu sacré de Vesta était gardé et entretenu par de jeunes vierges, les Vestales. Ces jeunes filles étaient choisies dans les plus grandes familles de Rome, à l'âge de six à dix ans. Elles restaient au service de la déesse pendant une durée de vingt à trente ans. Elles rentraient ensuite au sein de la société romaine, avec la permission de contracter mariage. Mais, durant leur sacerdoce, les Vestales qui laissaient le feu s'éteindre étaient sévèrement et même cruellement punies : celle qui violait ses vœux de virginité était mise à mort, parfois enterrée vive.

En compensation de toutes ces rigueurs, les Vestales étaient l'objet d'un respect universel : comme les hauts dignitaires, elles étaient précédées d'un licteur, ne dépendaient que du collège des pontifes ; elles étaient appelées souvent pour apaiser les dissensions dans les familles : on leur confiait les secrets des particuliers et quelquefois ceux de l'État. C'est entre leurs mains que l'empereur Auguste avait déposé son testament ; et, après sa mort, elles le portèrent au sénat romain.

Elles avaient la tête ceinte de bandelettes de laine blanche, qui leur retombaient gracieusement sur les épaules et de chaque côté de la poitrine. Leurs vêtements étaient d'une grande simplicité, mais non dépourvus d'élégance. Par-dessus une robe blanche elles portaient une sorte de rochet de la même couleur. Leur manteau, qui était de pourpre, leur cachait une épaule et laissait l'autre demi-nue. Primitivement elles se coupaient les cheveux, mais plus tard elles portèrent toute leur chevelure. Quand le luxe se fut répandu dans Rome, on les vit se promener en somptueuse litière, même dans un char magnifique, avec une nombreuse suite de femmes et d'esclaves.

## Latone

Latone, fille du Titan Cœus, selon Hésiode, fille de Saturne, selon Homère, fut aimée de Jupiter. Junon, jalouse de sa rivale, la fit persécuter par le serpent Python, et fit promettre à la Terre de ne lui donner aucune retraite. Sur le point de devenir mère, elle parcourait le monde, cherchant un asile. Neptune eut pitié de son sort : d'un coup de son trident, il fit sortir de la mer l'île de Délos. Latone, momentanément changée en caille par Jupiter, se réfugie dans cette île où elle met au monde Apollon et Diane, à l'ombre d'un olivier ou d'un palmier. L'île de Délos, d'abord flottante, fut fixée plus tard par Apollon au milieu des Cyclades, celles-ci étant, pour ainsi dire, rangées en cercle autour d'elle.

Latone était particulièrement honorée à Délos et à Argos. Ainsi que Junon ou Lucine, elle présidait à la naissance des hommes, et les mères, dans leurs angoisses et leurs souffrances, lui adressaient des invocations.

## Apollon ou Phébus

En grec, les noms PHOIBOS et APOLLON sont parfois réunis.

Fils de Jupiter et de Latone, frère jumeau de Diane, Apollon ou Phébus naquit dans l'île flottante de Délos, qui, à partir de ce moment, devient stable et immobile par la volonté du jeune dieu ou la faveur de Neptune. Dès son adolescence, il prit son carquois et ses terribles flèches, et vengea sa mère du serpent Python, par lequel elle avait été si obstinément poursuivie. Le serpent fut tué, écorché, et sa peau servit à couvrir le trépied sur lequel s'asseyait la Pythonisse de Delphes pour rendre ses oracles. D'un visage rayonnant de beauté, avec une chevelure blonde qui tombait en boucles gracieuses sur ses épaules, d'une taille haute et dégagée, d'une attitude et d'une démarche séduisantes, il aima la nymphe Coronis, qui le rendit père d'Esculape. Ce fils d'Apollon, qui excellait dans la médecine, ayant usé des secrets de son art pour ressusciter Hippolyte, sans l'assentiment des dieux, fut foudroyé par Jupiter. Apollon, furieux, perce de ses flèches les Cyclopes, qui avaient forgé la foudre. Cette vengeance, regardée comme un attentat, le fit chasser de l'Olympe. Exilé du ciel, condamné à vivre sur la terre, Apollon se réfugia chez Admète, roi de Thessalie, dont il garda les troupeaux. Tel était le charme qu'il exerçait autour de lui dans les campagnes, si nombreux étaient les agréments dont il embellissait la vie champêtre, que les dieux mêmes devinrent alors jaloux des bergers.

Durant son exil, il chantait et jouait de la lyre ; Pan, avec sa flûte, osa rivaliser avec lui devant Midas, roi de Phrygie, désigné pour arbitre. Midas, ami de Pan, se prononça en sa faveur, et, pour le punir de son stupide jugement, Apollon lui fit pousser des oreilles d'âne. Le satyre Marsyas, autre joueur de flûte, ayant voulu aussi rivaliser avec Apollon, à la condition que le vaincu serait mis à la discrétion du vainqueur, fut vaincu par le dieu, qui le fit écorcher vif. Un jour Mercure lui dérobe son troupeau, et Apollon passe du service d'Admète à celui de Laomédon, fils d'Ilus et père de Priam.

Apollon aida Neptune à construire les murailles de Troie, et, les dieux n'ayant reçu de Laomédon aucun salaire, il punit cette ingratitude en frappant le peuple d'une peste qui causa d'immenses ravages.

Il erra encore quelque temps sur la terre, aima Daphné, fille du fleuve Pénée, qui se déroba à son amour et fut métamorphosée en laurier ; Clytie qui, se voyant abandonnée pour sa sœur Leucothoé, se morfondit de douleur et se changea en héliotrope ; enfin Clymène qui eut d'Apollon un grand nombre d'enfants, dont le plus célèbre est Phaéton.

Hyacinthe, fils d'Amyclos et de Dioméda, fut aussi aimé d'Apollon. Zéphyre, d'autres disent Borée, qui l'aimait aussi, indigné de la préférence que le jeune homme accordait au dieu des Muses, voulut s'en venger. Un jour que Apollon et Hyacinthe jouaient ensemble, ce vent souffla avec violence, détourna le palet que lançait Apollon, et le dirigea vers Hyacinthe, qui en fut atteint au front et tomba mort. Le dieu essaya toutes les ressources de son art pour ramener à la vie ce jeune adolescent si tendrement aimé : efforts et soins inutiles. Alors il le changea en une fleur, l'hyacinthe, sur les feuilles de laquelle il inscrivit les deux premières lettres de son nom, *ai, ai*, qui, en grec, sont en même temps l'expression de la douleur.

Jupiter enfin se laissa fléchir, rétablit Apollon dans tous les droits de la divinité, lui rendit tous ses attributs, et le chargea de répandre la lumière dans l'univers. Comme sa sœur Diane, il eut différents noms : on l'appelait Phébus au ciel, du mot grec *phoibos*, « lumière et vie », parce qu'il conduisait le char du Soleil ; il se nommait Apollon sur la terre et aux Enfers. Souvent il est désigné par des surnoms qui rappellent tantôt ses attributs, tantôt ses temples privilégiés, tantôt enfin ses exploits, ses agréments physiques, ou même le lieu de sa naissance.

Apollon est le dieu de la musique, de la poésie, de l'éloquence, de la médecine, des augures et des arts. Il préside aux concerts des neuf Muses ; avec elles il daigne habiter les monts Parnasse, Hélicon, Piérius, les bords d'Hippocrène et du Permesse. Il n'a pas inventé la lyre, il l'a reçue de Mercure ; mais, comme il excelle à en jouer, il charme par ses harmonieux accords les festins et les réunions des dieux. Il jouit d'une jeunesse éternelle, possède le don des oracles et inspire les Pythonisses, ou ses prêtresses, à Délos, Ténédos, Claros, Patare, surtout à Delphes, et aussi à Cumes en Italie.

Son temple de Delphes était incontestablement le plus beau, le plus riche et le plus renommé. On y accourait de toutes parts afin de consulter l'oracle. À Rome, l'empereur Auguste, qui croyait être redevable de sa victoire d'Actium à Apollon, lui éleva, dans son palais du mont Palatin, un temple avec un portique, et il y plaça une bibliothèque.

À ce dieu étaient consacrés, parmi les animaux, le coq, l'épervier, la corneille, le griffon, le cygne, la cigale ; parmi les arbres, le laurier, en souvenir de Daphné, et dont il fit la récompense des poètes, puis l'olivier, le palmier ; parmi les arbrisseaux ou les fleurs, le lotus, le myrte, le genévrier, la jacinthe, le tournesol, l'héliotrope, etc. Les jeunes gens arrivés à la puberté lui consacraient leur chevelure dans son temple.

On le représente toujours jeune et sans barbe, parce que le Soleil ne vieillit point. L'arc et les flèches qu'il porte symbolisent les rayons ; la lyre, l'harmonie des cieux ; parfois on lui donne un bouclier, symbole de la protection qu'il accorde aux hommes. Il porte une chevelure flottante et souvent une couronne de laurier, de myrte ou d'olivier. Ses flèches sont quelquefois redoutables et malfaisantes, parce que, dans certains cas, l'ardeur du soleil engendre des miasmes méphitiques, pestilentiels ; mais elles ont le plus souvent des effets salutaires. Il est honoré comme dieu de la médecine aussi bien que son fils Esculape. N'est-ce pas lui qui réchauffe la nature, vivifie tous les êtres, fait germer, croître et fleurir ces plantes nombreuses dont la vertu est un remède ou un charme à tant de maux ?

Dans les monuments, Apollon, *prophète*, est vêtu d'une longue robe, habit caractéristique des prêtres qui rendaient ses oracles ; *médecin*, il a le serpent à ses pieds ; *chasseur*, il se présente comme un jeune homme portant une clamyde légère qui laisse apercevoir le flanc nu ; il est armé d'un arc et a le pied levé

Apollon du Belvédère.

dans l'attitude de la course. Sa plus remarquable statue, peut-être la plus célèbre qui nous reste de l'Antiquité, est l'Apollon du Belvédère. L'artiste lui a composé une figure, une attitude idéales : le dieu vient de poursuivre le serpent Python, il l'a atteint dans sa course rapide, et son arc redoutable lui a porté un coup mortel. Pénétré de sa puissance, rayonnant d'une joie noblement contenue, son auguste regard se porte au loin dans l'infini, bien au-delà de sa victoire ; le dédain se montre sur ses lèvres, l'indignation gonfle ses narines, et monte jusqu'à ses sourcils, mais un calme inaltérable règne sur son front, et son œil est plein de douceur.

Une des plus grandes statues d'Apollon fut le colosse de Rhodes : elle avait, dit-on, soixante-dix coudées de haut, et elle était toute d'airain.

## **Diane,** en grec **Artémis**

Diane ou Artémis, fille de Latone et de Jupiter, sœur jumelle d'Apollon, née à Délos, vint au monde quelques instants avant son frère. Témoin des douleurs maternelles de Latone, elle conçut une telle aversion pour le mariage, qu'elle demanda et obtint de Jupiter la grâce de garder une virginité perpétuelle ainsi que Minerve, sa sœur. C'est pour cette raison que ces deux déesses reçurent de l'oracle d'Apollon le nom de *Vierges blanches*. Jupiter l'arma lui-même d'un arc et de flèches, et la fit reine des bois. Il lui donna pour cortège soixante nymphes, appelées *Océanies*, et vingt autres nommées *Asies*, dont elle exigeait une inviolable chasteté.

Avec ce nombreux et gracieux cortège, elle se livre à la chasse, son occupation favorite. Toutes ses nymphes sont grandes et belles, mais la déesse les surpasse toutes en taille et en beauté. Comme Apollon, son frère, elle a différents noms : sur la terre, elle s'appelle Diane ou Artémis ; au ciel, la Lune ou Phébé ; aux Enfers, Hécate. Elle avait en outre un grand nombre de surnoms, selon les qualités qu'on lui attribuait, les contrées qu'elle semblait favoriser, les temples où on l'honorait.

Quand Apollon, c'est-à-dire le Soleil, a disparu à l'horizon, Diane, c'est-à-dire la Lune, resplendit dans les cieux et répand discrètement sa lumière dans les profondeurs mystérieuses de la nuit. Ces deux divinités ont des fonctions non identiques, mais semblables : alternativement elles éclairent le monde ; de là leur caractère de fraternité. Apollon est célébré de préférence par les jeunes garçons ; Diane, plutôt par les chœurs de jeunes filles.

Cette déesse est grave, sévère, cruelle et même vindicative. Elle sévit sans pitié contre tous ceux qui ont provoqué son ressentiment. Elle n'hésite pas à détruire leurs moissons, à ravager leurs troupeaux, à semer l'épidémie autour d'eux, à humilier, faire périr même leurs enfants. À la prière de Latone, sa mère, elle sc joint à Apollon, pour percer de ses flèches tous les enfants de la malheureuse Niobé. Elle traite ses nymphes avec la même rigueur, si elles oublient leur devoir.

Un jour Actéon, dans une partie de chasse, la surprend au bain : elle lui jette de l'eau au visage ; il est aussitôt métamorphosé en cerf et dévoré par ses chiens. Un autre jour, dans un accès de jalousie, elle perce de ses flèches ou fait périr cruellement Orion qu'elle aime et qui s'est laissé enlever par l'Aurore. Opis, compagne de Diane, n'eut pas un sort plus heureux.

Diane d'Éphèse.

Vierge implacable, Diane s'éprit cependant pour la beauté d'Endymion. Ce petit-fils de Jupiter avait obtenu du maître de l'Olympe la singulière faveur d'un sommeil perpétuel. Toujours jeune, sans jamais sentir les atteintes de la vieillesse, ni de la mort, Endymion dormait dans une grotte du mont Latmos, en Carie. C'est là que Diane ou la Lune venait chaque nuit le visiter.

La biche et le sanglier lui étaient particulièrement consacrés. On lui offrait en sacrifice les primeurs de la terre, des bœufs, des béliers, des cerfs blancs, quelquefois des victimes humaines. On sait que le sacrifice d'Iphigénie a inspiré plus d'un poète tragique. En Tauride, tous les naufragés sur cette côte étaient immolés à Diane ou jetés en son honneur dans un précipice. En Cilicie, elle avait un temple où les adorateurs marchaient sur des charbons ardents.

Son temple le plus célèbre était incontestablement celui d'Éphèse. Durant deux cent vingt ans, toute l'Asie concourut à le construire, l'orner et l'enrichir. Les immenses richesses qu'il contenait furent sans doute la cause des différentes révolutions qu'il éprouva. On prétend qu'il fut détruit et reconstruit sept fois. Cependant l'histoire ne mentionne que deux incendies de ce temple : le premier par les Amazones, le second par Érostrate, la nuit même où naquit Alexandre. Il fut entièrement détruit l'an 263, sous l'empereur Gallien.

Les statues de Diane d'Éphèse sont assez connues : le corps de la déesse est ordinairement divisé par bandes, en sorte qu'elle paraît pour ainsi dire emmaillotée. Elle porte sur la tête une tour à plusieurs étages ; sur chaque bras, des lions ; sur la poitrine et l'estomac, un grand nombre de mamelles. Tout le bas du corps est parsemé de différents animaux, de bœufs ou taureaux, de cerfs, de sphinx, d'abeilles, d'insectes, etc. On y voit même des arbres et différentes plantes, tous symboles de la nature et de ses innombrables productions.

Ailleurs on l'a parfois représentée avec trois têtes, la première de cheval, la seconde de femme ou de laie, et la troisième d'un chien, ou encore celles d'un taureau, d'un chien et d'un lion.

Ces diverses représentations de la déesse semblent se rapporter à un culte primitif, d'origine asiatique,

Diane à la biche.

mélangé de traditions égyptiennes. Dans l'art grec proprement dit, c'est surtout la chaste Diane, la Diane chasseresse, amante des bois et des montagnes, la déesse fière et hautaine, la resplendissante reine des nuits, que la sculpture et la gravure ont le plus souvent représentée.

On la voit en habit de chasse, les cheveux noués par-derrière, la robe retroussée avec une seconde ceinture, le carquois sur l'épaule, un chien à ses côtés, et tenant un arc bandé dont elle décoche une flèche. Elle a les jambes ainsi que les pieds nus, et le sein droit découvert. Quelquefois elle est chaussée de brodequins. Souvent elle a un croissant au-dessus du front, symbole de la Lune. On la représentait chassant, ou dans le bain, ou se reposant des fatigues de la chasse. Les poètes la dépeignent tantôt sur un char traîné par des biches ou des cerfs blancs, tantôt montée elle-même sur un cerf, tantôt courant à pied avec son chien, et toujours entourée de ses nymphes, armées comme elle d'arcs et de flèches.

La gravure ci-jointe représente le groupe de *Diane à la biche*, œuvre de Jean Goujon.

## **Cérès,** en grec **Dèmèter**

Cérès, fille de Saturne et d'Ops, ou de Vesta, ou de Cybèle, apprit aux hommes l'art de cultiver la terre, de semer, de récolter le blé, et d'en faire du pain, ce qui l'a fait regarder comme la déesse de l'agriculture. Jupiter, son frère, épris de sa beauté, eut d'elle Perséphone ou Proserpine. Elle fut aussi aimée de Neptune, et, pour échapper à sa poursuite, elle se changea en jument. Le dieu s'en aperçut et se métamorphosa en cheval. Les amours de Neptune la rendirent mère du cheval Arion.

Honteuse de la violence que lui avait faite Neptune, elle prit le deuil et se retira dans une grotte, où elle séjourna si longtemps que le monde était en danger de mourir de faim, parce que, durant son absence, la terre était frappée de stérilité. Enfin Pan, étant à la chasse en Arcadie, découvrit sa retraite, et en informa Jupiter, qui, par l'intervention des Parques, l'apaisa et la rendit au monde privé de ses bienfaits.

Les Phigaliens, en Arcadie, lui dressèrent une statue de bois dont la tête était celle d'une jument avec sa crinière d'où sortaient des dragons. On l'appelait la *Cérès noire*. Cette statue, ayant été brûlée par accident, les Phigaliens négligèrent le culte de Cérès, et furent punis d'une affreuse disette, qui ne cessa pas avant que, sur le conseil d'un oracle, la statue fût rétablie.

Pluton ayant enlevé Proserpine, Cérès, inconsolable, se plaignit à Jupiter ; mais, peu satisfaite de la réponse, elle se mit à la recherche de sa fille. Les uns racontent qu'elle était montée sur un char traîné par des dragons ailés, et qu'elle tenait à la main un flambeau allumé au feu de l'Etna ; d'autres disent qu'elle allait à pied çà et là, de contrées en contrées. Après avoir couru pendant tout le jour, elle allumait un flambeau, et continuait sa course pendant la nuit.

Cérès s'arrêta d'abord à Éleusis. Dans les campagnes voisines de cette ville, on voyait une pierre sur laquelle la déesse s'était assise, accablée de douleur, et qu'on nommait la *pierre triste*. On montrait aussi un puits près duquel elle s'était reposée. À Athènes, elle fut accueillie par Céléus, et reconnut son hospitalité en enseignant à Triptolème, son fils, l'art de l'agriculture. De plus, elle lui donna un char traîné par deux dragons, l'envoya par le monde pour y établir le labourage, et le pourvut de blé à cet effet. Ensuite elle fut reçue par Hippothoon et sa femme Méganise, mais refusa le vin qu'ils lui offraient, comme ne convenant pas à sa tristesse et à son deuil.

Passant en Lycie, elle changea en grenouilles des paysans qui avaient troublé l'eau d'une fontaine où elle voulait étancher sa soif. Un fait identique est attribué par certains poètes à la déesse Latone.

Enfin, après avoir parcouru le monde sans rien apprendre de sa fille, elle revint en Sicile, où la nymphe Aréthuse l'informa que Proserpine était femme de Pluton et reine des Enfers.

En Sicile, tous les ans, en commémoration du départ de Cérès pour ses longs voyages, les insulaires, voisins de l'Etna, couraient la nuit avec des flambeaux allumés et en poussant de grands cris.

En Grèce, les Démétries, Céréales, ou fête de Cérès, étaient nombreuses. Les plus curieuses étaient assurément celles où les adorateurs de la déesse se fustigeaient mutuellement avec des fouets faits d'écorce d'arbres. Athènes avait deux fêtes solennelles en l'honneur de Cérès, l'une nommée *Eleusinia*, l'autre *Thesmophoria*. Elles avaient été instituées, disait-on, par Triptolème. On immolait des porcs, à cause du dégât qu'ils causent aux biens de la terre, et l'on y faisait des libations de vin doux.

Ces fêtes furent introduites plus tard à Rome : elles étaient célébrées par les dames romaines vêtues de blanc. Les hommes mêmes, simples spectateurs, s'habillaient d'étoffes blanches. On croyait que ces fêtes, pour être agréables à la déesse, ne devaient pas être célébrées par des gens en deuil. C'est pour cette raison qu'elles furent omises l'année de la bataille de Cannes.

Outre le porc, la truie ou la laie, Cérès agréait aussi le bélier comme victime. Dans ses solennités, les guirlandes dont on faisait usage étaient de myrte ou de narcisse ; mais les fleurs étaient interdites, parce que c'était en cueillant des fleurs que Proserpine avait été enlevée par Pluton. Le pavot seul lui était consacré, non seulement parce qu'il croît au milieu des blés, mais aussi parce que Jupiter lui en fit manger pour lui procurer du sommeil, et par conséquent quelque trêve à sa douleur.

En Crète, en Sicile, à Lacédémone et dans plusieurs autres villes du Péloponnèse, on célébrait périodiquement les *Éleusinies*, ou mystères de Cérès. Mais ce sont les mystères d'Éleusis qui ont le plus de célébrité. D'Éleusis ils passèrent à Rome, où ils subsistèrent jusqu'au règne de Théodose. Ces mystères étaient divisés en grands et en petits. Les petits mystères étaient une préparation aux grands mystères ; ils se célébraient près d'Athènes, sur les bords de l'Ilissus. Ils conféraient une sorte de noviciat. Après un certain laps de temps plus ou moins long, le novice était initié aux grands mystères, dans le temple d'Éleusis, et pendant la nuit. Quatre ministres présidaient aux cérémonies de l'initiation. Le premier était l'*Hiérophante*, ou celui qui révèle les choses sacrées ; le second, le *Dodonque*, ou chef des Lampadophores ; le troisième, l'*Hiérocéryce*, ou chef des hérauts sacrés ; le quatrième, l'*Assistant* à l'autel, dont l'habillement allégorique représentait la lune. L'archonte-roi d'Athènes était le surintendant des fêtes d'Éleusis. Les ministres subalternes étaient fort nombreux et distribués en plusieurs classes, suivant l'importance de leurs mystérieuses fonctions. Les fêtes d'Éleusis duraient neuf jours, chaque année, dans le mois de septembre. Pendant ces neuf jours, les tribunaux étaient fermés.

Les Athéniens faisaient initier leurs enfants aux mystères d'Éleusis, dès le berceau. Il était interdit, même aux femmes, de se faire mener au temple en voiture ou en chariot. Les initiés se considéraient comme placés sous la tutelle et la protection de Cérès : on leur faisait espérer une félicité sans bornes.

Dans ces mystères, les cérémonies étaient sans doute emblématiques : on suppose qu'elles avaient trait uniquement aux évolutions des astres, à la succession des saisons et à la marche du soleil. Le silence étant religieusement observé par les initiés, on en est réduit à de pures hypothèses.

Cérès est habituellement représentée sous l'aspect d'une belle femme, d'une taille majestueuse, d'un teint coloré : elle a les yeux langoureux, et les cheveux blonds retombant en désordre sur ses épaules. Outre une couronne d'épis de blé, elle porte un diadème très élevé. Parfois elle est couronnée d'une guirlande d'épis ou de pavots, symbole de la fécondité. Elle a la poitrine forte, les seins gonflés ; elle tient de la main droite un faisceau d'épis, et de la gauche une torche ardente. Sa robe tombe jusque sur les pieds, et souvent elle porte un voile rejeté en arrière.

Cérès.

Parfois on lui donne un sceptre ou une faucille : deux petits enfants, attachés à son sein et tenant chacun une corne d'abondance, indiquent assez la nourrice du genre humain. Elle porte une draperie de teinte jaune, couleur des blés mûrs.

Ici elle est représentée dans l'attitude triomphante de la déesse des moissons. Elle est entièrement vêtue, symbole de la Terre qui dérobe aux yeux sa force fécondante et ne laisse voir que ses productions. De la main droite elle retient son voile sur l'épaule gauche ; de l'autre main, elle serre contre elle un bouquet des champs : sa couronne d'épis est placée sur une chevelure artistement dressée, et elle porte vers le ciel un regard satisfait avec une expression de reconnaissance pour les autres dieux qui l'ont secondée.

Son char est attelé de lions ou de serpents.

Sur ses monuments elle est appelée le plus souvent *Magna Mater, Mater Maxima* (Mère puissante, très puissante Mère) ; on l'appelle aussi *Ceres deserta* Cérès l'abandonnée), ou *tædifera* (porte-flambeau), *thesmophoros* ou *legifera* (législatrice), parce qu'on attribuait à cette déesse l'invention des lois. Par ses attributs, elle rappelle l'Isis égyptienne.

## **Vulcain,** en grec **Hèphæstos**

Vulcain était fils de Jupiter et de Junon, ou, selon quelques mythologues, de Junon seule, avec le secours du vent. Honteuse d'avoir mis au monde un fils si difforme, la déesse le précipita dans la mer, afin qu'il restât éternellement caché dans les abîmes. Mais il fut recueilli par la belle Thétis et Eurynome, filles de l'Océan. Pendant neuf années, entouré de leurs soins, il demeura dans une grotte profonde, occupé à leur fabriquer des boucles, des agrafes, des colliers, des bagues, des bracelets. Cependant la mer le cachait sous ses flots, si bien qu'aucun des dieux ni des hommes ne connaissait le lieu de sa retraite, sauf les deux divinités qui le protégeaient.

Vulcain, conservant au fond de son cœur du ressentiment contre sa mère, à cause de cette injure, fit une chaise d'or qui avait un ressort mystérieux, et l'envoya dans le ciel. Junon admire un siège si précieux et, n'ayant aucune méfiance, veut s'y asseoir. Aussitôt elle est prise comme dans un trébuchet. Elle y serait restée longtemps, sans l'intervention de Bacchus, qui enivra Vulcain pour l'obliger à délivrer Junon. Cette aventure de la mère des dieux excita l'hilarité de tous les habitants de l'Olympe, c'est du moins ce que prétend Homère.

Ailleurs Homère raconte que ce fut Jupiter lui-même qui précipita Vulcain du haut du ciel. Le jour où, pour punir Junon d'avoir excité une tempête qui devait faire périr Hercule, Jupiter avait suspendu cette déesse au milieu des airs, Vulcain, par un sentiment de compassion ou de piété filiale, vint au secours de sa mère. Il paya cher ce mouvement de bonté. Jupiter le prit par les pieds et le lança dans l'espace. Après avoir roulé tout le jour dans les airs, l'infortuné Vulcain tomba dans l'île de Lemnos, où il fut recueilli et soigné par les habitants. Dans cette épouvantable chute, il se cassa les deux jambes, et resta boiteux pour toujours.

Cependant, par le crédit de Bacchus, Vulcain fut rappelé dans le ciel et rétabli dans les bonnes grâces de Jupiter, qui lui fit épouser la plus belle et la plus infidèle de toutes les déesses, Vénus, mère de l'Amour.

Ce dieu, si laid, si difforme, est de tous les habitants de l'Olympe le plus laborieux, et en même temps le plus industrieux. C'est lui qui, comme en se jouant, fabriquait les bijoux pour les déesses, lui qui, avec ses Cyclopes, dans l'île de Lemnos ou dans le mont Etna, forgeait les foudres de Jupiter. Il eut l'idée ingénieuse de faire des fauteuils qui se rendaient d'eux-mêmes à l'assemblée des dieux. Il n'est pas seulement le dieu du feu, mais encore celui du fer, de l'airain, de l'argent, de l'or, de toutes les matières fusibles. On lui attribuait tous les ouvrages forgés qui passaient pour des merveilles : le palais du Soleil, les armes d'Achille, celles d'Énée, le sceptre d'Agamemnon, le collier d'Hermione, la couronne d'Ariane, le réseau invisible dans lequel il prit Mars et Vénus, etc.

Ce dieu avait plusieurs temples à Rome, mais hors des murs : le plus ancien, disait-on, avait été bâti par Romulus. Dans les sacrifices qui lui étaient offerts, on avait coutume de faire consumer par le feu toute la victime, de n'en réserver rien pour le festin sacré ; ainsi c'étaient réellement des holocaustes. La garde de ses temples était confiée à des chiens ; le lion lui était consacré. Ses fêtes se célébraient au mois d'août, c'est-à-dire durant les chaleurs ardentes de l'été. En l'honneur du dieu du feu, ou plutôt considérant le feu comme le dieu même, le peuple jetait des victimes dans un brasier, afin de se rendre la divinité propice. À l'occasion de ces fêtes, qui duraient huit jours consécutifs, il y avait des courses populaires où les concurrents tenaient une torche à la main. Celui qui était vaincu donnait sa torche au vainqueur.

Vulcain.

On regarda comme fils de Vulcain tous ceux qui se rendirent célèbres dans l'art de forger les métaux. Les surnoms les plus ordinaires qu'on donne à Vulcain, ou Hèphæstos, sont Lemnius (le Lemnien), Mulciber ou Mulcifer (qui manie le fer), Etnæus (de l'Etna), Tardipes (à la marche lente), Junonigena (fils de Junon), Chrysor (brillant), Callopodion (qui a les pieds tordus, cagneux, boiteux), Amphigyéis (qui boite des deux pieds), etc.

Sur les anciens monuments, ce dieu est représenté barbu, la chevelure un peu négligée, couvert à demi d'un habit qui ne lui descend qu'au-dessus du genou, portant un bonnet rond et pointu. De la main droite, il tient un marteau, et de la gauche, des tenailles. Bien que, selon la fable, il fût boiteux, les artistes supprimaient ce défaut ou l'exprimaient à peine sensible. Ainsi il se présentait debout, mais sans aucune apparente difformité.

Les poètes plaçaient la demeure ordinaire de Vulcain dans une des îles Éoliennes, couverte de rochers, dont le sommet vomit des tourbillons de fumée et de flamme. Du nom de cette île, appelée autrefois Volcanie, aujourd'hui Volcano, est venu le mot *Volcan*.

## **Mercure,** en grec **Hermès**

Mercure était fils de Jupiter et de Maïa, fille d'Atlas. Les Grecs le nommaient *Hermès*, c'est-à-dire interprète ou messager. Son nom latin venait du mot *Merces*, marchandise. Messager des dieux et en particulier de Jupiter, il les servait avec un zèle infatigable et sans scrupule, même dans des emplois peu honnêtes. Il participait, comme ministre ou serviteur, à toutes les affaires. On le voit s'occuper de la paix et de la guerre, des querelles et des amours des dieux, de l'intérieur de l'Olympe, des intérêts généraux du monde, au ciel, sur la terre et dans les Enfers. Il se charge de fournir et servir l'ambroisie à la table des Immortels, il préside aux jeux, aux assemblées, écoute les harangues, y répond soit par lui-même, soit d'après les ordres qu'il a reçus. Il conduit aux Enfers les âmes des morts avec sa baguette divine ou son caducée ; il les ramène quelquefois sur la terre. On ne pouvait mourir avant qu'il eût entièrement rompu les liens qui rattachent l'âme au corps.

Dieu de l'éloquence et de l'art de bien dire, il était aussi celui des voyageurs, des marchands et même des filous. Ambassadeur plénipotentiaire des dieux, il assiste aux traités d'alliance, les sanctionne, les ratifie, et ne reste pas étranger aux déclarations de guerre entre les cités et les peuples. De jour, de nuit, il ne cesse d'être vigilant, attentif, alerte. C'est en un mot le plus occupé des dieux et des hommes. S'agit-il d'accompagner, de garder Junon, il est là tout près d'elle ; faut-il la surveiller, l'empêcher d'ourdir quelque intrigue, il est là encore, toujours disposé à remplir son emploi. Il est envoyé par Jupiter pour lui préparer ses entrées auprès des plus aimables d'entre les mortelles, pour transporter Castor et Pollux à Pallène, pour accompagner le char de Pluton qui enlève Proserpine ; il s'élance du haut de l'Olympe, et traverse l'espace avec la rapidité de l'éclair. C'est à lui que les dieux confièrent la mission délicate de conduire devant le berger Pâris les trois déesses qui se disputaient le prix de la beauté.

Tant de fonctions, tant d'attributs divers accordés à Mercure lui conféraient une importance considérable dans les conseils des dieux. D'autre part, les hommes ajoutaient encore à ses qualités divines, en lui attribuant mille talents industrieux. Non seulement il contribuait au développement du commerce et des arts, mais c'est lui, disait-on, qui avait formé le premier une langue exacte et régulière, lui qui avait inventé les premiers caractères de l'écriture, réglé l'harmonie des phrases, imposé des noms à une infinité de choses, institué des pratiques religieuses, multiplié et affermi les relations sociales, enseigné le devoir aux époux et aux membres de la même famille. Il avait aussi appris aux hommes la lutte et la danse, et en général tous les exercices du stade qui nécessitent de la force et de la grâce. Enfin il fut l'inventeur de la lyre, à laquelle il mit trois cordes, et qui devint l'attribut d'Apollon.

Ses qualités ne laissaient pas d'être rachetées par quelques défauts. Son humeur inquiète, sa conduite artificieuse lui suscitèrent plus d'une querelle avec les autres dieux. Jupiter même, oubliant un jour tous les services de ce dévoué serviteur, le chassa du ciel et le réduisit à garder les troupeaux sur la terre : ce fut dans le temps où Apollon était frappé de la même disgrâce.

On a mis sur le compte de Mercure un grand nombre de filouteries. Étant encore enfant, ce dieu des marchands et des larrons avait dérobé à Neptune son trident, à Apollon ses flèches, à Mars son épée, à Vénus sa ceinture. Il vola aussi les bœufs d'Apollon ; mais, en vertu d'une convention pacifique, il les échangea contre sa lyre. Ces larcins, allégories assez transparentes, indiquent que Mercure, sans doute personnification d'un mortel illustre, était à la fois habile navigateur, adroit à tirer de l'arc, brave à la guerre, élégant et gracieux dans tous les arts, commerçant consommé, faisant l'échange de l'agréable contre l'utile.

Argus gardant la vache Io.

Il se rendit coupable d'un meurtre pour servir les amours de Jupiter.

Argus, fils d'Arestor, avait cent yeux, dont cinquante restaient ouverts pendant que le sommeil fermait les cinquante autres. Junon lui confia la garde d'Io changée en vache ; mais Mercure endormit au son de sa flûte ce gardien vigilant, et lui coupa la tête. Junon, désolée et déçue, prit les yeux d'Argus et les répandit sur la queue du paon. D'autres racontent qu'Argus fut métamorphosé en paon par cette déesse.

Le culte de Mercure n'avait rien de particulier, sinon qu'on lui offrait les langues des victimes, emblème de son éloquence. Par la même raison, on lui offrait du lait et du miel. On lui immolait des veaux et des coqs. Il était spécialement honoré en Crète, pays de commerce, et à Cyllène en Élide, parce qu'on le croyait né sur le

Mercure à la bourse.

mont du même nom, situé près de cette ville. Il avait aussi un oracle en Achaïe. Après beaucoup de cérémonies, on parlait au dieu à l'oreille, pour lui demander ce qu'on désirait. Ensuite on sortait du temple, les oreilles bouchées avec les mains, et les premières paroles qu'on entendait étaient la réponse du dieu.

À Rome, les négociants célébraient une fête en son honneur, le 15 mai, jour où on lui avait dédié un temple dans le cirque. Ils sacrifiaient une truie pleine et s'aspergeaient de l'eau d'une certaine fontaine à laquelle on attribuait une vertu divine, priant le dieu de favoriser leur trafic et de leur pardonner leurs petites supercheries.

Les *ex-voto* que les voyageurs lui offraient au retour d'un long et pénible voyage étaient des pieds ailés.

Comme divinité tutélaire, Mercure est ordinairement représenté avec une bourse à la main. Des monuments le représentent avec une bourse à la main gauche, et à l'autre un rameau d'olivier et une massue, symboles, l'un de la paix, utile au commerce, l'autre de la force et de la vertu, nécessaires au trafic. En qualité de négociateur des dieux, il porte à la main le caducée, baguette magique ou divine, emblème de la paix. Le caducée est entrelacé de deux serpents, de sorte que la partie supérieure forme un arc ; il est de plus surmonté de deux ailerons. Le dieu a des ailes sur son bonnet, et quelquefois à ses pieds, pour marquer la légèreté de sa course et la rapidité avec laquelle il exécute les ordres.

On le représente d'ordinaire en jeune homme, beau de visage, d'une taille dégagée, tantôt nu, tantôt avec un manteau sur les épaules, mais qui le couvre à peine. Il a souvent un chapeau qu'on appelle pétase, auquel sont attachées des ailes. Il est rare de le voir assis. Ses différents emplois au ciel, sur la terre, et dans les Enfers, le tenaient continuellement en activité. Dans quelques peintures, on le voit avec la moitié du visage claire, et l'autre noire et sombre : ce qui indique que tantôt il est dans le ciel ou sur la terre, tantôt dans les Enfers où il conduit les âmes des morts.

Lorsqu'on le représentait avec une longue barbe et une figure de vieillard, on lui donnait un manteau descendant jusqu'à ses pieds.

Mercure est, dit-on, le père du dieu Pan, fruit de ses amours avec Pénélope. Mais Pénélope ne fut pas la seule mortelle ou déesse honorée de ses faveurs ; il y eut encore Acacallis, fille de Minos, Hersé, fille de Cécrops, Eupolémie, fille de Myrmidon, qui le rendit père de plusieurs enfants, Antianire, mère d'Échion, Proserpine, et la nymphe Lara, dont il eut les dieux Lares.

*Hermès* étant au propre le nom grec de Mercure, on appelait de ce nom certaines statues, faites de marbre et quelquefois de bronze, sans bras et sans pieds. Les Athéniens et, à leur exemple, les autres peuples de la Grèce, et même, par la suite, les Romains plaçaient des hermès dans les carrefours des villes et les grandes routes, parce que Mercure présidait aux voyages et aux chemins. Ordinairement l'hermès n'est qu'un pilastre surmonté d'une tête ; s'il y a deux têtes, c'est toujours celle de Mercure réunie à celle d'une autre divinité.

Le mercredi, jour de la semaine, lui est consacré (*Mercurii dies*).

## **Mars,** en grec **Arès**

Mars ou Arès, c'est-à-dire *le brave*, était fils de Jupiter et de Junon. Les poètes latins lui donnent une autre origine. Jalouse de ce que Jupiter avait mis au monde Minerve, sans sa participation, Junon avait voulu, à son tour, concevoir et engendrer. La déesse Flore lui indiqua une fleur qui croissait dans les campagnes d'Olène en Achaïe, et dont le seul contact produisait ce merveilleux effet. Grâce à cette fleur, elle devint mère de Mars. Elle le fit élever par Priape, de qui il apprit la danse et les autres exercices du corps, préludes de la guerre.

Les Grecs ont chargé l'histoire de Mars d'un certain nombre d'aventures.

Allyrothius, fils de Neptune, ayant fait violence à Alcippe, fille de Mars, ce dieu la vengea en tuant l'auteur du crime. Neptune, désespéré de la mort de son fils, assigna Mars en jugement devant les douze grands dieux de l'Olympe, qui l'obligèrent à défendre sa cause. Il la défendit si bien qu'il fut absous. Le jugement eut lieu sur une colline d'Athènes appelée depuis l'*Aréopage* (colline de Mars), où s'établit le fameux tribunal athénien.

Ascalaphus, fils de Mars, qui commandait les Béotiens au siège de Troie, ayant été tué, le dieu courut le venger lui-même, malgré Jupiter qui avait défendu aux dieux de prendre parti pour ou contre les Troyens. Le roi du ciel eut un accès de colère furieuse, mais Minerve l'apaisa, en promettant de soutenir les Grecs. En effet, elle excita Diomède à se battre contre Mars, qui fut blessé au flanc par la lance de ce héros. C'est

Minerve qui avait dirigé le coup. Mars, en retirant l'arme de sa blessure, jette un cri épouvantable, et aussitôt il remonte dans l'Olympe au milieu d'un tourbillon de poussière. Jupiter le gourmande sévèrement, mais ne laisse pas d'ordonner au médecin des dieux de guérir son fils. Péon met sur sa blessure un baume qui le guérit sans peine, car, dans un dieu, il n'y a rien qui soit mortel.

Homère et Ovide ont raconté les amours de Mars et de Vénus. Mars s'était mis en garde contre les yeux clairvoyants de Phébus, qui était son rival auprès de la belle déesse, et avait placé en sentinelle Alectryon, son favori ; mais, celui-ci s'étant endormi, Phébus aperçut les coupables, et courut prévenir Vulcain. L'époux outragé les enveloppa dans un réseau aussi solide qu'invisible, et rendit tous les dieux témoins de leur crime et de leur confusion. Mars punit son favori, en le métamorphosant en coq ; depuis cette époque, cet oiseau tâche de réparer sa faute, en annonçant par son chant le lever de l'astre du jour. Vulcain, à la prière de Neptune, et sous sa caution, défait les merveilleux liens. Les captifs, mis en liberté, s'envolent aussitôt, l'un dans la Thrace, son pays natal, l'autre à Paphos, dans sa retraite préférée.

Les poètes donnent à Mars plusieurs femmes et plusieurs enfants. Il eut de Vénus deux fils, Deimos et Phobos (la Terreur et la Crainte), et une fille, Hermione ou Harmonie, qui épousa Cadmus. Il eut de Rhéa Romulus et Rémus ; de Thébé, Évadné, femme de Capanée, un des sept chefs thébains ; et de Pirène, Cycnus qui, monté sur le cheval Arion, combattit contre Hercule et fut tué par ce héros. Les anciens habitants de l'Italie donnaient à Mars, pour épouse, Néréine.

Ce dieu a pour sœur ou pour femme Bellone. C'est elle qui attelait et conduisait son char ; la Terreur (Deimos) et la Crainte (Phobos) l'accompagnaient. Les poètes la dépeignent au milieu des combats, courant çà et là, les cheveux épars, le feu dans les yeux, et faisant retentir dans les airs son fouet ensanglanté.

Comme dieu de la guerre, Mars est toujours accompagné de la Victoire. Cependant, il n'était pas toujours invincible.

Son culte paraît avoir été peu répandu chez les Grecs. On ne parle d'aucun temple élevé en son honneur, et l'on ne cite que deux ou trois de ses statues, en particulier celle de Sparte, qui était liée et garrottée, afin que le dieu n'abandonnât pas les armées durant la guerre.

Mais, à Rome, Mars était tout spécialement honoré. Dès le règne de Numa, il eut au service de son culte et de ses autels un collège de prêtres, choisis parmi les patriciens. Ces prêtres, appelés Saliens, étaient préposés à la garde des douze boucliers sacrés, ou anciles, dont l'un, disait-on, était tombé du ciel. Tous les ans, à la fête du dieu, les Saliens, portant les boucliers, et vêtus d'une tunique de pourpre, parcouraient la ville en dansant et sautant.

Leur chef marchait à leur tête, commençait la danse, et ils en imitaient les pas. Cette procession très solennelle se terminait au temple du dieu par un somptueux et délicat festin. Parmi les temples nombreux que Mars avait à Rome, le plus célèbre fut celui qu'Auguste lui dédia sous le nom de Mars Vengeur.

Mars au repos.
Statue de la villa Ludovisi, imitation probable de l'œuvre de Scopas de Paros.

On lui offrait comme victimes le taureau, le verrat, le bélier, et, plus rarement, le cheval. Le coq et le vautour lui étaient consacrés. Les dames romaines lui sacrifiaient un coq le premier jour du mois qui porte son nom, et c'est par ce mois que l'année romaine commença jusqu'au temps de J. César.

Les anciens Sabins l'adoraient sous l'effigie d'une lance (*Ouiris*) : d'où le nom de *Quirinus* donné à son fils Romulus, et celui de *Quirites* employé pour désigner les citoyens romains.

Il y avait à Rome une fontaine vénérée et spécialement consacrée à Mars. Néron s'y baigna. Ce mépris des croyances populaires ne fit qu'augmenter l'aversion qu'on éprouvait pour ce tyran. À dater de ce jour, sa santé étant devenue languissante, le peuple ne douta point que, par son sacrilège, il s'était attiré la vengeance des dieux.

Les anciens monuments représentent le dieu Mars d'une manière assez uniforme, sous la figure d'un homme armé d'un casque, d'une pique et d'un bouclier ; tantôt nu, tantôt en costume de guerre, même avec un manteau sur les épaules. Quelquefois il porte toute sa barbe, mais le plus souvent il est imberbe, et parfois il tient à la main le bâton de commandement. Sur sa poitrine, on distingue l'égide avec la tête de Méduse. Il est tantôt monté sur son char traîné par des chevaux fougueux, tantôt à pied, toujours dans une attitude guerrière. Son surnom de *Gravidus* signifie : « celui qui s'avance à grands pas ».

Notre gravure représente Mars au repos : il a ses armes auprès de lui ; et l'amour, à ses pieds, semble le guetter en vain : il est encore soucieux et à peine remis de ses combats.

Le mardi, jour de la semaine, lui était consacré (*Martii dies*).

## **Vénus,** en grec **Aphrodite**

Vénus ou Aphrodite est une des divinités les plus célèbres de l'Antiquité : c'est elle qui présidait aux plaisirs de l'amour. Sur son origine, comme sur celle de beaucoup d'autres dieux ou déesses, les poètes ne sont pas d'accord. On a d'abord distingué deux Vénus : l'une s'est formée de l'écume de la mer échauffée par le sang de Cælus ou Uranus, qui s'y mêla, quand Saturne porta une main sacrilège sur son père. On ajoute que de ce mélange la déesse naquit près de l'île de Chypre, dans une nacre de perle. Homère dit qu'elle fut portée dans cette île par Zéphyre, et qu'il la remit entre les mains des Heures, qui se chargèrent de l'élever. Cette déesse ainsi conçue serait la véritable Aphrodite, c'est-à-dire née de l'écume, en grec *Aphros*.

On a donné quelquefois à cette divinité une origine moins bizarre, en disant qu'elle était issue de Jupiter et de Dioné, fille de Neptune, et par conséquent sa cousine germaine.

Quelque origine que les différents poètes aient donnée à Vénus, et quoique souvent le même poète en ait parlé différemment, ils ont toujours eu en vue la même Vénus, à la fois *céleste* et *marine*, déesse de la beauté et des plaisirs, mère des Amours, des Grâces, des Jeux et des Ris : c'est à la même qu'ils ont attribué toutes les fables qu'ils ont créées sur cette divinité. Elle fut donnée par Jupiter comme épouse à Vulcain ; ses galanteries éclatantes avec Mars firent la risée des dieux. Elle aima passionnément Adonis, fut la mère d'Éros ou Cupidon ou encore l'Amour, celle du pieux Énée, celle d'un grand nombre de mortels, car ses liaisons avec les habitants du ciel, de la terre et de la mer furent incalculables, infinies.

On lui éleva des temples dans l'île de Chypre, à Paphos, à Amathonte ; dans l'île de Cythère, etc. De là ses noms de *Cypris*, *Paphia*, *Cythérée*. On l'appelait aussi *Dioné*, comme sa mère ; *Anadyomène*, c'est-à-dire « sortant des eaux », etc.

Elle avait une ceinture où étaient renfermées les grâces, les attraits, le sourire engageant, le doux parler, le soupir plus persuasif, le silence expressif et l'éloquence des yeux. On raconte que Junon l'emprunta de Vénus, pour ranimer les feux de Jupiter et pour le gagner à la cause des Grecs contre les Troyens.

Après son aventure avec Mars, elle se retira d'abord à Paphos, puis alla se cacher dans les bois du Caucase. Tous les dieux la cherchèrent longtemps en vain ; mais une vieille leur apprit le lieu de sa retraite : la déesse la punit en la métamorphosant en rocher.

Rien n'est plus célèbre que la victoire remportée par Vénus, au jugement de Pâris, sur Junon et Pallas, bien que ses deux rivales eussent exigé d'elle que, avant de comparaître, elle déposât sa redoutable ceinture. Elle témoigna perpétuellement sa reconnaissance à Pâris, qu'elle rendit possesseur de la belle Hélène, et aux Troyens, qu'elle ne cessa de protéger contre les Grecs et Junon même.

L'amour le plus constant de Vénus fut celui qu'elle éprouva pour le charmant et jeune Adonis, fils de Myrrha et de Cynire. Myrrha, sa mère, fuyant le courroux paternel, s'était retirée en Arabie, où les dieux la changèrent en l'arbre qui porte la myrrhe. Le terme de la naissance étant arrivé, l'arbre s'ouvrit pour faire jour à l'enfant. Adonis fut reçu par les nymphes qui le nourrirent dans les grottes du voisinage. Devenu adolescent, il passa en Phénicie. Vénus le vit, l'aima, et, pour le suivre à la chasse dans les forêts du mont Liban, elle abandonna le séjour de Cythère, d'Amathonte et de Paphos, et dédaigna l'amour des dieux. Mars, jaloux et indigné de cette préférence donnée à un simple mortel, se changea en sanglier furieux, s'élança sur Adonis, et lui fit à la cuisse une blessure qui causa sa mort. Vénus était accourue, mais trop tard, au secours de l'infortuné jeune homme. Accablée de douleur, elle prit dans ses bras le corps d'Adonis, et, après l'avoir longtemps pleuré, le changea en anémone, fleur éphémère du printemps.

D'autres racontent qu'Adonis fut tué par un sanglier que Diane lança contre lui, pour se venger de Vénus qui avait causé la mort d'Hippolyte.

Adonis, descendu aux enfers, fut aimé encore de Proserpine. Vénus s'en plaignit à Jupiter. Le maître des dieux termina le débat en ordonnant qu'Adonis serait libre quatre mois de l'année, qu'il en passerait quatre avec Vénus, et le reste avec Proserpine.

Sous le voile de cette fable, on peut reconnaître dans Adonis la Nature en ses diverses phases et sous ses différents aspects. Au printemps, elle se montre belle et féconde ; l'hiver, elle semble morte, mais bientôt elle reparaît avec la même splendeur et la même fécondité.

Vénus n'est pas toujours, loin s'en faut, la déesse aimable des Ris et des Grâces. Elle était fort vindicative, et impitoyable dans ses vengeances. Pour punir le Soleil (Phébus) de l'indiscrétion qu'il avait eue d'avertir Vulcain de ses amours avec Mars, elle le rendit malheureux dans la plupart de ses amours. Elle le poursuivit même par les armes, jusque dans ses descendants. Elle se vengea de la blessure qu'elle avait reçue de Diomède devant Troie, en inspirant à Égialée, sa femme, une passion pour d'autres hommes. Elle punit de même la muse Clio qui avait blâmé son amour pour Adonis, Hippolyte qui avait dédaigné ses attraits. Enfin, Tyndare lui ayant fait une statue avec des chaînes aux pieds, elle le punit par l'impudicité de ses filles, Hélène et Clytemnestre.

Son fils Cupidon est aussi aimable et aussi cruel que sa mère.

Dans le culte de Vénus, si répandu en Grèce et dans le monde ancien, se mêlent toutes les pratiques superstitieuses, les plus innocentes et les plus criminelles, les moins impures comme les plus déréglées. Les hommages qui lui sont rendus se rattachent à la diversité de ses origines et à l'opinion qu'en avaient eue différents peuples, à des époques diverses. Ce culte rappelait à la fois celui des divinités assyriennes et chaldéennes, de l'Isis égyptienne et de l'Astarté des Phéniciens.

Vénus présidait aux mariages, même aux naissances, mais particulièrement à la galanterie. On lui consacra, parmi les fleurs, la rose ; parmi les fruits, la pomme et la grenade ; parmi les arbres, le myrte ; parmi les

Vénus de Milo.

oiseaux, le cygne, le moineau et surtout la colombe. On lui sacrifiait le bouc, le verrat, le lièvre, et rarement de grandes victimes.

On la représentait entièrement ou à demi nue, jeune, belle, habituellement riante, tantôt émergeant du sein des flots, debout, le pied sur une tortue, sur une conque marine, ou montée sur un hippocampe, avec un cortège de Tritons et de Néréides, tantôt traînée sur un char attelé de deux colombes ou deux cygnes. Les Spartiates la représentèrent tout armée, en souvenir de leurs femmes qui avaient pris les armes pour défendre leur ville.

Le peintre Apelle avait représenté dans un admirable tableau la naissance de Vénus surnommée *Anadyomène*, c'est-à-dire « qui sort de la mer ». Ce tableau fut consacré à la déesse même par l'empereur Auguste, et il existait encore à l'époque du poète latin Ausone qui en fait une courte, mais vive description. « Voyez, dit-il, comme cet excellent maître a bien exprimé cette eau pleine d'écume qui coule à travers les mains et les cheveux de la déesse, sans rien cacher de leurs grâces ; aussi dès que Pallas l'eut aperçue, elle adressa ces paroles à Junon : "Cédons, cédons, ô Junon, à cette déesse naissante tout le prix de la beauté." »

Il existe de Vénus un grand nombre de statues : les plus belles et les plus célèbres sont la *Vénus de Médicis* que l'on croit être une copie de la *Vénus de Cnide*, exécutée par Praxitèle, la *Vénus d'Arles*, la *Vénus de Milo*, découverte à Milo par le comte de Marcellus, en 1820.

Sur une médaille de l'impératrice Faustine, on voit l'image de *Vénus mère* : elle tient une pomme de la main droite, et de la gauche un petit enfant enveloppé de langes. Sur une autre médaille de la même impératrice, on a représenté *Vénus victorieuse*. Elle s'efforce, par ses caresses, de retenir le dieu Mars qui part pour la guerre.

Une des plus curieuses statues de cette déesse, variété de la Vénus hermaphrodite, était la *Vénus barbarta*. Elle se trouvait à Rome, et représentait dans sa partie supérieure un homme portant une chevelure et une barbe abondantes, tandis que dans sa partie inférieure, elle figurait une femme. Cette singulière statue fut consacrée à la déesse à l'occasion d'une maladie épidémique, à la suite de laquelle les dames romaines perdaient leurs cheveux. C'est à Vénus qu'on en attribua la guérison.

Dans plusieurs tableaux modernes, cette divinité est représentée sur son char, traîné par deux cygnes : elle porte une couronne de roses et une chevelure blonde : la joie rayonne dans ses yeux, le sourire est sur ses lèvres : autour d'elle se jouent deux colombes et mille petits amours.

Le vendredi, jour de la semaine, lui était consacré (*Veneris dies*).

## **Bacchus,** en grec **Dionysos**

Bacchus ou Dionysos était fils de Jupiter et de Sémélé, princesse thébaine, fille de Cadmus.

Junon, toujours jalouse, et voulant faire périr à la fois la mère et l'enfant qui allait naître, vint trouver la princesse, sous les traits de Béroé, sa nourrice, et lui conseilla d'exiger de Jupiter qu'il se présentât devant elle dans tout l'appareil de sa gloire. Sémélé suivit ce perfide conseil. Jupiter, après bien des résistances, céda enfin aux sollicitations de celle qu'il aimait, et lui apparut bientôt au milieu des foudres et des éclairs. Le palais s'embrasa, et Sémélé périt au milieu des flammes. Cependant Junon fut trompée dans son attente. Jupiter fit retirer Bacchus, du brasier par Vulcain. Macris, fille d'Aristée, reçut l'enfant dans ses bras, et le donna à Jupiter, qui le mit dans sa cuisse où il le garda le temps nécessaire pour qu'il vît le jour.

D'autres racontent que les Nymphes le retirèrent du milieu des cendres maternelles, et se chargèrent de l'élever. Quoi qu'il en soit, Bacchus passa toute son enfance loin de l'Olympe et des regards malveillants de Junon, dans les campagnes de Nysa, ville fabuleuse de l'Arabie Heureuse ou peut-être des Indes. Là, sa tante Ino, par ordre de Jupiter, veilla à sa première éducation avec le secours des Hyades, des Heures et des Nymphes, jusqu'à ce qu'il fût en âge d'être instruit par les Muses et Silène.

Devenu grand, il fit la conquête des Indes avec une troupe d'hommes et de femmes portant, au lieu d'armes, des thyrses et des tambours. Son retour fut une marche triomphale de jour et de nuit. Ensuite il passa en Égypte où il enseigna l'agriculture et l'art d'extraire le miel ; il planta la vigne, et fut adoré comme le dieu du vin.

Il punit sévèrement tous ceux qui voulurent s'opposer à l'établissement de son culte. À Thèbes, Penthée, successeur de Cadmus, fut mis en pièces par les Bacchantes ; les Ménéides ou filles de Minyas furent changées en chauves-souris. Elles étaient trois, Iris, Clymène, Alcithoé. Soutenant que Bacchus n'était pas fils de Jupiter, elles continuèrent à travailler pendant ses fêtes, et refusèrent d'assister à la célébration des Orgies.

Bacchus triompha de tous ses ennemis et de tous les dangers auxquels les persécutions incessantes de Junon l'exposaient. Un jour, fuyant devant l'implacable déesse, il tomba de fatigue et s'endormit. Un serpent à deux têtes l'attaqua, et le dieu, à son réveil, le tua d'un coup de sarment. Junon finit par le frapper de folie, et le fit errer dans une grande partie du monde. Il fut d'abord accueilli avec bienveillance par Protée, roi d'Égypte, puis il passa en Phrygie où, ayant été admis aux expiations, il fut initié aux mystères de Cybèle. Dans la guerre des géants, il se transforma en lion, et combattit avec rage. Pour l'animer, Jupiter lui criait sans cesse : « *Évohé*, courage, mon fils. »

Venu dans l'île de Naxos, il consola et épousa Ariane abandonnée par Thésée, et lui donna la fameuse couronne d'or, chef-d'œuvre de Vulcain. C'est Bacchus, dit-on, qui le premier établit une école de musique ; c'est en son honneur que furent données les premières représentations théâtrales.

Silène, son père nourricier et en même temps son précepteur, était fils de Mercure ou de Pan et d'une nymphe. On le représente d'ordinaire avec une tête chauve, des cornes, un gros nez retroussé, une petite taille et une corpulence charnue, le plus souvent monté sur un âne, et, comme il est en état d'ivresse, il a peine à se tenir sur sa monture. S'il est à pied, il marche d'un pas chancelant, appuyé sur un bâton ou sur un thyrse, sorte de long javelot. On le reconnaît aisément à sa couronne de lierre, à la tasse qu'il tient, à son air jovial et même un peu goguenard.

Malgré son portrait si peu flatteur, Silène, quand il n'était pas ivre, était un grand sage, capable de donner à son divin élève des leçons de philosophie.

Dans une églogue de Virgile, les vapeurs du vin n'empêchent pas cet étrange vieillard d'exposer sa doctrine sur la formation du monde.

Le cortège de Bacchus était fort nombreux. Sans compter Silène et les Bacchantes, on y remarquait des nymphes, des satyres, des bergers, des bergères, et même le dieu Pan. Tous portaient le thyrse enlacé de feuillage, des ceps de vigne, des couronnes de lierre, des coupes et des grappes de raisin. Bacchus ouvre la marche, et tout le cortège le suit, en poussant des cris et faisant retentir de bruyants instruments de musique.

Les Bacchantes ou Ménades étaient primitivement les nymphes ou les femmes que Bacchus avait emmenées avec lui à la conquête des Indes. Plus tard on désigna de ce nom des jeunes filles qui, simulant un transport bachique, célébraient les *Orgies* ou fêtes de Bacchus par une attitude, des cris et des bonds désordonnés. Elles avaient les yeux hagards, la voix menaçante : leur chevelure flottait éparse sur leurs épaules nues.

Bacchus est représenté ordinairement avec des cornes, symbole de la force et de la puissance, couronné de pampre, de lierre ou de figuier, sous les traits d'un jeune homme riant et enjoué. D'une main, il tient une grappe de raisin ou une corne en forme de coupe ; de l'autre, un thyrse entouré de feuillage et de bandelettes. Il a les yeux noirs, et, sur ses épaules descend en tresses ondoyantes sa longue chevelure blonde aux reflets d'or. Il est le plus souvent imberbe, sa jeunesse étant éternelle comme celle d'Apollon. Il est vêtu d'un manteau de pourpre.

Il est tantôt assis sur un tonneau, tantôt monté sur un char traîné par des tigres ou des panthères, quelquefois par des centaures dont les uns jouent de la lyre, les autres de la double flûte. Sur les monuments les plus anciens, il est représenté avec une tête de taureau ; sur quelques médailles, on le représente debout, barbu, avec une robe triomphale qui tombe jusque sur ses pieds. Le musée du Louvre possède plusieurs statues de Bacchus, entre autres celle de *Bacchus au repos*.

On lui immolait la pie, parce que le vin délie les langues, et rend les buveurs indiscrets ; le bouc et le lièvre, parce qu'ils mangent les bourgeons de la vigne. Parmi les oiseaux fabuleux, le phénix lui était consacré ; parmi les quadrupèdes, la panthère ; et parmi les arbres, la vigne, le lierre, le chêne et le sapin.

Ce dieu avait, en Arcadie, un temple où l'on flagellait cruellement les jeunes filles devant ses autels.

Il est parfois nommé *Liber* (Libre), parce que le dieu du vin délivre l'esprit de tout souci ; *Évan*, parce que ses prêtresses, dans leurs orgies, couraient de tous côtés en criant : *Évohé* ; *Bacchus*, dérivé d'un mot grec qui signifie « crier », allusion aux cris des bacchantes ou des grands buveurs. Il porte encore d'autres surnoms empruntés à son pays d'origine ou aux effets de l'ivresse : *Nysæus*, de Nysa, *Lyæus*, qui chasse le chagrin, *Bromius*, bruyant, etc.

Les orgies ou bacchanales étaient célébrées primitivement par des femmes, dans les bois, les montagnes, au milieu des rochers. Elles affectaient un caractère mystérieux. Plus tard elles admirent des personnes des deux sexes à leur célébration. Il en résulta souvent d'infâmes désordres.

À Athènes, les fêtes de Bacchus, les Dionysiaques, se célébraient officiellement avec plus de pompe que dans tout le reste de la Grèce. C'était le premier archonte qui y présidait. Les principales cérémonies consistaient en processions où l'on portait des thyrses, des vases remplis de vin, des couronnes de pampre, et les principaux attributs de Bacchus. Des jeunes filles, appelées *canéphores*, portaient sur leurs têtes des corbeilles dorées, pleines de fruits d'où s'échappaient des serpents apprivoisés qui terrifiaient les spectateurs. Dans le cortège figuraient aussi des hommes travestis en Silènes, Pans et Satyres qui faisaient mille gestes bizarres, mille gambades, simulant ainsi les folies de l'ivresse. On distinguait les grandes et les petites dionysiaques : celles-là se célébraient vers le mois de février, celles-ci en automne. À l'occasion des dionysiaques, on instituait non seulement des courses, des luttes, des jeux, mais encore des concours de poésie et de représentations dramatiques.

À Rome, on célébrait, en l'honneur de Bacchus ou Liber, des fêtes dites Libérales. Dans ces fêtes très licencieuses, les dames romaines ne rougissaient pas de tenir des propos indécents, et de couronner les moins honnêtes représentations du dieu. L'an 558 de la fondation de la ville, le sénat rendit un décret pour remédier à cette licence, remède inefficace, les coutumes ou les mœurs étant plus fortes que les lois.

Chose remarquable, on lui faisait, ainsi qu'à Mercure, des libations avec du vin coupé d'eau, tandis que les libations se faisaient aux autres dieux avec du vin pur.

Le culte de Bacchus ou Dionysos fut introduit assez tard dans la religion grecque ; il est du moins bien postérieur à celui des grands dieux proprement dits ; il semble avoir été importé en Grèce de la Haute Asie ou peut être de l'Égypte. En tout cas, si Bacchus apparut tardivement, il n'en eut pas moins d'adorateurs.

Il eut d'Ariane plusieurs enfants : Céranus, Thoas, Énopion, Tauropolis, etc., qui ne sont guère connus que de nom.

## Thémis

Thémis, fille du Ciel et de la Terre ou d'Uranus et de Titée, était sœur aînée de Saturne et tante de Jupiter. La fable dit qu'elle voulait garder sa virginité, mais que Jupiter la força de l'épouser, et qu'il la rendit mère de trois filles, l'Équité, la Loi et la Paix.

On fait encore de Thémis la mère des Heures et des Parques. Dans l'Olympe, cette déesse est assise auprès du trône de Jupiter ; elle aide le dieu de ses conseils qui sont tous inspirés par la prudence et l'amour de la justice. Elle préside ou assiste aux délibérations des dieux. C'est elle que Jupiter charge des missions les plus difficiles et les plus importantes. On la regardait comme la déesse de la Justice dont on lui fit porter le nom.

Dès l'origine, elle eut des temples où se rendaient des oracles. Sur le mont Parnasse, elle avait même un oracle de moitié avec Tellus (la Terre) ; elle le céda plus tard à Apollon de Delphes. Elle prédisait l'avenir non seulement aux hommes, mais encore aux dieux. C'est elle qui révéla ce que les Parques avaient ordonné du fils qui devait naître de Thétis. Elle empêcha Jupiter, Neptune et Apollon d'épouser cette Néréide dont ils étaient amoureux, parce qu'elle devait être mère d'un fils plus grand que son père.

Ses attributs ordinaires sont ceux de la Justice : la balance et l'épée, ou un faisceau de haches entouré de verges, symbole de l'autorité chez les Romains. Une main au bout d'un sceptre est encore un de ses attributs. Quelquefois on la représente avec un bandeau sur les yeux, pour désigner l'impartialité qui convient au caractère du juge.

## **Cupidon** ou **l'Amour**

Nous avons cru devoir expliquer ci-dessus ce que, dans un sens très général, les Grecs entendaient par les mots *Éros*, *Antéros*. Ces deux expressions prirent avec le temps une signification beaucoup plus restreinte dans la langue commune aussi bien que dans la langue poétique. *Éros* finit donc par désigner « l'amour », avec l'acception du terme latin équivalent, *amor*. Son composé *Antéros* eut dès lors non plus seulement le sens de *contre-amour*, mais encore et plus souvent celui d'*amour pour amour*.

Vénus, disent les poètes, se plaignant à Thémis de ce qu'Éros, son fils, restait toujours enfant, la déesse consultée répondit qu'il ne grandirait point tant qu'elle n'en aurait pas d'autre. Alors sa mère lui donna pour frère Antéros avec lequel il commença à grandir. Par cette jolie fiction, les poètes ont voulu faire entendre que l'amour, pour croître, a besoin de retour. On représentait Antéros, comme son frère, sous la figure d'un petit enfant, avec des ailes, un carquois, des flèches et un baudrier.

Le nom de *Cupidon*, en latin, implique l'idée d'amour violent, de désir amoureux, en grec *Iméros*. Mais, dans la mythologie latine, on prête à ce dieu à peu près la même origine, la même histoire qu'au dieu grec *Éros*, amour.

Cupidon, d'après le plus grand nombre des poètes, naquit de Mars et de Vénus. Dès qu'il eut vu le jour, Jupiter, qui connut à sa physionomie tous les troubles qu'il causerait, voulut obliger Vénus à s'en défaire. Pour le dérober à la colère de Jupiter, elle le cacha dans

Amour et Psyché.

les bois, où il suça le lait des bêtes féroces. Aussitôt qu'il put manier l'arc, il s'en fit un de frêne, employa le cyprès à faire des flèches, et essaya sur les animaux les coups qu'il destinait aux hommes. Depuis il échangea son arc et son carquois contre d'autres en or.

Il est ordinairement représenté sous la figure d'un enfant de sept à huit ans, l'air désœuvré, mais malin ; armé d'un arc et d'un carquois rempli de flèches ardentes, quelquefois d'une torche allumée ou d'un casque et d'une lance ; couronné de roses, emblème des plaisirs. Tantôt il est aveugle, car l'Amour n'aperçoit pas de défauts dans l'objet aimé ; tantôt il tient une rose d'une main et un dauphin de l'autre. Quelquefois on le voit entre Hercule et Mercure, symbole de ce que peuvent en amour la valeur et l'éloquence. Parfois il est placé près de la Fortune ayant comme lui un bandeau sur les yeux. Il est toujours peint avec des ailes, et ces ailes sont de couleur d'azur, de pourpre et d'or. Il se montre dans l'air, le feu, sur la terre et la mer. Il conduit des chars, touche la lyre, ou monte des lions, des panthères et quelquefois un dauphin, pour indiquer qu'il n'y a point de créature qui échappe au pouvoir de l'Amour.

Il n'est pas rare de le voir représenté auprès de sa mère qui joue avec lui, le taquine ou le presse tendrement contre son cœur.

Parmi les oiseaux, il aime le coq et le cygne, oiseau favori de Vénus ; lui-même prend parfois des ailes de vautour, symbole de la cruauté. Il se plaît à monter sur le cygne dont il embrasse le cou ; et, quand il se tient sur le dos du bélier, on voit paraître sur son visage autant d'allégresse et de fierté que lorsqu'il est assis sur un lion, sur un centaure ou sur les épaules d'Hercule.

S'il porte le casque, la pique et le bouclier, il affecte de prendre une attitude, une démarche guerrières, montrant ainsi qu'il est partout victorieux, et que Mars lui-même se laisse désarmer par l'Amour.

Cupidon s'éprit d'une violente passion pour une simple mortelle, Psyché, princesse d'une beauté ravissante ; et il voulut devenir son époux. Longtemps Vénus fit opposition à ce mariage, et soumit Psyché à de difficiles et presque insurmontables épreuves. Enfin Cupidon alla se plaindre à Jupiter qui se déclara pour lui. Mercure reçut l'ordre d'enlever au ciel Psyché qui, étant admise en la compagnie des dieux, but le nectar, l'ambroisie, et devint immortelle. On prépara le festin des noces. Chaque dieu y joua son personnage ; Vénus même y dansa. Plus tard Psyché mit au monde une fille qu'on appela Volupté. La fable de Psyché (mot grec qui signifie *âme*) a inspiré Apulée, La Fontaine, le poète V. de Laprade, le grand peintre baron Gérard, etc.

Les invocations à Cupidon ou à l'Amour sont nombreuses dans les poètes. Son culte était le plus souvent associé à celui de sa mère, Vénus ou Aphrodite.

## Iris

Iris, fille de Thaumas et d'Électra, était la messagère des dieux, et principalement de Junon, comme Mercure était le messager de Jupiter. Thaumas étant fils de la Terre, Iris, à cause de son origine, doit être considérée comme aussi antique que les plus anciens dieux. Toujours assise auprès du Trône de Junon, elle est prête à exécuter ses ordres. Son emploi le plus important était de couper le cheveu fatal des femmes qui allaient mourir, de même que Mercure était chargé de faire sortir des corps les âmes des hommes qui allaient terminer leurs jours. C'est elle qui avait soin de l'appartement ainsi que du lit de sa maîtresse, et qui l'aidait à sa toilette. Lorsque cette déesse revenait des Enfers dans l'Olympe, c'est Iris qui la purifiait avec des parfums. Junon avait pour elle une affection sans bornes, parce qu'elle ne lui apportait jamais que de bonnes nouvelles.

On la représente sous la figure d'une gracieuse jeune fille, avec des ailes brillantes de toutes les couleurs réunies. Les poètes prétendaient que l'arc-en-ciel était la trace du pied d'Iris descendant rapidement de l'Olympe vers la terre pour porter un message ; c'est pourquoi on la représente le plus souvent avec l'arc-en-ciel au-dessus ou au-dessous d'elle.

Ce phénomène céleste se désigne aussi poétiquement par le nom d'écharpe d'Iris.

## **Hébé** et **Ganymède**

Hébé était fille de Jupiter et de Junon. Selon quelques poètes, Junon seule était sa mère : elle l'avait spontanément conçue en mangeant force laitues sauvages à un festin offert par Apollon. Jupiter, charmé de la beauté de sa fille, la nomma déesse de la jeunesse, et lui confia l'honorable fonction de servir à boire à

Ganymède et l'aigle.

la table des dieux. Mais un jour qu'elle s'était laissée tomber d'une manière peu décente, Jupiter lui ôta son emploi pour le donner à Ganymède. Cependant Junon, sa mère, la retint à son service, et lui confia le soin d'atteler son char. Plus tard, Hercule, devenu immortel et ayant pris place parmi les dieux, épousa Hébé dans le ciel, et eut de cette déesse une fille, Alexiare, et un fils, Anicetus. À la prière d'Hercule, elle rajeunit Iolas, neveu et compagnon de ce héros.

Elle avait en Grèce plusieurs temples, dont quelques-uns jouissaient du droit d'asile. On la représente couronnée de fleurs, avec une coupe d'or à la main.

Ganymède, qui remplaça Hébé dans ses fonctions, était fils de Tros, roi de Dardanie, qui, à partir de son règne, prit le nom de Troie. Ce jeune prince était d'une si éclatante beauté, que Jupiter voulut en faire son échanson. Un jour que Ganymède chassait sur le mont Ida en Phrygie, le dieu se métamorphosa en aigle et l'enleva dans l'Olympe.

Cette fable est, dit-on, fondée sur un fait historique. Tros ayant envoyé en Lydie son fils Ganymède offrir un sacrifice à Jupiter, fut enlevé et retenu par Tantale, roi de ce pays. Cet enlèvement fit éclater entre les deux princes une longue guerre qui ne se termina que par une première ruine de Troie.

Quoi qu'il en soit, la fable a persisté. Dans un ancien monument, on voit un aigle, avec les ailes déployées, enlevant Ganymède qui tient de la main droite une pique, et de la gauche un vase, symbole de l'emploi qu'il va occuper.

## **Les Grâces** ou **Charites**

Les Grâces ou Charites étaient filles de Jupiter et d'Eurynome ou Eunomie ; selon d'autres, du Soleil et d'Églé, ou de Jupiter et de Junon ; ou, selon l'opinion la plus commune, de Bacchus et de Vénus : la plupart des poètes en comptent trois et les nomment Aglaé (brillante), Thalie (verdoyante), Euphrosyne (joie de l'âme). Compagnes de Vénus, la déesse de la beauté leur devait le charme et l'attrait qui assurent son triomphe. Leur pouvoir s'étendait à tous les agréments de la vie. Elles dispensaient aux hommes non seulement la bonne grâce, la gaieté, l'égalité d'humeur, la facilité des manières, mais encore la libéralité, l'éloquence, la sagesse. Leur plus belle prérogative était de présider aux bienfaits et à la reconnaissance.

On les représentait jeunes et vierges, et d'une taille élancée. Elles se tenaient par la main, et dans une attitude dansante. Le plus souvent elles étaient nues ou à peine vêtues de légères étoffes, sans agrafes ni ceintures, avec un voile flottant. Dans un groupe de leurs statues, à Élis, l'une tenait à la main une rose, l'autre un dé à jouer, et la troisième une branche de myrte.

Les trois Grâces.

Ces divinités aimables ne manquaient ni de temples ni d'autels. Elles en avaient particulièrement à Élis, à Delphes, à Périnthe, à Byzance, etc. Elles partageaient aussi les honneurs rendus, dans des temples communs, à l'Amour, à Vénus, à Mercure et aux Muses.

## Les Muses

Les Muses étaient filles de Jupiter et de Mnémosyne ou Mémoire. Au même titre que les Grâces, elles ont leur place dans l'Olympe, dans les réunions, les festins, les concerts, les réjouissances des dieux. Toutes sont jeunes, également belles, quoique différentes dans leur genre de beauté. Selon Hésiode, elles sont au nombre de neuf, et, sur la terre, comme dans l'Olympe, chacune a ses attributions, sinon distinctes, du moins déterminées :

CLIO, nom formé d'un mot grec qui signifie *gloire*, *renommée*, était la muse de l'Histoire. On la représente sous la figure d'une jeune fille couronnée de lauriers, tenant en sa main droite une trompette, et de sa main gauche un livre qui a pour titre *Thucydide*. À ces attributs on joint parfois le globe terrestre sur lequel elle pose, et le Temps qui se voit près d'elle, afin de montrer que l'Histoire embrasse tous les lieux et tous les temps. Ses statues tiennent quelquefois une guitare d'une main, et un plectre de l'autre, parce que Clio était aussi considérée comme l'inventrice de la guitare.

EUTERPE (en grec, *qui sait plaire*) avait inventé la flûte ou suggéré son invention ; elle présidait à la Musique. C'est une jeune fille couronnée de fleurs et jouant de la flûte. Des papiers de musique, des hautbois et autres instruments sont auprès d'elle. Par ces attributs, les anciens ont voulu exprimer combien les lettres ont de charme pour ceux qui les cultivent.

THALIE (ainsi nommée du mot grec qui signifie *fleurir*) présidait à la Comédie. C'est une jeune fille à l'air enjoué ; elle est couronnée de lierre, chaussée de brodequins, et tient un masque à la main. Plusieurs de ses statues ont un clairon ou porte-voix, instrument dont on se servait pour soutenir la voix des acteurs dans la comédie antique.

MELPOMÈNE (d'un mot grec signifiant *chanter*) était la muse de la Tragédie. Son maintien est grave et sérieux : elle est richement vêtue, et chaussée d'un cothurne ; elle tient d'une main un sceptre et des couronnes, de l'autre un poignard ensanglanté. Parfois on lui donne pour suivantes la Terreur et la Pitié.

TERPSICHORE (en grec, *qui aime la danse*) était la muse de la Danse. C'est une jeune fille, vive, enjouée, couronnée de guirlandes, et tenant une harpe au son de laquelle elle dirige en cadence tous ses pas. Des auteurs la font mère des Sirènes.

ÉRATO (d'*Éros*, amour) présidait à la poésie lyrique et anacréontique. C'est une jeune nymphe vive et folâtre, couronnée de myrte et de roses. De la main gauche elle tient une lyre, et de la droite un archet ; près d'elle est un petit amour, et parfois des tourterelles se becquètent à ses pieds.

POLYMNIE (ou POLYHYMNIE, nom composé de deux mots grecs qui signifient *beaucoup* et *hymne* ou *chanson)* était la muse de la Rhétorique. Elle est couronnée de fleurs, quelquefois de perles et de pierreries, avec des guirlandes autour d'elle, et habillée de blanc. Sa main droite est en action comme pour haranguer, et elle tient de la main gauche tantôt un sceptre, tantôt un rouleau sur lequel est écrit le mot latin *suadere* « persuader ».

URANIE (du grec *Ouranos* « ciel ») présidait à l'Astronomie. On la représente vêtue d'une robe de couleur d'azur, couronnée d'étoiles, et soutenant des deux mains un globe qu'elle semble mesurer, ou bien ayant près d'elle un globe posé sur un trépied, et plusieurs instruments de mathématiques. Selon Catulle, Bacchus la rendit mère de l'Hyménée.

CALLIOPE (nom composé grec qui signifie *un beau visage*) était la muse de la poésie héroïque et de la grande éloquence. Elle est représentée sous les traits d'une jeune fille à l'air majestueux, le front ceint d'une couronne d'or, emblème qui, selon Hésiode, indique sa suprématie parmi les autres muses. Elle est ornée de guirlandes, tient d'une main une trompette, et de l'autre un poème épique. Les poètes la disent mère d'Orphée.

Non seulement les Muses furent considérées comme des déesses, mais on leur prodigua tous les honneurs de la divinité. On leur offrait des sacrifices en plusieurs villes de la Grèce et de la Macédoine. Elles avaient à Athènes un magnifique autel ; à Rome elles avaient plusieurs temples. Ordinairement le temple des Muses était aussi celui des Grâces, les deux cultes étaient communs ou rarement séparés.

On ne faisait guère de festins sans les invoquer et sans les saluer la coupe en main. Mais personne ne les a tant honorées que les poètes qui ne manquent jamais de leur adresser une invocation au commencement de leurs poèmes.

Le Parnasse, l'Hélicon, le Pinde, le Piérus étaient leur demeure ordinaire. Le cheval ailé, Pégase, qui ne prête son dos et ses ailes qu'aux poètes, venait paître habituellement sur ces montagnes et aux environs. Parmi les fontaines et les fleuves, l'Hippocrène, Castalie et le Permesse leur étaient consacrés, ainsi que, parmi les arbres, le palmier et le laurier. Quand elles se promenaient en chœur, Apollon, couronné de laurier, et la lyre en main, ouvrait la marche et conduisait le cortège.

On les surnommait, à Rome, Camènes, expression qui signifie « agréables chanteuses ». Leur surnom de Piérides vient de ce qu'elles fréquentaient le mont Piérus en Macédoine. Mais certains poètes donnent à ce mot une autre explication.

Piérus, roi de Macédoine, disent-ils, avaient neuf filles. Toutes excellaient dans la poésie et la musique. Fières de leur talent, elles osèrent aller défier les Muses jusque sur le Parnasse. Le combat fut accepté, et les nymphes de la contrée, désignées pour arbitres, se prononcèrent pour les Muses. Indignées de ce jugement, les Piérides s'emportèrent en invectives et voulurent même frapper leurs rivales. Mais Apollon intervint, et les métamorphosa en pies. À cause de leur victoire dans ce concours, les Muses auraient pris le nom de Piérides.

Le surnom de Libéthrides, donné aussi aux Muses, leur vient soit de la fontaine Libéthra en Magnésie, soit du mont Libéthrius, lesquels leur étaient consacrés.

## Les Heures

Par le mot *Heures*, les Grecs, primitivement, désignèrent, non pas les divisions du jour, mais celles de l'année. Les Heures étaient filles de Jupiter et de Thémis. Hésiode en compte trois : Eunomie, Dicé et Irène, c'est-à-dire le Bon Ordre, la Justice et la Paix.

Homère les nomme les *portières du ciel*, et leur confie le soin d'ouvrir et de fermer les portes éternelles de l'Olympe. La mythologie grecque ne reconnut donc d'abord que trois Heures ou trois Saisons : le Printemps, l'Été et l'Hiver. Ensuite, quand on y ajouta l'Automne et le solstice d'hiver, c'est-à-dire sa partie la plus froide, la mythologie créa deux nouvelles Heures, Carpo et Thalatte, qu'elle établit pour veiller aux fruits et aux fleurs. Enfin, quand les Grecs partagèrent le jour en douze parties égales, les poètes multiplièrent le nombre des Heures jusqu'à douze, employées au service de Jupiter, et les nommèrent les douze sœurs.

Les trois Heures ou Saisons.

Ce furent ces divinités qui se chargèrent de l'éducation de Junon ; elles avaient aussi la mission de descendre aux Enfers pour prendre Adonis et le ramener à Vénus.

Souvent les Heures sont accompagnées des Grâces : les poètes et les artistes les représentent communément dansantes, avec un vêtement qui ne descend que jusqu'aux genoux. Sur les monuments, elles paraissent toutes du même âge : leur tête est couronnée de feuilles de palmier qui se redressent.

Lorsqu'on fixa quatre Saisons, l'art introduisit à son tour quatre Heures, mais les représenta dans des âges différents, avec de longues robes et sans couronne de palmier. L'Heure du printemps fut représentée sous la figure d'une adolescente aux traits naïfs, à la taille svelte et mince, aux formes à peine accusées. Ses trois sœurs augmentent en âge par gradation.

Les Heures présidaient à l'éducation des enfants, et réglaient toute la vie des hommes : aussi les voit-on assister à toutes les noces célébrées dans la mythologie.

Les Athéniens leur offraient les prémices des fruits de chaque saison. Ce culte gracieux ne fut pas transportée à Rome où cependant Hersilie, la femme de Romulus, fut considérée comme la divinité présidant aux Saisons. On l'appelait Hora. Mais, comme on le verra en son lieu, cette déesse avait encore d'autres attributions.

Les modernes représentent les Heures avec des ailes de papillon ; Thémis ordinairement les accompagne, et elles soutiennent des cadrans, des horloges, ou d'autres symboles de leurs attributions dans la fuite rapide du temps.

## Les Parques

Les Parques, divinités maîtresses du sort des hommes, étaient trois sœurs, filles de la Nuit ou de l'Érèbe, ou bien de Jupiter et de Thémis, ou, selon quelques poètes, filles de la Nécessité et du Destin. L'obscurité de leur naissance indique qu'elles ont exercé leurs fatales fonctions dès l'origine des êtres et des choses ; elles sont aussi vieilles que la Nuit, que la Terre et le Ciel. Elles se nomment Clotho, Lachésis et Atropos, et habitent un séjour voisin de celui des Heures, dans les régions olympiques, d'où elles veillent non seulement sur le sort des mortels, mais encore sur le mouvement des sphères célestes, et l'harmonie du monde. Elles ont un palais où les destinées des hommes sont gravées sur le fer et sur l'airain, de sorte que rien ne peut les effacer. Immuables dans leurs desseins, elles tiennent ce fil mystérieux, symbole du cours de la vie, et rien ne peut les fléchir et les empêcher d'en couper la trame. Une fois cependant, elles consolèrent Proserpine de la violence qu'on lui avait faite, calmèrent la douleur de Cérès affligée de la perte de sa fille ; et, lorsque cette déesse fut outragée par Neptune, ce fut à leurs prières qu'elle consentit à sortir d'une caverne de Sicile où Pan la découvrit.

CLOTHO, ainsi nommée d'un mot grec qui signifie « filer », paraît être la moins vieille, pour ne pas dire la plus jeune des Parques. C'est elle qui tient le fil des destinées humaines. On la représente vêtue d'une longue robe de diverses couleurs, portant une couronne formée de sept étoiles, et tenant une quenouille qui descend du ciel en terre. La couleur qui domine dans ses draperies est le bleu clair.

LACHÉSIS, nom qui en grec signifie « sort » ou « action de tirer au sort », est la Parque qui met le fil sur le fuseau. Ses vêtements sont quelquefois parsemés d'étoiles, et on la reconnaît au grand nombre de fuseaux épars autour d'elle. Ses draperies sont couleur de rose.

ATROPOS, c'est-à-dire en grec « inflexible », coupe impitoyablement le fil qui mesure la durée de la vie de chaque mortel. Elle est représentée comme la plus âgée des trois sœurs, avec un vêtement noir et lugubre ; près d'elle on voit plusieurs pelotons de fil plus ou moins garnis, suivant la longueur ou la brièveté de la vie mortelle qu'ils mesurent.

Les Parques.

Les anciens représentaient les Parques sous la forme de trois femmes au visage sévère, accablées de vieillesse, avec des couronnes faites de gros flocons de laine entremêlée de narcisse. D'autres leur donnent des couronnes d'or ; quelquefois une simple bandelette leur entoure la tête ; rarement elles paraissent voilées.

Les Grecs et les Romains rendirent de grands honneurs aux Parques, et les invoquaient ordinairement après Apollon, parce que, comme ce dieu, elles pénétraient l'avenir. On leur immolait des brebis noires, comme aux Furies.

Ces divines et infatigables filandières n'avaient pas seulement pour fonction de dérouler et de trancher le fil des destins. Elles présidaient aussi à la naissance des hommes. Enfin elles étaient chargées de conduire à la lumière et de faire sortir du Tartare les héros qui avaient osé y pénétrer. C'est ainsi qu'elles servirent de guides à Bacchus, à Hercule, à Thésée, à Ulysse, à Orphée, etc. C'est à elles encore que Pluton confiait son épouse, lorsque, suivant l'ordre de Jupiter, elle retournait dans le ciel pour y passer six mois auprès de sa mère.

## Les dieux sub-olympiens

Les divinités dont nous nous sommes occupé jusqu'ici régnent avec ou auprès de Jupiter dans l'Olympe, au-dessus des nuages et des astres. Mais, entre l'Olympe et la surface de la terre, il existe un vaste espace, région éthérée ou aérienne, que l'imagination des poètes anciens avait peuplée de divinités encore puissantes, quoique secondaires. Comme il n'est pas un point dans cet univers où l'on n'aperçoive le mouvement et la vie, il n'en est pas un non plus qui soit privé de ses dieux. L'intervention divine semble partout nécessaire : pas un astre ne luit dans le ciel, pas un nuage ne voile la lumière du jour, pas un souffle n'agite l'atmosphère sans qu'une divinité ne préside à ces phénomènes. Chargés de fonctions spéciales, serviteurs attitrés des grandes puissances olympiennes, ces dieux secondaires s'acquittent de leur ministère d'une façon sensible, dans les sphères où évolue le monde terrestre. Les principaux sont l'Aurore, le Soleil, la Lune, les Astres, le Feu et les Vents.

## L’Aurore, en grec Éos

L’Aurore était fille de Titan et de la Terre, ou, selon Hésiode, de Théia et d’Hypérion, sœur du Soleil et de la Lune. Cette déesse ouvrait les portes du jour. Après avoir attelé les chevaux au char du Soleil, elle le précédait sur le sien. Ayant épousé Persès, fils d’un Titan, elle eut pour enfants les Vents, les Astres et Lucifer.

Amoureuse du jeune Tithon, fils de Laomédon et frère de Priam, elle l’enleva, l’épousa, et en eut deux fils dont la mort lui fut si sensible que ses larmes abondantes produisirent la rosée du matin, l’un Memnon, roi d’Éthiopie, l’autre Hermathion.

Son second époux fut Céphale qu’elle enleva à Procris, fille d’Érechtée, roi d’Athènes, et en eut un fils. Depuis elle enleva Orion et beaucoup d’autres.

Les anciens la représentent vêtue d’une robe de safran, ou d’un jaune pâle, une verge ou une torche à la main, sortant d’un palais de vermeil, et montée sur un char de même métal ayant des reflets de feu.

Homère lui donne deux chevaux, qu’il nomme Lampos et Phaéton, et la dépeint avec un grand voile sombre rejeté en arrière, et ouvrant de ses doigts de rose la barrière du Jour. D’autres poètes lui donnent des chevaux blancs ou même Pégase pour monture.

Quelquefois on la représente sous la figure d’une jeune nymphe couronnée de fleurs, et montée sur un char tiré par Pégase. De la main gauche elle tient un flambeau, et de l’autre elle répand une pluie de roses. Dans une peinture antique, elle chasse de sa présence la Nuit et le Sommeil.

## Hypérion

Hypérion, fils d'Uranus et frère de Saturne, épousa Théia, selon Hésiode, et fut père du Soleil et de la Lune. Selon d'autres poètes, il épousa Basilée, sa sœur, dont il eut un fils et une fille, Hèlios et Séléné, tous deux remarquables par leur beauté et leur vertu, ce qui attira sur Hypérion la jalousie des autres Titans. Ceux-ci, ayant conspiré entre eux, convinrent de tuer Hypérion et de noyer ses enfants.

Souvent Hypérion est pris pour le Soleil lui-même dans Homère et d'autres poètes.

## **Le Soleil,** en grec **Hèlios**

Le Soleil ou Hèlios, fils d'Hypérion et de Basilée, fut noyé dans l'Éridan par les Titans, ses oncles. Basilée, cherchant le long du fleuve le corps de son fils, s'endormit de lassitude, et vit en songe Hélène qui lui dit de ne pas s'affliger de sa mort, qu'il était mis au rang des dieux, et que ce qui s'appelait autrefois, dans le ciel, le feu sacré, s'appellerait désormais Hèlios ou le Soleil.

Les Grecs et les Romains l'appellent très souvent Phébus et Apollon. Cependant, les anciens poètes font ordinairement une distinction entre Apollon et le Soleil, et reconnaissent en eux deux divinités différentes. Ainsi Homère, dans l'adultère de Mars et de Vénus, dit qu'Apollon assista à ce spectacle, comme ignorant le fait ; et que le Soleil, instruit de toute l'intrigue, en avait donné connaissance à Vulcain.

Le Soleil.

Hèlios s'éprit d'un vif amour pour Rhodos, fille de Neptune et de Vénus, et nymphe de l'île à laquelle il donna son nom. Il eut de cette nymphe sept fils, les Héliaques, qui se partagèrent l'île de Rhodes. Cette île fut consacrée au Soleil, et ses habitants, qui se disaient descendants des Héliaques, se vouèrent particulièrement à son culte.

Ce dieu aima encore et épousa Perséis ou Persa, fille de Téthys et de l'Océan ; il en eut l'Éétés, Persé, Circé et Pasiphaé.

Le culte du Soleil était répandu dans tout le monde ancien. Les Grecs l'adoraient et juraient, au nom de cet astre, entière fidélité à leurs engagements. Sur une montagne près de Corinthe, il y avait plusieurs autels consacrés au Soleil, et, après les guerres médiques, les habitants de Trézène dédièrent un autel à *Hèlios libérateur*.

Chez les Égyptiens, le Soleil était l'image même de la divinité. Une ville tout entière lui était consacrée, Héliopolis.

Ovide s'est plu à faire la description du palais du Soleil : c'est un séjour de cristal, de diamant, de pierres et de métaux précieux, tout resplendissant de lumière : le dieu siège sur un trône plus riche et plus brillant encore que le reste du palais : telle est la lumière qui étincelle et jaillit de toutes parts, que l'œil d'un mortel n'en saurait soutenir l'éclat.

Hèlios, dans son appareil de splendeur, monte le matin sur son char attelé de chevaux qui ne respirent que le feu et l'impatience, et il s'élance dans le ciel par sa route accoutumée, dès que l'Aurore lui a ouvert les portes du Jour. S'il lui arrive parfois d'être en retard, c'est, disent les poètes, qu'il s'est oublié dans la couche de Thétis, fille de Nérée, la plus belle des nymphes de la mer. Le soir, il descend au sein des ondes afin de goûter un repos bien mérité, pendant que ses chevaux répareront aussi leurs forces, afin de recommencer bientôt après leur course quotidienne avec une nouvelle ardeur.

On le représente d'ordinaire sous les traits d'un jeune homme à la chevelure blonde, au visage brillant et empourpré : il est couronné de rayons, et parcourt le Zodiaque sur un char tiré par quatre chevaux.

Les anciens le représentaient encore par un œil ouvert sur le monde.

## **Phaéton** et les **Héliades**

Phaéton était fils d'Apollon, c'est-à-dire du Soleil et de Clymène, fille de l'Océan. Ayant eu un différend avec Épaphus, fils de Jupiter et d'Io, qui lui reprocha de n'être pas fils du Soleil, comme il s'en vantait, il alla se plaindre à sa mère. Celle-ci le renvoya au Soleil lui-même pour apprendre de sa propre bouche la vérité sur sa naissance. Phaéton se rendit donc au palais du Soleil et expliqua à ce dieu le sujet de sa venue. Ensuite il le conjura de lui accorder une faveur qui attesterait sa véritable origine et qu'il allait lui demander. Sans attendre que Phaéton s'expliquât davantage, et n'écoutant que son amour paternel, le Soleil jura par le Styx de ne lui rien refuser. Alors le jeune téméraire lui demanda la permission d'éclairer le monde pendant un jour seulement, en conduisant son char.

Le Soleil, engagé par un serment irrévocable, fit tous ses efforts pour détourner son fils d'une entreprise si difficile, mais inutilement. Phaéton, avec l'obstination d'un enfant qui ne connaît pas le danger, persiste dans sa demande, et monte sur le char. Les chevaux du Soleil s'aperçoivent bientôt du changement de conducteur, et se détournent de la route ordinaire : tantôt, montant trop haut, ils menacent le ciel d'un embrasement inévitable ; tantôt, descendant trop bas, ils tarissent les rivières et brûlent les montagnes.

Le Terre, desséchée jusqu'aux entrailles, porte ses plaintes à Jupiter qui, pour prévenir le bouleversement de l'univers, lance sa foudre sur le fils du Soleil, et le précipite dans l'Éridan.

Les Héliades, ses sœurs, filles aussi du Soleil et de Clymène, se nommaient Lampétie, Phaétuse et Phœbé. La mort de leur frère leur causa une si vive douleur qu'elles le pleurèrent quatre mois entiers. Les dieux les changèrent en peupliers, et leurs larmes en grains d'ambre.

## **La Lune,** en grec **Séléné**

La Lune ou Séléné, fille d'Hypérion et de Théia, ayant appris que son frère Hèlios, qu'elle aimait tendrement, avait été noyé dans l'Éridan, se précipita du haut de son palais. Mais les dieux, touchés de sa piété fraternelle, la placèrent dans le ciel, et la changèrent en astre. Pindare l'appelle l'œil de la nuit, et Horace la reine du silence.

De même que les poètes confondent souvent Apollon, Phébus et le Soleil dans la même personnalité, de même ils ont identifié très souvent Artémis et Séléné, Diane et la Lune.

La plus grande divinité sidérale, après le Soleil, c'était la Lune. Son culte, sous mille formes diverses, était répandu chez tous les peuples.

Les magiciennes de Thessalie prétendaient avoir un grand commerce avec la Lune. Elles se vantaient de pouvoir, par leurs enchantements, ou la délivrer du dragon qui cherchait à la dévorer, ce qui se faisait au bruit des chaudrons, à l'époque des éclipses, ou la faire descendre à leur gré sur la terre.

Le lundi, jour de la semaine, lui est consacré (*Lunæ dies*).

## Les Astres

Les Astres, ces feux éternels dont la voûte céleste est parsemée, avaient reçu des poètes une origine sacrée ou divine. Beaucoup d'entre eux étaient l'objet d'un culte spécial ou d'une particulière vénération. Tous parfois étaient invoqués ou pris à témoins par les mortels dans les circonstances critiques. Les héros, les grands hommes ne semblaient aspirer qu'à s'élever jusqu'à eux par le mérite et l'éclat de leurs belles actions. Aller vers les astres, c'était se frayer la route vers l'immortalité, acquérir des titres d'une gloire impérissable, en un mot se placer au rang et dans le séjour des dieux.

Les Astres, disait-on, étaient les enfants du titan Astréus et d'Héribée ou de l'Aurore. Avec leur père, ils avaient voulu escalader l'Olympe. Jupiter avec sa foudre avait dispersé leur infinie multitude dans l'espace, et ils demeurèrent attachés au ciel.

Mais, dans ce ciel primitif et étoilé, un grand nombre d'astres viennent successivement prendre place. Les mortels, frappés de leurs évolutions ou de leur éclatante lumière, en firent des êtres divins, et la fable a popularisé leur personnification.

## **Lucifer,** en grec **Éosphoros** ou **Phosphoros**

La planète Vénus, appelée communément *étoile du berger*, précède à l'est le lever du soleil, et se montre à l'occident, dès le crépuscule. Étoile du matin, elle se nomme Lucifer, et prend le nom de Vesper quand elle devient étoile du soir. Bien que personnifiant la même planète, Lucifer et Vesper ont dans le monde sidéral chacun leur histoire respective.

Lucifer, fils de Jupiter et de l'Aurore, est le chef ou le conducteur de tous les autres astres. C'est lui qui prend soin des coursiers et du char du Soleil, lui qui les attèle et les détèle avec les Heures. On le reconnaît à ses chevaux blancs dans la voûte azurée, lorsqu'il annonce aux mortels l'arrivée de l'Aurore, sa mère.

Les chevaux de main lui étaient consacrés.

## **Vesper,** en grec **Hespéros**

Vesper ou Hespéros brille le soir à l'occident avec tout l'éclat dont resplendit Lucifer aux premières lueurs du jour. Frère de Japet et frère d'Atlas, Vesper habitait avec son frère une contrée située à l'ouest du monde et nommée Hespéritis. En Grèce, le mont Œta lui était consacré.

On appelle Hespérie l'Italie et l'Espagne : la première, parce que Vesper, chassé par son frère, s'y retira ; et la seconde, parce que ce pays est le plus occidental de l'Europe, le plus sensiblement rapproché de Vesper.

## Orion

La légende d'Orion est diversement racontée par les poètes. Selon les uns, il était le fils d'un paysan de Béotie appelé Hyriéus, qui eut l'honneur de loger dans sa cabane Jupiter, Neptune et Mercure. En récompense de l'hospitalité qu'ils avaient reçue, les dieux firent miraculeusement naître de la peau d'une génisse l'enfant nommé Orion.

Mais, selon Homère, Orion était fils de Neptune et d'Euryalé, fille de Minos. Il se rendit célèbre par son amour pour l'astronomie qu'il avait apprise d'Atlas, et par sa passion pour la chasse. Remarquable par sa beauté, il était d'une taille si avantageuse, qu'on en a fait un géant qui, marchant dans la mer, dépassait les flots de toute la tête. Ce fut dans le temps qu'il la traversait ainsi que Diane, apercevant cette tête, sans distinguer ce que c'était, voulut faire preuve de son adresse, en présence d'Apollon qui l'en avait défiée. Elle tira si juste qu'Orion fut atteint de ses flèches meurtrières.

On raconte aussi qu'Orion, devenu habile dans l'art de Vulcain, fit un palais souterrain pour Neptune, et que l'Aurore, que Vénus avait rendue amoureuse de lui, l'enleva et le porta à Délos. Il y perdit la vie par la jalousie, suivant Homère, et, selon d'autres, par la vengeance de Diane, qui fit sortir de terre un scorpion dont il reçut la mort. Sa faute était d'avoir voulu forcer la déesse à jouer au disque avec lui, et d'avoir osé toucher son voile d'une main impure. Diane, affligée d'avoir ôté la vie au bel Orion, obtint de Jupiter qu'il fût placé dans le ciel, où il forme la plus brillante des constellations. Dans sa vie céleste, Orion n'a pas renoncé au plaisir de la chasse ; et souvent, par les nuits claires, quand les vents et les flots restent silencieux, l'immortel et infatigable chasseur parcourt avec sa meute les espaces éthérés. Alors encore Diane le suit, et l'enveloppe de ses rayons, et les étoiles chassées par lui pâlissent devant son éclat.

## **Sirius** ou la **Canicule,** la **Vierge** et le **Bouvier**

La constellation du Chien ou de la Canicule se trouve à l'occident de l'hémisphère boréal, dans le voisinage d'Orion. La plus brillante étoile de cette constellation se nomme Sirius. Les anciens en redoutaient si fort les influences, qu'ils lui offraient des sacrifices pour en conjurer les effets. Selon les uns, Sirius n'était que le chien d'Orion, le fidèle et ardent compagnon du chasseur ; selon d'autres, c'était le chien donné par Jupiter pour être le gardien d'Europe, ou encore celui que Minos donna à Procris, fille d'Érechtée, roi d'Athènes, lorsqu'elle épousa le fils d'Éole, Céphale.

Enfin on raconte qu'Icarius d'Athènes, ami de Bacchus, ayant été tué par des bergers de l'Attique, auxquels il avait fait boire du vin, sa fille Érigone ne pouvait se consoler. Accompagnée de Mœra, sa chienne, elle découvrit l'endroit où son père était enterré, et se pendit de désespoir. Jupiter, ému de sa piété filiale, la plaça dans le ciel, où elle est devenue la constellation de la Vierge. Quant à Mœra, sa chienne sagace et fidèle, Jupiter la plaça dans la constellation de la Canicule.

Icarius ne fut pas non plus oublié par Jupiter : il eut sa place au ciel. Le maître des dieux fit de lui la constellation du Bouvier (*Bootès*), près de la Grande Ourse, et qui paraît suivre le Chariot. On l'appelle aussi Arcturus.

## La **Grande Ourse** et la **Petite Ourse**

Calisto, fille de Lycaon, roi d'Arcadie, était une des nymphes favorites de Diane. Jupiter, sous la forme de cette déesse, la rendit mère d'Arcas. Diane s'en étant aperçue la chassa de sa compagnie. Junon poussa plus loin la vengeance et la métamorphosa en ourse.

Cependant, Arcas étant devenu grand, des chasseurs le présentèrent à Lycaon, son aïeul, qui le reçut avec joie, et l'associa à son royaume. Le jeune prince donna son nom à l'Arcadie, et apprit à ses sujets à semer le blé, à faire du pain, à fabriquer de la toile, à filer la laine, toutes choses qu'il avait apprises lui-même de Triptolème, favori de Cérès et d'Aristée, fils d'Apollon.

Lycaon ayant été changé en loup par Jupiter à cause de sa cruauté, Arcas eut seul le royaume. Mais, non content de gouverner son peuple, il se livrait éperdument au plaisir de la chasse. Un jour ce jeune homme, en parcourant les montagnes, rencontra sa mère sous la forme d'une ourse. Calisto, qui reconnaissait son fils sans en être connue, s'arrêta pour le contempler. Arcas prépara son arc, et il allait la percer de ses flèches, lorsque Jupiter, pour prévenir ce matricide, le changea lui-même en ours. Le dieu les transporta tous les deux dans le ciel, où ils forment les constellations de la Grande Ourse et de la Petite Ourse.

À la vue de ces nouveaux astres, l'implacable Junon entra de nouveau en fureur, et pria les dieux de la mer de ne leur permettre jamais de se coucher dans l'Océan. Ainsi ces deux constellations, placées près du pôle nord, demeurent toujours au-dessus de notre horizon. À cause de leur configuration, les Grecs et les Romains les désignaient assez souvent comme aujourd'hui par les noms de Grand et de Petit Chariot.

## Les Pléiades

Les Pléiades, filles d'Atlas et de Pléione, fille elle-même de l'Océan et de Téthys, étaient au nombre de sept : Maïa, Électre, Taygète, Astérope, Mérope, Alcyone et Céléno.

Maïa fut aimée de Jupiter, dont elle eut Mercure. Ce dieu lui donna aussi à nourrir Arcas, fils de Calisto, ce qui lui attira le ressentiment de Junon.

Ovide dérive de son nom celui du mois de mai. On sacrifiait à Maïa une truie pleine, victime offerte encore à Cybèle ou à la Terre.

Électre, aimée aussi de Jupiter, fut la mère de Dardanus. Elle le mit au monde en Arcadie. Mais il passa plus tard en Phrygie, où il épousa la fille du roi Teucer ; puis il bâtit, au pied du mont Ida, une ville qu'il appela Dardanie, et qui devint la célèbre Troie. On dit que, depuis la ruine de Troie, Électre ne voulut plus paraître dans la compagnie de ses sœurs, parce que, en effet, cette étoile des Pléiades est presque invisible.

Taygète eut de Jupiter Taygétus, qui donna son nom à la montagne d'Arcadie.

Astérope n'a pas de postérité connue, mais fut l'épouse d'un Titan.

Mérope épousa Sisyphe, fils d'Éole et petit-fils d'Hellen. Sisyphe bâtit la ville d'Éphyre qui, dans la suite, fut nommée Corinthe. Du mariage de Mérope et de Sisyphe naquit Glaucus qui fut le père de Bellérophon. Ce qu'on raconte d'Électre qui, par honte ou chagrin, retire sa lumière, est attribué aussi à Mérope. Honteuse, dit-on, d'avoir épousé un simple mortel, tandis que toutes ses sœurs avaient épousé des dieux, cette Pléiade se cache autant qu'elle peut, et c'est elle, ajoute-t-on, et non pas Électre, qu'on aperçoit indistinctement.

Alcyone eut de Neptune Glaucus, le dieu marin.

Céléno eut aussi de Neptune Lycus, roi des Mariandyniens, qui fit un accueil hospitalier aux Argonautes et les fit guider par son fils jusqu'au Thermodon, fleuve de Thrace sur les bords duquel habitaient les Amazones.

Les Pléiades forment le signe de leur nom dans la constellation du Taureau. Elles furent métamorphosées en étoiles, parce que leur père avait voulu lire dans les secrets des dieux. Elles paraissent au mois de mai, temps favorable à la navigation. Leur nom est dérivé du mot grec qui signifie *naviguer*. Les Latins les appelaient aussi *Vergilies*, c'est-à-dire *Printanières*, ou étoiles du printemps.

## Les Hyades

Les Hyades, ou les *Pluvieuses*, ainsi nommées du mot grec qui signifie *pleuvoir*, étaient filles d'Atlas, comme les Pléiades. Éthra, leur mère, était issue de Téthys et de l'Océan. Sur leur nombre les poètes ne sont pas d'accord ; on en compte ordinairement sept : Ambrosie, Eudore, Phœsyle, Coronis, Polyxo, Phœo, Dioné.

Leur frère Hyas ayant été déchiré par une lionne, elles pleurèrent sa mort avec des regrets si vifs, que les dieux, touchés de compassion, les transportèrent au ciel. Devenues un groupe d'étoiles, elles sont placées dans la constellation du Taureau, où elles pleurent encore, c'est-à-dire que leur apparition concorde avec une période de mauvais temps et de pluie.

## Galaxie ou Voie lactée

Les Grecs donnaient le nom de Galaxie à cette large bande lumineuse qu'on aperçoit la nuit dans un ciel sans nuages, et qui, de sa blancheur, a pris le nom de *Voie lactée*. C'est par là que l'on se rend au palais de Jupiter, et que les héros entrent dans le ciel ; à droite et à gauche sont les habitations des dieux les plus puissants.

La Voie lactée, amas prodigieux d'étoiles ou de nébuleuses qui font une longue trace du nord au midi, a son origine dans la fable. Junon, par le conseil de Minerve, ayant donné le sein à Hercule qu'elle avait trouvé dans un champ, où Alcmène, sa mère, l'avait exposé, le héros enfant aspira le lait avec tant de force qu'il en rejaillit une grande quantité, ce qui forma la Voie lactée.

## Les signes du **Zodiaque**

Le Zodiaque (mot dérivé du grec *Zôdion*, petit animal) est l'espace du ciel que le soleil semble parcourir durant l'année. Il est divisé en douze parties, où sont douze constellations qu'on nomme les douze signes du Zodiaque, et dont voici les noms : le Bélier, le Taureau, les Gémeaux, l'Écrevisse, le Lion, la Vierge, la Balance, le Scorpion, le Sagittaire, le Capricorne, le Verseau et les Poissons. La disposition des astres, dans ces diverses constellations, évoqua d'abord l'idée de ces différents signes, et chacun d'eux a trouvé plus tard sa place dans la mythologie.

Le Bélier, premier des douze signes, est, dit-on, le bélier à la toison d'or, immolé à Jupiter et transporté au firmament.

Le Taureau est l'animal sous la forme duquel Jupiter enleva Europe, ou, selon certains poètes, c'est Io que Jupiter emporta au ciel, après l'avoir métamorphosée en génisse.

Les Gémeaux représentent vraisemblablement Castor et Pollux.

L'Écrevisse (ou le Cancer) fut l'animal que Junon envoya contre Hercule, lorsqu'il combattit l'Hydre de Lerne, et dont il fut mordu au pied ; mais il la tua et Junon la mit au nombre des signes du Zodiaque.

La constellation du Lion représente le lion de la forêt de Némée, étouffé par Hercule.

La Vierge, suivant les uns, c'est Érigone, fille d'Icarius, modèle de piété filiale ; suivant d'autres, c'est Astrée ou la Justice, fille de Thémis et de Jupiter. Elle descendit du ciel durant l'âge d'or, mais les crimes des hommes l'ayant forcée de quitter successivement les villes, puis les campagnes, elle retourna au ciel.

La Balance, symbole de l'Équité, représente la balance même de la Justice ou d'Astrée.

Le huitième signe du Zodiaque est le Scorpion qui, par ordre de Diane, piqua vivement au talon le fier Orion.

Lc Sagittairc, moitié homme, moitié cheval, tenant un arc et tirant une flèche, est Chiron le Centaure, selon les uns ; mais, selon d'autres, c'est Crocus, fils d'Euphémé, nourrice des Muses. C'était, paraît-il, un des plus intrépides chasseurs du Parnasse ; après sa mort, à la prière des Muses, il fut placé parmi les astres.

Le Capricorne, c'est la fameuse chèvre Amalthée, laquelle allaita Jupiter. Elle est au rang des astres avec ses deux chevreaux.

Le Verseau, en latin *Aquarius*, c'est Ganymède enlevé au ciel par Jupiter ; selon d'autres, c'est Aristée, fils d'Apollon et de Cyrène, père d'Actéon dévoré par ses chiens.

Les Poissons, qui forment le douzième signe du Zodiaque, sont ceux qui portèrent sur leur dos Vénus et l'Amour. Fuyant la persécution du géant Typhon ou Typhoé, Vénus, accompagnée de son fils Cupidon, fut portée au-delà de l'Euphrate par deux poissons, qui, pour cela, furent placés dans le ciel.

D'autres poètes prétendent que cette constellation représente les dauphins qui menèrent Amphitrite à Neptune, et que, par reconnaissance, celui-ci obtint de Jupiter une place pour eux dans le Zodiaque.

## Le Feu, Prométhée, Pandore, Épiméthée

Le culte du feu, chez tous les peuples de l'Antiquité, suivit de près celui qu'on rendit au Soleil et à Jupiter, c'est-à-dire à l'astre dont les rayons bienfaisants réchauffent et éclairent le monde, et à la foudre qui déchire la nue, frappe la terre, consume la nature vivante et répand au loin la consternation et l'effroi. Évidemment les premiers hommes, dont les regards se portaient avec crainte et admiration vers les feux célestes, ne tardèrent pas non plus à remarquer avec étonnement les feux de la terre. Pouvaient-ils ne pas admirer la flamme des volcans, les phosphorescences, les gaz lumineux, les feux follets des marécages, l'incandescence produite par le frottement rapide de deux morceaux de bois, l'étincelle qui jaillit du choc de deux cailloux ?

Cependant, le feu ne leur semblait pas être fait pour leur usage, c'était un élément dont la divinité avait le secret, et qu'elle s'était réservé comme un privilège précieux. Comment capter ces foyers de chaleur et de lumière placés à une telle hauteur au-dessus de leur tête, ou enfouis si mystérieusement sous leurs pieds ?

Celui qui le premier leur procurerait le feu ne pouvait donc être à leurs yeux un simple mortel, mais plutôt un Titan, un émule hardi et heureux de la divinité, ou, pour mieux dire, un véritable dieu. Tel fut Prométhée.

Prométhée modelant le corps de l'homme.

Fils de Japet et de l'Océanide Clymène, ou, selon d'autres, de la Néréide Asia, ou encore de Thémis, sœur aînée de Saturne, Prométhée, dont le nom en grec signifie « prévoyant », ne fut pas seulement un dieu industrieux, mais plutôt un créateur. Il remarqua que, parmi toutes les créatures vivantes, il n'y en avait pas encore une seule capable de découvrir, d'étudier, d'utiliser les forces de la nature, de commander aux autres êtres, d'établir entre eux l'ordre et l'harmonie, de communiquer par la pensée avec les dieux, d'embrasser par son intelligence non seulement le monde visible, mais encore les principes et l'essence de toutes choses : et du limon de la terre il forma l'homme.

Minerve, admirant la beauté de son ouvrage, offrit à Prométhée tout ce qui pouvait contribuer à sa perfection. Avec reconnaissance, Prométhée accepta l'offre de la déesse, mais ajouta que, pour choisir ce qu'il conviendrait le mieux à l'œuvre qu'il avait créée, il lui fallait voir lui-même les régions célestes. Minerve le ravit au ciel, et il n'en descendit qu'après avoir dérobé aux dieux, pour le donner à l'homme, le feu, élément indispensable à l'industrie humaine. Ce feu divin qu'il apporta sur la terre, Prométhée le prit, dit-on, au char du Soleil, et le dissimula dans la tige d'une férule, bâton creux.

Irrité d'un si audacieux attentat, Jupiter ordonna à Vulcain de forger une femme qui fût douée de toutes les perfections, et de la présenter à l'assemblée des dieux. Minerve la revêtit d'une robe d'une blancheur éblouissante, lui couvrit la tête d'un voile et de guirlandes de fleurs qu'elle surmonta d'une couronne d'or. En cet état, Vulcain l'amena lui-même. Tous les dieux admirèrent cette nouvelle créature, et chacun voulut lui faire son présent. Minerve lui apprit les arts qui conviennent à son sexe, entre autres l'art de faire de la toile. Vénus répandit le charme autour d'elle avec le désir inquiet et les soins fatigants. Les Grâces et la déesse de la Persuasion ornèrent sa gorge de colliers d'or. Mercure lui donna la parole avec l'art d'engager les cœurs par des discours insinuants. Enfin, tous les dieux lui ayant fait des présents, elle en reçut le nom de Pandore (du grec *pan*, « tout », et *doron*, « don »). Pour Jupiter, il lui remit une boîte bien close, et lui ordonna de la porter à Prométhée.

Celui-ci, se défiant de quelque piège, ne voulut recevoir ni Pandore, ni la boîte, et recommanda même à son frère, Épiméthée, de ne rien recevoir de la part de Jupiter. Mais Épiméthée, dont le nom en grec signifie « qui réfléchit trop tard », ne jugeait des choses qu'après l'événement. À l'aspect de Pandore, toutes les recommandations fraternelles furent oubliées, et il la prit pour épouse. La boîte fatale fut ouverte et laissa échapper tous les maux et tous les crimes, qui depuis se sont répandus dans l'Univers. Épiméthée voulut la refermer ; mais il n'était plus temps. Il n'y retint que l'Espérance qui était près de s'envoler, et qui demeura dans la boîte hermétiquement refermée.

Jupiter, enfin, outré de ce que Prométhée n'avait pas été dupe de cet artifice, ordonna à Mercure de le conduire sur le mont Caucase, et de l'attacher à un rocher, où un aigle, fils de Typhon et d'Échidna, devait lui dévorer éternellement le foie. D'autres disent que ce supplice ne devait durer que trente mille ans.

Suivant Hésiode, Jupiter n'emprunta pas le ministère de Mercure, mais attacha lui-même sa malheureuse victime, non à un rocher mais à une colonne. Il le fit cependant délivrer par Hercule, voici pour quels motifs et dans quelles conditions.

Depuis sa punition, Prométhée ayant empêché, par ses avis, Jupiter de faire la cour à Thétis, parce que l'enfant qu'il aurait d'elle le détrônerait un jour, le maître des dieux, par reconnaissance, consentit qu'Hercule allât le délivrer. Mais, pour ne pas violer son serment de ne jamais souffrir qu'on le déliât, il ordonna que Prométhée porterait toujours au doigt une bague de fer, à laquelle serait attaché un fragment de la roche du Caucase, afin qu'il fût vrai, en quelque sorte, que Prométhée restait toujours lié à cette chaîne.

Dans Eschyle, c'est Vulcain, qui, en sa qualité de forgeron des dieux, enchaîne Prométhée sur le Caucase, mais ce n'est qu'en gémissant qu'il obéit à l'ordre de Jupiter, car il lui en coûte d'user de violence envers un dieu qui est de sa race.

Chez les Athéniens, la fable de Prométhée était populaire ; on se plaisait à raconter même aux enfants les malices ingénieuses faites par ce dieu à Jupiter. N'eut-il pas, en effet, l'idée de mettre à l'épreuve la sagacité du maître de l'Olympe, et de voir s'il méritait réellement les honneurs divins ? Dans un sacrifice, il fit tuer deux bœufs, et remplit l'une des deux peaux de la chair et l'autre des os de ces victimes. Jupiter fut dupe, et choisit la dernière ; mais il ne se montra que plus impitoyable dans sa vengeance.

À Athènes, Prométhée avait ses autels dans l'Académie, à côté de ceux qui étaient consacrés aux Muses, aux Grâces, à l'Amour, à Hercule, etc. On ne pouvait oublier que Minerve, protectrice de la ville, avait été la seule des divinités de l'Olympe à admirer le génie de Prométhée et à l'aider dans son œuvre. À la fête solennelle des Lampes, aux Lampadophories, les Athéniens associaient aux mêmes honneurs Prométhée qui avait dérobé le feu au ciel, Vulcain, maître industrieux des feux de la terre, et Minerve qui avait donné l'huile d'olive. À l'occasion de cette fête, les temples, les monuments publics, les rues, les carrefours étaient illuminés ; on instituait des jeux et des courses au flambeau comme pour la fête de Cérès. La jeunesse athénienne se rassemblait le soir près de l'autel de Prométhée, à la clarté du feu qui brûlait encore. À un signal donné, on allumait une lampe que les prétendants au prix de la course devaient porter sans l'éteindre, en courant à toutes jambes, d'un bout du Céramique à l'autre.

Le feu étant considéré comme un élément divin, il était naturel qu'il eût sa place dans tous les cultes et sur presque tous les autels. Un feu sacré brûlait dans les temples d'Apollon, à Athènes et à Delphes, dans celui de Cérès, à Mantinée, de Minerve et même de Jupiter. Dans les prytanées de toutes les villes grecques, on entretenait des lampes qu'on ne laissait jamais éteindre. À l'imitation des Grecs, les Romains adoptèrent le culte du feu, qu'ils confièrent aux soins des Vestales.

Le jour des noces, à Rome, avait lieu une cérémonie curieuse et symbolique. On ordonnait à la nouvelle mariée de toucher au feu et à l'eau. « Pourquoi ? observe Plutarque. Est-ce parce que, entre les éléments dont sont composés tous les corps naturels, l'un de ces deux, à savoir le feu, est le mâle, et l'eau, la femelle, l'un étant le principe de mouvement, l'autre la propriété de substance et de matière ? Ou n'est-ce pas plutôt parce que le feu purifie, que l'eau nettoie, et qu'il faut que la femme demeure pure et sans tache toute sa vie ? »

## Les Vents

Les hauteurs célestes, région éthérée où sont fixés les astres, jouissent d'une paix éternelle. Mais au-dessous d'elles, bien au-dessous, dans la région des nuages et le voisinage de la terre, sévissent les bruyantes tempêtes, les orages et les vents.

Les Vents, divinités poétiques, sont enfants du Ciel et de la Terre ; Hésiode les dit fils des géants Typhée, Astréus et Perséus ; mais il en excepte les vents favorables, savoir : Notus, Borée et Zéphyre qu'il fait enfants des dieux.

Homère et Virgile établissent le séjour des Vents dans les îles Éoliennes, entre la Sicile et l'Italie, et leur donnent pour roi Éole, qui les retient dans de profondes cavernes. Nuit et jour, ces prisonniers redoutables murmurent et rugissent derrière les portes de leur prison. Si leur roi ne les retenait pas, ils s'échapperaient tous avec violence, et, dans leur fureur, ils emporteraient ou balayeraient à travers l'espace et les terres et les mers, et même la voûte du ciel.

Mais le tout-puissant Jupiter a prévu et prévenu un tel malheur. Non seulement les Vents sont enfermés dans des cavernes, mais il a eu soin de placer encore sur eux une masse énorme de montagnes et de rochers. Du sommet de ces montagnes, Éole règne sur ses terribles sujets. Cependant, tout dieu qu'il est, il reste subordonné au grand Jupiter : il n'a le droit de déchaîner les Vents ou de les rappeler dans leur repaire que sur l'ordre ou avec l'assentiment de son souverain maître. S'il lui arrive de se soustraire à l'obéissance, il en résulte de graves désordres ou de déplorables désastres.

Dans *l'Odyssée*, il commet l'imprudence d'enfermer une partie des Vents dans des outres qu'il remet à Ulysse. Les outres sont ouvertes par les compagnons du héros, une tempête se déchaîne, et les navires sont submergés.

Dans *l'Énéide*, Éole, pour complaire à Junon, entrouvre d'un coup de lance le flanc de la montagne sur laquelle repose son trône. Aussitôt qu'ils trouvent cette issue, les Vents s'échappent et bouleversent la mer. Mais Éole n'a pas lieu de s'applaudir : Neptune, qui dédaigne de châtier les Vents, les renvoie à leur maître en des termes pleins de mépris, et les charge eux-mêmes de rappeler à Éole son insubordination.

Afin de désarmer ou de se concilier les Vents, ces terribles puissances de l'air, on leur adressait des vœux, on leur offrait des sacrifices.

On leur avait élevé à Athènes un temple octogone à chaque angle duquel était la figure d'un des Vents, correspondant au point du ciel d'où il souffle. Ces huit Vents étaient le Solanus, l'Eurus, l'Auster, l'Africus, le Zéphyre, Corus, le Septentrion et l'Aquilon. Sur le sommet pyramidal de ce temple était un Triton de bronze mobile, et dont la baguette indiquait toujours le Vent qui soufflait. Les Romains reconnaissaient quatre Vents principaux, savoir : Eurus, Borée, Notus ou Auster et Zephyrus. Les autres étaient Eurunotus, Vulturne, Subsolanus, Cœcias, Corus, Africus, Libonotus, etc. En général, les poètes anciens et modernes représentent les Vents comme des génies turbulents, inquiets et volages ; cependant, les quatre Vents principaux ont leur fable distincte et un caractère particulier.

Eurus est le fils favori de l'Aurore ; il vient de l'Orient, et enfourche avec fierté les chevaux de sa mère. Horace le peint comme un vent impétueux, et Valérius Flaccus comme un dieu échevelé, et tout en désordre à la suite des tempêtes qu'il a excitées. Les modernes lui prêtent une physionomie plus calme et plus douce. Ils le représentent sous les traits d'un jeune homme ailé, qui va semant des fleurs de chaque main partout où il passe. Derrière lui est un soleil levant, et il a le teint bronzé d'un Asiatique.

Borée enlève Orithyie.

Borée, vent du nord, réside en Thrace, et les poètes lui attribuent parfois la royauté de l'air. Il enleva la belle Chloris, fille d'Arcturus, et la transporta sur le mont Niphate ou le Caucase. Il en eut un fils, Hyrpace. Mais il s'éprit surtout d'Orithyie, fille d'Érechtée, roi d'Athènes ; n'ayant pu l'obtenir de son père, il se couvrit d'un épais nuage, et enleva cette princesse au milieu d'un tourbillon de poussière.

Métamorphosé en cheval, il donna naissance à douze poulains d'une telle vitesse, qu'ils couraient sur les champs de blé sans en courber les épis, et sur les flots sans y tremper les pieds. Il avait un temple à Athènes, sur les bords de l'Ilissus, et, chaque année, les Athéniens célébraient des fêtes en son honneur, les Boréasmes.

L'Aquilon, vent froid et violent, est quelquefois confondu avec Borée. On le représente sous la figure d'un vieillard aux cheveux blancs et en désordre.

Notus, ou Auster, est le vent chaud et orageux qui souffle du midi. Ovide le peint d'une taille haute, vieux, avec des cheveux blancs, un air sombre et des nuées autour de la tête, tandis que l'eau dégoutte de toutes parts de ses vêtements. Juvénal le représente assis dans la caverne d'Éole, séchant ses ailes après la tempête. Les modernes l'ont personnifié sous les traits d'un homme ailé, robuste et entièrement nu. Il marche sur des nuages, souffle avec des joues enflées, pour désigner sa violence, et tient en main un arrosoir, pour annoncer qu'il amène ordinairement la pluie.

Zéphyre était réellement le vent d'occident. Les poètes grecs et latins l'ont célébré, parce qu'il porte la fraîcheur dans les climats brûlants qu'ils habitaient. Cette remarque faite, le Zéphyre, tel que les poètes l'ont personnifié, est une des plus riantes allégories de la fable. Son souffle, à la fois doux et puissant, rend la vie à la nature. Les Grecs lui donnaient pour femme Chloris, et les Latins la déesse Flore.

Les poètes le peignent sous la forme d'un jeune homme à la physionomie douce et sereine : on lui donne des ailes de papillon et une couronne composée de toutes sortes de fleurs. Il était représenté glissant à travers l'espace avec une grâce et une légèreté aériennes, et tenant à la main une corbeille remplie des plus belles fleurs du printemps.

## La Tempête

Les Romains avaient déifié la Tempête. Elle peut être considérée comme une nymphe de l'air. Marcellus lui avait fait bâtir un petit temple à Rome, hors de la porte Capène.

On trouve sur d'anciens monuments des sacrifices à la Tempête. On la représente le visage irrité, dans une attitude furibonde, et assise sur des nuages orageux parmi lesquels sont plusieurs vents qui soufflent dans des directions opposées. Elle répand à pleines mains la grêle qui brise des arbres et détruit des moissons. On lui sacrifiait un taureau noir.

## Divinités de la mer et des eaux

### L'Océan

Pour les anciens, l'Océan primitivement est un fleuve immense qui entoure le monde terrestre. Dans la mythologie, c'est le premier dieu des eaux, fils d'Uranus ou le Ciel et de Gaia, c'est-à-dire la Terre ; c'est le père de tous les êtres. Homère dit que les dieux tiraient leur origine de l'Océan et de Téthys. Dans le même poète on voit que les dieux allaient souvent en Éthiopie visiter l'Océan et prendre part aux fêtes et aux sacrifices qu'on y célébrait. Enfin on raconte que Junon, dès sa naissance, fut confiée par Rhéa, sa mère, aux soins de l'Océan et de Téthys, afin de la dérober à la cruelle voracité de Saturne.

Océan est donc vieux comme le monde même. C'est pourquoi on le représente sous la forme d'un vieillard assis sur les ondes de la mer, avec une pique à la main et un monstre marin près de lui. Ce vieillard tient une urne et verse de l'eau, symbole de la mer, des fleuves et des fontaines.

On lui offrait habituellement en sacrifice de grandes victimes, et, avant les expéditions difficiles, on lui faisait des libations. Il n'était pas seulement vénéré par les hommes, mais encore par les dieux. Dans les *Géorgiques* de Virgile, la nymphe Cyrène, au milieu du palais du Pénée, à la source de ce fleuve, fait un sacrifice à l'Océan ; à trois reprises différentes, elle verse le vin sur le feu de l'autel, et trois fois la flamme rejaillit jusqu'à la voûte du palais, présage rassurant pour la nymphe et son fils Aristée.

## **Téthys** et **les Océanides**

Téthys, fille du Ciel et de la Terre, épousa l'Océan, son frère, et devint mère de trois mille nymphes appelées les Océanides. On lui donne encore pour enfants, non seulement les fleuves et les fontaines, mais encore Protée, Éthra, mère d'Atlas, Persa, mère de Circé, etc. On dit que Jupiter ayant été lié et garrotté par les autres dieux, Téthys, avec l'aide du géant Égéon, le remit en liberté.

Elle se nommait Téthys d'un mot grec qui signifie *nourrice*, sans doute parce qu'elle est la déesse de l'eau, matière première qui, suivant une croyance antique, entre dans la formation de tous les corps.

Le char de cette déesse est une conque d'une forme merveilleuse et d'une blancheur d'ivoire nacré. Quand elle parcourt son empire, ce char, traîné par des chevaux marins plus blancs que la neige, semble voler à la surface des eaux. Autour d'elle les dauphins en se jouant bondissent dans la mer ; elle est accompagnée par les Tritons, qui sonnent de la trompette avec leurs conques recourbées, et par les Océanides couronnées de fleurs, et dont la chevelure flotte sur leurs épaules au gré des vents.

Téthys, déesse de la mer, épouse de l'Océan, ne doit pas être confondue avec Thétis, fille de Nérée et mère d'Achille. L'orthographe de ces deux noms est d'ailleurs différente.

## Nérée, Doris et les Néréides

Nérée, dieu marin, plus ancien que Neptune, était, selon Hésiode, fils de l'Océan et de Téthys, ou, selon d'autres, de l'Océan et de la Terre. Il avait épousé Doris, sa sœur, dont il eut cinquante filles, appelées les Néréides.

On le représente comme un vieillard doux et pacifique, plein de justice et de modération. Habile devin, il prédit à Pâris les malheurs que l'enlèvement d'Hélène devait attirer sur sa patrie, et apprit à Hercule où se trouvaient les pommes d'or qu'Eurysthée lui avait ordonné d'aller chercher.

Son séjour ordinaire est dans la mer Égée, où il est environné de ses filles, qui le divertissent par leurs danses et leurs chants.

Les Néréides sont représentées comme de belles jeunes filles à la chevelure entrelacée de perles. Elles sont portées sur des dauphins ou des chevaux marins, et tiennent à la main tantôt un trident, tantôt une couronne ou une Victoire, tantôt une branche de corail. Quelquefois on les représente moitié femmes et moitié poissons.

## **Neptune,** en grec **Poseidon,** et **Amphitrite**

Neptune, ou Poseidon, fils de Saturne et de Rhéa, était frère de Jupiter et de Pluton. Sitôt qu'il fut né, Rhéa le cacha dans une bergerie d'Arcadie, et fit accroire ensuite à Saturne qu'elle avait mis au monde un poulain qu'elle lui donna à dévorer. Dans le partage que les trois frères firent de l'univers, il eut pour son lot la mer, les îles et tous les rivages.

Lorsque Jupiter son frère, qu'il servit toujours très fidèlement, eut vaincu les Titans, ses terribles compétiteurs, Neptune les tint enfermés dans l'Enfer, et les empêcha de tenter de nouvelles entreprises. Il les maintient derrière la clôture infranchissable formée par ses flots et ses rochers.

Il gouverne son empire avec un calme imperturbable. Du fond de la mer où se trouve sa paisible demeure, il a le sentiment de tout ce qui se passe à la surface des ondes. Que les vents impétueux répandent inconsidérément les vagues sur les rivages, qu'ils causent d'injustes naufrages, Neptune apparaît et, avec une noble sérénité, fait rentrer les eaux dans leur lit, ouvre des canaux à travers les bas-fonds, soulève avec son trident les navires pris dans les rochers ou enfoncés dans les sables, rétablit en un mot tout le désordre des tempêtes.

Il eut pour femme Amphitrite, fille de Doris et de Nérée. Cette nymphe refusa d'abord d'épouser Neptune, et se cacha pour se soustraire à ses poursuites. Mais un dauphin, chargé des intérêts de Neptune, la trouva au pied du mont Atlas, lui persuada d'accéder à la demande du dieu, et, pour sa récompense fut placé parmi les astres. Elle eut de Neptune un fils appelé

Triton et plusieurs nymphes marines : elle fut aussi, dit-on, la mère des Cyclopes.

Amphitrite sur un Triton.

Le bruit de la mer, sa profondeur mystérieuse, sa puissance, la sévérité de Neptune qui ébranle le monde, quand avec son trident il soulève ses énormes rochers, inspirent à l'humanité un sentiment de crainte plutôt que de sympathie et d'amour. Le dieu semblait s'en rendre compte, toutes les fois qu'il s'éprit soit d'une divinité, soit d'une simple mortelle.

Il avait alors recours à la métamorphose ; mais le plus souvent, dans ses transformations mêmes, il conserva son caractère de force et d'impétuosité.

On le représente changé en taureau dans ses amours avec une fille d'Éole ; sous la forme du fleuve Énipée pour rendre Iphiomédie mère d'Iphialte et d'Otus ; sous celle d'un bélier, pour séduire Bisaltis ; sous celle d'un cheval pour tromper Cérès ; enfin sous celle d'un grand oiseau dans l'intrigue de Méduse, et d'un dauphin avec Mélantho.

Son fameux différend avec Minerve au sujet de la possession de l'Attique est une allégorie transparente où les douze grands dieux, pris pour arbitres, indiquent à Athènes ses destinées. Ce dieu eut encore un différend avec Junon pour Mycènes, et avec le Soleil au sujet de Corinthe.

La fable veut que Neptune, chassé du ciel avec Apollon pour avoir conspiré contre Jupiter, bâtit les murailles de Troie, et que, frustré de son salaire, il se vengea de la perfidie de Laomédon en renversant les murs de cette ville.

Neptune était un des dieux les plus honorés en Grèce et en Italie. Il y possédait un grand nombre de temples, surtout dans le voisinage de la mer : il avait ses fêtes, ses jeux solennels. Ceux de l'isthme de Corinthe et ceux du Cirque de Rome lui étaient spécialement consacrés, sous le nom d'Hippius. Indépendamment des Neptunales, fêtes qui se célébraient au mois de juillet, les Romains consacraient à Neptune tout le mois de février.

Près de l'isthme de Corinthe, Neptune et Amphitrite avaient leurs statues non loin l'une de l'autre, dans le même temple : celle de Neptune était d'airain et haute de dix pieds et demi. Dans l'île de Ténos, une des cyclades, Amphitrite avait une statue colossale, haute de neuf coudées. Le dieu de la mer prenait sous sa protection les chevaux et les navigateurs. Outre les victimes ordinaires et les libations en son honneur, les aruspices lui offraient particulièrement le fiel de la victime, par la raison que l'amertume convenait aux eaux de la mer.

Neptune est ordinairement représenté nu, avec une longue barbe, et le trident à la main, tantôt assis, tantôt debout sur les flots de la mer, souvent sur un char traîné par deux ou quatre chevaux, quelquefois ordinaires, quelquefois marins, ayant la partie inférieure du corps terminée en queue de poisson.

Ici on le représente tenant son trident de la main gauche, un dauphin de la main droite, et posant un pied sur la proue d'un navire. Par son attitude, son air calme et les attributs qui l'accompagnent, il exprime

Neptune.

visiblement sa puissance souveraine sur les eaux, les navigateurs et les habitants des mers.

Amphitrite est dépeinte se promenant sur les eaux dans un char en forme de coquille, traîné par des dauphins ou des chevaux marins. Parfois elle tient un sceptre d'or, emblème de son autorité sur les flots. Les Néréides et les Tritons forment son cortège.

## Triton

Triton, fils de Neptune et d'Amphitrite, était un demi-dieu marin : la partie supérieure de son corps jusqu'aux reins figurait un homme nageant, la partie inférieure était celle d'un poisson à longue queue. C'était le trompette du dieu de la mer qu'il précédait toujours, en annonçant son arrivée au son de sa conque recourbée ; quelquefois il est porté à la surface des eaux, d'autres fois il paraît dans un char traîné par des chevaux bleus.

Les poètes attribuent à Triton un autre office que celui d'être trompette de Neptune : c'est de calmer les flots et de faire cesser les tempêtes. Ainsi, dans Ovide, Neptune, voulant rappeler les eaux du déluge, commande à Triton d'enfler sa conque, au son de laquelle les eaux se retirent. Dans Virgile, lorsque Neptune veut apaiser la tempête que Junon a excitée contre Énée, Triton, assisté d'une Néréide, fait ses efforts pour sauver les vaisseaux échoués.

Les poètes admettent plusieurs Tritons avec les mêmes fonctions et la même figure.

## Protée

Protée, dieu marin, était fils de l'Océan et de Téthys, ou, selon une autre tradition, de Neptune et de Phénice. Les Grecs lui donnent Pallène, ville de Macédoine, pour patrie. Deux de ses fils, Tmolus et Télégone, étaient des géants, monstres de cruauté. N'ayant pu les ramener à des sentiments d'humanité, il prit le parti de se retirer en Égypte, avec le secours de Neptune qui lui creusa un passage sous la mer. Il eut aussi des filles, et entre autres la nymphe Eidothée, qui apparut à Ménélas, lorsque, en revenant de Troie, ce héros fut poussé par les vents contraires sur la côte de l'Égypte, et lui enseigna ce qu'il avait à faire pour apprendre de Protée, son père, les moyens de retourner dans sa patrie.

Protée était le gardien des troupeaux de Neptune, c'est-à-dire des gros poissons, des phoques ou veaux marins. Pour le récompenser des soins qu'il en prenait, Neptune lui avait donné la connaissance du passé, du présent et de l'avenir. Mais il n'était pas aisé de l'aborder, et il se refusait à ceux qui venaient le consulter.

Eidothée dit à Ménélas que, pour le décider à parler, il fallait le surprendre pendant son sommeil, et le lier de manière qu'il ne pût s'échapper ; car il prenait toutes sortes de formes pour épouvanter ceux qui l'approchaient : celle d'un lion, d'un dragon, d'un léopard, d'un sanglier ; quelquefois il se métamorphosait en arbre, en eau, et même en feu ; mais, si on persévérait à le tenir bien lié, il reprenait enfin sa première forme, et répondait à toutes les questions qu'on lui faisait.

Ménélas suivit ponctuellement les instructions de la nymphe. Avec trois de ses compagnons, il entra, dès le matin, dans les grottes où Protée avait coutume de venir, au milieu du jour, se reposer en même temps que ses troupeaux. À peine Protée eut-il fermé les yeux et pris une position commode pour dormir que Ménélas et ses trois compagnons se jetèrent sur lui, et le serrèrent étroitement entre leurs bras. Il avait beau se métamorphoser : à chaque métamorphose, ils le serraient encore plus fort. Enfin, quand il eut épuisé toutes ses ruses, Protée revint à sa forme ordinaire, et donna à Ménélas les éclaircissements qu'il lui demandait.

Au quatrième livre des *Géorgiques*, Virgile, imitant Homère, raconte que le berger Aristée, après avoir perdu toutes ses abeilles, alla, sur le conseil de Cyrène, sa mère, consulter Protée sur les moyens de réparer ses essaims, et eut recours aux mêmes artifices pour le faire parler.

## Glaucus

Glaucus, fils de Neptune et de Nais, nymphe de la mer, fut d'abord un célèbre pêcheur d'Anthédon, en Béotie. Un jour, ayant mis sur l'herbe du rivage des poissons qu'il venait de prendre, il s'aperçut qu'ils s'agitaient d'une manière extraordinaire, et se jetaient dans la mer. Persuadé que cette herbe avait une vertu particulière, il en goûta et suivit leur exemple. L'Océan et Téthys le dépouillèrent de ce qu'il avait de mortel, et l'admirent au nombre des dieux marins. Anthédon lui éleva un temple et lui offrit des sacrifices. Plus tard il eut même dans cette ville un oracle souvent consulté par les matelots.

On raconte que Glaucus devint amoureux d'Ariane, lorsqu'elle fut enlevée par Bacchus, dans l'île de Dia.

Le dieu, pour le punir, le lia avec des sarments de vigne, dont il trouva moyen de se dégager.

Ce fut lui qui apparut aux Argonautes sous la figure d'un dieu marin, lorsque Orphée, à l'occasion d'une tempête, fit un vœu solennel aux dieux de Samothrace. Dans le combat livré entre Jason et les Tyrrhéniens, il se mêla avec les Argonautes, et fut le seul qui en sortit sans blessures.

Interprète de Nérée, il prédisait l'avenir, et avait appris à Apollon lui-même l'art des prédictions.

Dans son aspect, il a beaucoup de rapport avec Triton. Sa barbe est humide et blanche, et ses cheveux flottent sur ses épaules. Il a les sourcils épais et réunis, de sorte qu'ils semblent n'en faire qu'un. Ses bras sont faits en forme de nageoires, et sa poitrine est couverte d'algues. Le reste de son corps se termine en poisson dont la queue se recourbe jusqu'aux reins.

## Saron

Saron, ancien roi de Trézène, aimait passionnément la chasse. Un jour qu'il chassait un cerf, il le poursuivit jusqu'au bord de la mer. Le cerf s'étant jeté à la nage, il se jeta après lui ; et, se laissant emporter par son ardeur, il se trouva insensiblement en haute mer, où, épuisé et ne pouvant plus lutter contre les flots, il se noya.

Son corps fut rapporté dans le bois sacré de Diane et inhumé dans le parvis du temple. Cette aventure fit donner le nom de golfe Saronique au bras de mer qui fut le lieu de la scène, près de Corinthe. Quant à Saron, il fut mis par ses peuples au rang des dieux de la mer, et, dans la suite, il devint le dieu tutélaire des matelots.

## **Thaumas** et **Électra – Les Harpyes**

Thaumas, fils de la Terre, et son épouse Électra, fille de l'Océan et de Téthys, divinités mystérieuses de la mer, ont donné le jour à l'éclatante Iris, messagère de Junon, et aux Harpyes, monstres hideux qui effrayent et infectent le monde.

Elles étaient au nombre de trois : Célæno, l'*Obscurité*, Aello, la *Tempête*, Ocythoé ou Ocypète, la *Rapide* au vol ou à la course.

Ces monstres au visage de vieille femme, au corps de vautour, au bec et aux ongles crochus, aux mamelles pendantes, causaient la famine partout où elles passaient, enlevaient les viandes sur les tables, et répandaient une odeur si infecte qu'on ne pouvait approcher de ce qu'ils laissaient. On avait beau les chasser, ils revenaient toujours ; Jupiter et Junon s'en servaient contre ceux qu'ils voulaient punir. Les Harpyes avaient établi leur demeure aux îles Strophades, dans la mer d'Ionie, sur la côte du Péloponnèse.

La peinture et la sculpture personnifient les vices par des Harpyes ; par exemple, une Harpye sur des sacs d'argent désigne l'avarice.

## **Ino** ou **Leucothoé – Mélicerte** ou **Palémon**

Ino, fille de Cadmus et d'Harmonie, et sœur de Sémélé, mère de Bacchus, épousa Athamas, roi de Thèbes, en secondes noces, dont elle eut deux fils, Léarque et Mélicerte. Elle traita en vraie marâtre les enfants qu'Athamas avait eus de Néphélé, sa première femme, et chercha à les faire périr, parce que, par le droit de progéniture, ils devaient succéder à leur père, à l'exclusion des enfants du second lit. Thèbes étant désolée par une cruelle famine, elle fit dire par les oracles que, pour faire cesser sa désolation, il fallait immoler Hellé et Phryxus, enfants de Néphélé. Ceux-ci évitèrent par une prompte fuite le barbare sacrifice dont ils devaient être les victimes. De son côté, Athamas, ayant découvert les cruels artifices de sa femme, fut si transporté de colère contre elle, qu'il écrasa contre un mur le petit Léarque, un de ses fils, et poursuivit Ino jusqu'à la mer, où elle se précipita avec Mélicerte, son autre fils. Mais Panope, une Néréide, suivie de cent nymphes, ses sœurs, reçut en ses mains la mère et l'enfant, et les conduisit sous les eaux jusqu'en Italie. Ino avait mérité cette faveur et ces égards parce que, après la mort de Sémélé, elle s'était chargée d'élever le petit Bacchus.

À la prière de Vénus, Neptune reçut Ino et Mélicerte au nombre des divinités de son empire, la mère sous le nom de Leucothoé, le fils sous celui de Palémon.

Leucothoé avait un autel dans le temple de Neptune à Corinthe. Elle eut aussi un temple à Rome, où elle était honorée sous le nom de Matuta.

Palémon était particulièrement honoré dans l'île de Ténédos, où une superstition cruelle lui offrait des enfants en sacrifice. À Corinthe, les jeux Isthmiens avaient d'abord été institués en son honneur ; ils furent interrompus dans la suite et rétablis par Thésée en l'honneur de Neptune. Dans le temple de Corinthe, Palémon avait un autel, à côté de ceux de Leucothoé et de Neptune. On y trouvait une chapelle basse où l'on descendait par un escalier dérobé. On prétendait que Palémon s'y tenait caché, et quiconque osait y faire un faux serment, soit citoyen, soit étranger, était aussitôt puni de son parjure. Ce dieu était honoré à Rome sous les noms de Portumnus ou Portunus.

## Circé

Circé, sœur de Pasiphaé et d'Éétès, était fille du Soleil et de la nymphe Persa, une des Océanides, ou, suivant d'autres, du Jour et de la Nuit. Magicienne habile, au point, disait-on, de faire descendre les étoiles du ciel, elle excellait surtout dans l'art des empoisonnements. Le premier essai qu'elle fit de ses talents en ce genre fut sur le roi des Sarmates, son mari, crime qui la rendit si odieuse à ses sujets, qu'ils la forcèrent à prendre la fuite. Le Soleil la transporta dans son char sur la côte de l'Étrurie, nommée depuis le Cap de Circé, et l'île d'Æa devint le lieu de sa résidence. Ce fut là qu'elle changea en monstre la jeune Scylla, parce qu'elle était aimée de Glaucus, pour qui Circé avait conçu une violente passion. Elle en usa de même à l'égard de Picus, roi d'Italie, qu'elle changea en pivert, parce qu'il refusa de quitter sa femme Canente pour s'attacher à elle. L'infortunée Canente en éprouva tant de chagrin, qu'à force de se lamenter elle s'évapora dans les airs.

Ulysse, jeté sur les côtes habitées par cette redoutable magicienne, n'échappa à ses artifices que grâce aux recommandations de Mercure et au secours de Minerve. Mais elle trouva moyen cependant de l'arrêter dans les pièges de l'amour. Pour lui plaire, elle rendit leur forme première à ses compagnons qu'elle avait métamorphosés en bêtes ; il resta un an avec elle, et la rendit mère de deux enfants, Agrius et Latinus.

La perfidie, les philtres, les maléfices de Circé ne l'empêchèrent pas d'être mise au rang des dieux. On l'adorait dans l'île d'Æa, et elle avait un monument dans une des îles appelées Pharmaeuses, près de Salamine.

La fable de Circé, qui changeait les hommes en brutes par ses séductions et ses enchantements, est une allégorie devenue aussi populaire que l'expression « compagnons d'Ulysse ».

## **Scylla** et **Charybde**

Scylla, nymphe d'une éclatante beauté, avait inspiré un violent amour à Glaucus, qui se joue des tempêtes et se complaît dans les flots azurés. Moitié homme, moitié poisson, ne se rendant compte ni de sa laideur ni de sa difformité, ce dieu marin avait beau prendre à témoin le ciel, la terre et la mer de la sincérité de son cœur, la nymphe restait insensible à ses adjurations et à ses transports. Il eut recours à Circé. La magicienne, qui aimait Glaucus au point d'en être jalouse, lui fit de perfides promesses. Elle composa un poison qu'elle jeta ensuite dans la fontaine où la nymphe avait coutume de se baigner.

À peine Scylla fut-elle entrée dans la fontaine, qu'elle se vit changée en un monstre qui avait six griffes, six gueules et six têtes ; une meute de chiens lui sortait du corps autour de sa ceinture, et leurs hurlements continuels frappaient d'effroi tous les passants. Scylla, effrayée elle-même de sa forme monstrueuse, se jeta dans la mer près des rochers et des écueils qui, dans le détroit de Sicile, portèrent son nom.

Scylla a une voix terrible, et ses cris affreux ressemblent au rugissement du lion : c'est un monstre dont l'aspect ferait frémir un dieu même. Lorsqu'elle voit passer des vaisseaux dans le détroit, elle s'avance hors de son antre, et les attire à elle pour les engloutir. C'est ainsi qu'elle se vengea de Circé en faisant périr les vaisseaux d'Ulysse, son amant.

Charybde, fille de Neptune et de la Terre, ayant volé des bœufs à Hercule, fut foudroyée par Jupiter et changée en un gouffre dangereux qui se trouve dans le détroit de Sicile, en face de l'antre de Scylla. Homère suppose qu'il engloutit les flots trois fois par jour, et trois fois les rejette avec des mugissements horribles.

De ces deux gouffres le moins dangereux est celui de Charybde ; de là le proverbe : « Tomber de Charybde en Scylla. »

## Les Sirènes

Lorsque, par une nuit calme du printemps ou de l'automne, le marin laisse glisser doucement sa barque non loin des côtes, dans des parages semés de rochers ou d'écueils, il entend au large, dans le clapotement des flots, le ramage et le gazouillement des oiseaux de mer. Ce ramage, entrecoupé parfois de cris stridents et railleurs, s'élève dans les airs, et passe invisible, avec un étrange sifflement d'ailes, au-dessus du marin attentif, lui donnant l'illusion d'un concert de voix humaines. Son imagination alors lui représente des troupes de jeunes femmes ou de jeunes filles prenant leurs ébats, et cherchant à le détourner de sa route. Malheur à lui s'il se rapproche du lieu où il entend le plus de voix, c'est-à-dire des rochers à fleur d'eau où, pour l'oiseau de mer, la pêche est fructueuse : infailliblement sa barque va se briser et se perdre dans les écueils.

Telle est, sans doute, l'origine de la fable des Sirènes, mais l'imagination des poètes leur a créé une plus merveilleuse légende.

Elles étaient filles du fleuve Achéloüs et de la muse Calliope. On en compte ordinairement trois : Parthénope, Leucosie et Ligée, noms grecs qui évoquent les idées de candeur, de blancheur et d'harmonie. D'autres les appellent Aglaophone, Thelxiépie et Pisinoé, toutes dénominations qui expriment la douceur de leur voix et le charme de leurs paroles.

On raconte que, au temps du rapt de Proserpine, les Sirènes vinrent dans la terre d'Apollon, c'est-à-dire la Sicile, et que Cérès, en punition de ce qu'elles n'avaient pas secouru sa fille Proserpine, les changea en oiseaux.

Ovide, au contraire, dit que les Sirènes, désolées de l'enlèvement de Proserpine, prièrent les dieux de leur accorder des ailes pour aller chercher leur jeune compagne par toute la terre. Elles habitaient des rochers escarpés sur les bords de la mer, entre l'île de Caprée et la côte d'Italie.

L'oracle avait prédit aux Sirènes qu'elles vivraient autant de temps qu'elles pourraient arrêter les voyageurs à leur passage ; mais que, dès qu'un seul passerait sans être arrêté pour toujours par le charme de leur voix et de leurs paroles, elles périraient. Aussi ces enchanteresses, toujours en éveil, ne manquaient pas d'arrêter par leur harmonie tous ceux qui arrivaient près d'elles, et qui avaient l'imprudence d'écouter leurs chants. Elles les charmaient, les enchantaient si bien qu'ils ne pensaient plus à leur pays, à leur famille, à eux-mêmes ; ils oubliaient de boire et de manger, et mouraient faute d'aliment. La côte voisine était toute blanche des ossements de ceux qui avaient péri de la sorte.

Cependant, lorsque les Argonautes passèrent dans leurs parages, elles firent de vains efforts pour les attirer. Monté sur le vaisseau, Orphée prit sa lyre et les enchanta elles-mêmes à tel point qu'elles restèrent muettes et jetèrent leurs instruments dans la mer.

Ulysse, obligé de passer avec son navire devant les Sirènes, mais averti par Circé, boucha les oreilles de tous ses compagnons avec de la cire, et se fit attacher à un mât par les pieds et par les mains. De plus, il défendit qu'on le déliât, si, par hasard, en écoutant la voix des Sirènes, il exprimait le désir de s'arrêter. Ces précautions ne furent pas inutiles : Ulysse eut à peine entendu les enchanteresses, leurs douces paroles, leurs promesses séduisantes, que, malgré l'avis qu'il avait reçu, et la certitude de périr, il intima à ses compagnons l'ordre de le délier, ce que, heureusement, ils n'eurent garde de faire. Les Sirènes, n'ayant pu arrêter Ulysse, se précipitèrent dans la mer, et les petites îles rocheuses qu'elles habitaient, en face d'un promontoire de la Lucanie, furent appelées de leur nom *Sirénuses*.

Une Sirène.

Les Sirènes sont représentées tantôt ayant une tête de femme et un corps d'oiseau, tantôt ayant tout le buste de femme et la forme d'oiseau, de la ceinture aux pieds. On leur met à la main des instruments : l'une tient une lyre, l'autre deux flûtes, et la troisième des pipeaux ou un rouleau comme pour chanter. On les peint aussi tenant un miroir. Il n'y a aucun auteur ancien qui nous ait représenté les Sirènes comme femmes-poissons.

Pausanias raconte encore une fable sur les Sirènes. « Les filles d'Achéloüs, dit-il, encouragées par Junon, prétendirent à la gloire de chanter mieux que les Muses, et osèrent leur porter un défi ; mais les Muses, les ayant vaincues, leur arrachèrent les plumes des ailes et s'en firent des couronnes. » En effet, il y a d'anciens monuments qui représentent les Muses avec une plume sur la tête.

Quelque redoutables ou dangereuses qu'elles fussent, les Sirènes ne laissaient pas de participer aux honneurs divins. Elles avaient un temple près de Sorrente.

## Les Phorcydes. Les Grées. Les Gorgones

Pontus ou Pontos, fils de Neptune, est parfois confondu avec l'Océan. Ce dieu, dont le nom désigna plus tard le Pont-Euxin et une contrée de l'Asie, s'était uni à la Terre, et avait donné le jour à Phorcys, dieu marin, souvent identifié avec Protée. De Phorcys et de son épouse Céto, fille de Neptune et de la nymphe Théséa, naquirent les Phorcydes, c'est-à-dire les nymphes Thoosa et Scylla, les Grées et les Gorgones. Thoosa devint la mère du cyclope Polyphème, et l'on connaît l'effrayante métamorphose de Scylla.

Les Grées, sœurs aînées des Gorgones, et dont le nom en grec signifie *vieilles femmes*, étaient ainsi appelées parce qu'elles vinrent au monde avec des cheveux blancs. On en compte trois : Ényo, Péphrédo et Dino. On dit qu'elles n'avaient à elles trois qu'un œil et une dent dont elles se servaient l'une après l'autre, mais c'était une dent plus forte et plus longue que les défenses des plus forts sangliers. Leurs mains étaient d'airain, et leur chevelure entrelacée de serpents. Elles avaient avec les Gorgones, leurs sœurs cadettes, une frappante ressemblance ; pourtant Hésiode leur donne de la beauté. Comme elles habitaient toujours dans la mer ou dans ses parages, les mythologues expliquent leurs cheveux blancs par les flots de la mer qui blanchissent quand ils sont agités.

Les Gorgones, aussi au nombre de trois, Sthéno, Euryalé et Méduse, demeuraient au-delà de l'Océan, à l'extrémité du monde, près du séjour de la Nuit. Tantôt on les représente comme les Grées, avec un seul œil et une seule dent pour elles trois, tantôt on leur accorde une beauté étrange et des attraits fascinateurs.

Méduse, leur reine, était mortelle, au lieu que ses deux sœurs, Euryalé et Sthéno, n'étaient sujettes ni à la vieillesse ni à la mort. C'était une jeune fille d'une beauté surprenante, mais, de tous les attraits dont elle était pourvue, il n'y avait rien de si beau que sa chevelure. Une foule d'amants s'empressèrent de la rechercher en mariage. Neptune en devint aussi amoureux, et, s'étant métamorphosé en oiseau, la transporta dans un temple de Minerve qui en fut offensée. D'autres racontent seulement que Méduse osa disputer de la beauté avec Minerve et se comparer à elle. La déesse en fut si irritée qu'elle changea en affreux serpents les beaux cheveux dont Méduse se glorifiait, et donna à ses yeux la force de changer en pierres tous ceux qu'ils regardaient. Beaucoup de gens sentirent les effets pernicieux de ses regards, dans les environs du lac Tritonis, en Libye.

Les dieux voulant délivrer le pays d'un si grand fléau envoyèrent Persée pour l'exterminer. Ce héros, avec l'aide de Minerve, coupa la tête de la Gorgone, et la

Type artistique de la Méduse.

consacra à la déesse qui, depuis, la porte représentée sur son égide.

Après la mort de Méduse, leur reine, les Gorgones, allèrent habiter près des portes de l'Enfer, avec les Centaures, les Harpyes et les autres monstres de la fable.

D'ordinaire les Gorgones ou Méduses sont représentées avec une tête énorme, une chevelure hérissée de serpents, une large bouche, des dents formidables et des yeux grands ouverts. Cependant, toutes celles que les anciens monuments nous ont conservées n'ont pas ce visage affreux et terrible : il y en a qui ont un visage de femme, empreint de douceur ; il s'en trouve même assez souvent qui sont très gracieuses, tant sur l'égide de Minerve qu'ailleurs. On voit, dans le Muséum de Florence, une tête de Méduse mourante, chef-d'œuvre de Léonard de Vinci.

La tête de Méduse est souvent représentée ailée.

## Les Cyclopes

Les Cyclopes, géants monstrueux, fils de Neptune et d'Amphitrite, et, selon d'autres, du Ciel et de la Terre, n'avaient qu'un œil au milieu du front, d'où vient leur nom (Rac. *Cuclos*, cercle, et *ops*, regard). Ils vivaient des fruits que la terre leur donnait sans culture, et du produit de leurs troupeaux. Ils n'étaient gouvernés par aucune loi. On leur attribue la construction primitive des villes de Mycènes et de Tyrinthe, formées de masses de pierres si énormes, qu'il fallait deux paires de bœufs pour traîner la plus petite.

Aussitôt qu'ils furent nés, Jupiter les précipita dans le Tartare, mais ensuite les mit en liberté, à l'intercession de Tellus (la Terre), qui lui avait prédit sa victoire. Ils devinrent les forgerons de Vulcain (Héphæstos), et travaillaient soit dans l'île de Lemnos, soit dans les profondeurs de la Sicile, sous l'Etna. Ils fabriquèrent pour Pluton (Hadès) le casque qui le rend invisible, pour Neptune le trident avec lequel il soulève et calme les mers, pour Jupiter la foudre dont il fait trembler les dieux et les hommes.

Les trois principaux Cyclopes étaient : Brontès qui forgeait la foudre, Stéropé qui la tenait sur l'enclume, et Pyracmon qui la battait à coups redoublés ; mais ils étaient plus d'une centaine. On a raconté qu'Apollon, pour venger son fils Esculape, frappé de la foudre, les tua tous à coups de flèches.

Plusieurs poètes les ont considérés comme les premiers habitants de la Sicile, et les représentent comme des anthropophages. Cependant, malgré leur cruauté ou leur barbarie, ils furent mis au rang des dieux ; et, dans un temple de Corinthe, ils avaient un autel sur lequel on leur offrait des sacrifices.

Le plus grand, le plus fort et le plus célèbre des Cyclopes était Polyphème, fils de Neptune et de la nymphe Thoosa. Il se nourrissait surtout de chair humaine. Ulysse ayant été jeté par la tempête sur les côtes de la Sicile où habitaient les Cyclopes, Polyphème l'enferma avec tous ses compagnons et des troupeaux de moutons dans son antre, pour les dévorer ; mais Ulysse lui fit tant boire de vin, en l'amusant par le récit du siège de Troie, qu'il l'enivra. Ensuite, aidé de ses compagnons, il lui creva l'œil avec un pieu.

Le Cyclope se sentant blessé poussa des hurlements effroyables ; tous ses voisins accoururent pour savoir ce qui lui était arrivé ; et, lorsqu'ils lui demandèrent le nom de celui qui l'avait blessé, il répondit que c'était Personne (car Ulysse lui avait dit qu'il s'appelait ainsi) ; alors ils s'en retournèrent, croyant qu'il avait perdu l'esprit. Cependant Ulysse ordonna à ses compagnons de s'attacher sous les moutons pour n'être point arrêtés par le Cyclope, lorsqu'il lui faudrait mener paître son troupeau.

Ce qu'il avait prévu arriva, car Polyphème, ayant ôté une pierre que cent hommes n'auraient pu ébranler et qui bouchait l'entrée de sa caverne, se plaça de façon que les moutons ne pouvaient passer qu'un à un entre ses jambes. Lorsqu'il entendit Ulysse et ses compagnons dehors, il les poursuivit, et leur jeta à tout hasard un rocher d'une grosseur énorme ; mais ils l'évitèrent aisément, et s'embarquèrent après avoir perdu seulement quatre d'entre eux, que le Cyclope avait mangés.

Polyphème, malgré sa férocité naturelle, devint amoureux d'une Nymphe de la mer, de la Néréide Galatée qui était elle-même éprise du jeune et beau berger Acis. Indigné de cette préférence, il lança un bloc de rocher sur le jeune homme, et l'écrasa. À cette vue, Galatée se jeta dans la mer et rejoignit les Néréides ses sœurs ; puis, à sa prière, Neptune changea Acis en un fleuve de Sicile.

La fable du cyclope Polyphème a inspiré plus d'un peintre, notamment Annibal Carrache et Le Poussin.

## Les Fleuves

« Gardez-vous, dit Hésiode, de jamais traverser les eaux des fleuves au cours éternel avant de leur avoir adressé une prière, les yeux fixés sur leurs splendides courants, avant d'avoir trempé vos mains dans leur onde agréable et limpide. »

Les Fleuves sont enfants de l'Océan et de Téthys. Hésiode en compte trois mille. Chez tous les peuples anciens, ils eurent part aux honneurs de la divinité. Ils avaient leurs temples, leurs autels, leurs victimes préférées. D'ordinaire on leur immolait le cheval ou le taureau. Leur source était sacrée : on supposait que là, dans une grotte profonde, où nul mortel ne pouvait pénétrer sans une faveur divine, le Fleuve, divinité réelle, avait son palais mystérieux. C'est de là que le dieu, entouré d'une foule de nymphes empressées à l'accompagner et à le servir, commandait en maître, surveillait et gouvernait le cours de ses eaux.

Par une fiction gracieuse, permise aux poètes, Virgile, au quatrième livre des *Géorgiques*, a même réuni dans une seule grotte, à la source du Pénée, en Grèce, tous les Fleuves de la terre. De là ils jaillissent à grand bruit, et partent dans des directions différentes, par des canaux souterrains, pour aller çà et là dans toutes les contrées du monde porter, avec leurs eaux bienfaisantes, la vie et la fécondité.

Les artistes et les poètes représentent généralement les Fleuves sous la figure de vieillards respectables, symbole de leur antiquité, ayant la barbe épaisse, la chevelure longue et traînante, et une couronne de joncs sur la tête. Couchés au milieu des roseaux, ils s'appuient sur une urne, d'où sort l'eau qui forme le cours auquel ils président. Cette urne est penchée, ou de niveau, pour exprimer la rapidité ou la tranquillité de leur cours.

Sur les médailles, les Fleuves sont posés à droite ou à gauche, selon qu'ils coulent vers l'orient ou vers l'occident. On les représente quelquefois sous la forme de taureaux, ou avec des cornes, soit pour exprimer le mugissement de leurs eaux, soit parce que les bras d'un fleuve rappellent les cornes de taureau.

Parfois les fleuves au cours sinueux sont représentés sous la forme de serpents. Aux rivières, qui ne vont pas directement se jeter dans la mer, on donne de préférence la figure d'une femme, d'un jeune homme imberbe, ou même d'un enfant.

Chaque fleuve a son attribut qui le caractérise, et qui est ordinairement choisi parmi les animaux qui habitent les pays qu'il arrose, parmi les plantes qui croissent sur ses bords, ou parmi les poissons qui vivent dans ses eaux.

## Les Naïades

Les nymphes qui présidaient aux fontaines, aux rivières et aux fleuves étaient l'objet d'une vénération et d'un culte particuliers. Elles s'appelaient Naïades, du mot grec *naein* qui signifie *couler*. On les disait filles de Jupiter ; parfois on les compte au nombre des prêtresses de Bacchus. Quelques auteurs les font mères des Satyres.

On leur offrait en sacrifice des chèvres et des agneaux, avec des libations de vin, de miel et d'huile ; plus souvent on se contentait de mettre sur leurs autels du lait, des fruits et des fleurs. Elles n'étaient que des divinités champêtres dont le culte ne s'étendait pas jusqu'aux villes.

On les peint jeunes, jolies, assez ordinairement les jambes et les bras nus, appuyées sur une urne qui verse de l'eau, ou tenant à la main un coquillage et des perles dont l'éclat relève la simplicité de leur parure ; une couronne de roseau orne leur chevelure argentée qui flotte sur leurs épaules. Parfois elles sont aussi couronnées de plantes aquatiques, et près d'elles est un serpent qui se dresse comme pour les enlacer dans ses replis.

## L'Achéloüs

Il serait trop long d'énumérer et de caractériser tous les fleuves célébrés par les poètes, mais la Mythologie doit au moins une mention aux plus connus d'entre eux.

L'Achéloüs, fleuve de l'Épire, qui coulait entre l'Étolie et l'Acarnanie, passait pour le plus ancien fleuve de la Grèce. C'est sur ses bords, dit-on, que s'établirent et vécurent les hommes primitifs. Après avoir mangé les glands doux de la forêt de Dodone, ils venaient se désaltérer aux eaux douces de l'Achéloüs. Sur ce fleuve, voici la fable que l'on racontait :

Achéloüs était fils de l'Océan et de Téthys, ou, selon d'autres, du Soleil et de la Terre. Amant de

Hercule terrasse Achéloüs.

Déjanire qui lui avait été promise, il la disputa à Hercule ; mais il fut vaincu. Aussitôt il prit la forme d'un serpent sous laquelle il fut encore défait ; ensuite celle d'un taureau qui ne lui fut pas plus favorable. Hercule le saisit par les cornes, et, l'ayant terrassé, lui en arracha une, et le contraignit d'aller se cacher dans le fleuve Thoas, depuis appelé Achéloüs.

Le vaincu donna au vainqueur la corne d'Amalthée pour recouvrer la sienne. Selon certains poètes, c'est la corne même d'Achéloüs que les Naïades ramassèrent : elles la remplirent de fleurs et en firent la Corne d'abondance.

Achéloüs était le père des Sirènes : il avait su plaire à la muse Calliope. Cependant, on lui prête un caractère vindicatif et une grande susceptibilité.

Cinq nymphes, filles d'Échinus, ayant fait un sacrifice de dix taureaux, invitèrent à la fête toutes les divinités champêtres, à l'exception d'Achéloüs. Ce dieu, piqué de cet oubli, fit grossir ses eaux qui débordèrent et entraînèrent dans la mer les cinq nymphes avec le lieu où la fête se célébrait. Neptune, touché de leur sort, les métamorphosa en îles, les Échinades. Elles sont situées non loin et en face de l'embouchure du fleuve.

On peut voir dans le jardin des Tuileries la statue d'Hercule terrassant le fleuve Achéloüs sous la forme de serpent, œuvre remarquable de F.-J. Bosio.

## **Alphée** et **Aréthuse**

Les anciens avaient observé d'une part que l'Alphée, petit fleuve d'Élide, qui vient des montagnes d'Arcadie, semblait plusieurs fois disparaître sous terre avant son embouchure, et d'autre part que la fontaine Aréthuse, qui jaillit d'un rocher à la pointe de l'île d'Ortygie, près de Syracuse, fournit de l'eau douce en abondance, quoique se trouvant entourée par la mer. Cette observation avait suggéré aux poètes la fable suivante :

Alphée était un intrépide chasseur qui parcourait les montagnes, les vallées d'Arcadie. Un jour il aperçut Aréthuse, fille de Nérée et de Doris, nymphe favorite de Diane, qui prenait un bain dans un ruisseau, et en devint éperdument amoureux. Aréthuse, effrayée, se sauve, il la poursuit, s'attache à ses pas. Il la poursuivit, dit-on, jusqu'en Sicile. Arrivée à l'île d'Ortygie, tout près de Syracuse, la nymphe, excédée de fatigue et sur le point d'être atteinte par l'audacieux Alphée, n'eut d'autre ressource que d'implorer le secours de Diane. La déesse intervenant les métamorphosa l'un en fleuve, l'autre en fontaine.

Mais, sous sa nouvelle forme, Alphée n'a pas renoncé à son amour ; on dirait qu'il veut encore poursuivre et atteindre la nymphe. C'est pourquoi ses eaux douces passent sous la mer, sans s'y confondre avec l'eau salée, et vont se mêler à la fontaine d'Aréthuse dans l'île d'Ortygie.

## L’Eurotas, le Pamise, la Néda, le Ladon, l’Inachus

Outre l’Alphée, fleuve-dieu, objet d’un culte pour ainsi dire commun à toute la Grèce, presque tous les cours d’eau du Péloponnèse avaient leur fable ou leur légende particulière, presque tous, comme ceux de la Grèce proprement dite, recevaient des honneurs religieux.

L’Eurotas, si célèbre, malgré le peu d’importance et d’étendue de son cours, s’appelait primitivement Himère. Eurotas, fils de Lélex, et père de Sparta, femme de Lacédémon, conduisant les Lacédémoniens à la guerre, voulut livrer bataille aux ennemis, sans attendre la pleine lune. Il fut vaincu, et de désespoir se jeta dans le fleuve auquel on a donné son nom. Les Lacédémoniens prétendaient que Vénus, après avoir passé ce fleuve, y avait jeté les bracelets et autres ornements de femme dont elle était parée, et avait pris ensuite la lance et le bouclier pour se montrer en cet état à Lycurgue et se conformer à la magnanimité des femmes de Sparte.

Une loi expresse ordonnait aux Lacédémoniens de rendre à ce fleuve les honneurs divins. C’était sur ses bords, ornés de myrtes et de lauriers-roses, que Jupiter, sous la figure d’un cygne, avait trompé Léda, qu’Apollon avait déploré la perte de Daphné, que Castor et Pollux avaient coutume de s’exercer à la lutte et au pugilat, qu’Hélène avait été enlevée par le Troyen Pâris, que Diane, leur sœur, se plaisait à chasser, avec ses meutes et au milieu de ses nymphes.

Les eaux de l'Eurotas avaient une vertu merveilleuse : elles fortifiaient à la fois le corps et l'âme. Les femmes de Lacédémone y plongeaient leurs enfants pour les endurcir de bonne heure aux fatigues de la guerre.

Sur les bords du PAMISE, les rois de Messénie, venaient faire un sacrifice solennel, à l'époque du printemps, et, entourés de la jeunesse, fleur de la nation, imploraient le secours du fleuve en faveur de l'indépendance de la patrie.

Chaque année aussi, vers l'époque du printemps, la jeunesse de l'Élide et de la Messénie venait sur les bords de la NÉDA, et, jeunes filles, jeunes garçons, sacrifiaient leur chevelure à la divinité qui présidait à cette petite rivière.

Plus loin, dans l'Élide même, on prétendait que le dieu Pan, descendant des montagnes d'Arcadie, venait se reposer sur les bords du LADON, affluent de l'Alphée. C'est là qu'il rencontra la nymphe Syrinx, compagne de Diane chasseresse. Il la poursuivit, essaya vainement de l'atteindre : la nymphe se changea en roseaux du fleuve, dont le dieu Pan se servit pour faire sa flûte à sept tuyaux.

L'INACHUS en Argolide était le père de la nymphe Io. Choisi pour arbitre avec son fils, Phoronée, entre Junon et Neptune qui se disputaient ce pays, il se prononça en faveur de Junon. De dépit, Neptune le mit à sec, et le réduisit à n'avoir d'eau que par les temps de pluie.

## Le Céphise, l'Ilissus, l'Asope, le Sperchius, le Pénée

Dans la Grèce proprement dite, les fleuves les plus honorés d'un culte religieux étaient le Céphise et l'Ilissus en Attique, l'Asope en Béotie, le Sperchius et le Pénée en Thessalie.

Le CÉPHISE, qui passait au nord d'Athènes et va se jeter dans le port de Phalère, était considéré comme un dieu. Les habitants d'Oropos, sur la frontière de la Béotie et de l'Attique, lui avaient consacré la cinquième partie d'un autel qu'il partageait avec l'Achéloüs, les Nymphes et Pan. On voyait sur ses bords un figuier sauvage, à l'endroit où l'on prétendait que Pluton était descendu sous terre, après avoir enlevé Proserpine. Ce fut aussi près de là que Thésée tua le fameux bandit Procuste.

L'ILISSUS, autre petit fleuve qui passait au sud-est d'Athènes et va se jeter dans le golfe d'Égine, n'est, à vrai dire, qu'un torrent, ainsi que le Céphise. Mais ses eaux étaient regardées comme sacrées. C'était sur ses bords, disait-on, que la fille d'Érechtée, la belle Orithyie, avait été enlevée par l'impétueux Borée.

L'ASOPE, torrent issu du Cithéron, se jette dans la mer d'Eubée. Fils de l'Océan et de Téthys, Asope, indigné de ce que Jupiter eût eu l'audace de séduire sa fille Égina, voulut faire la guerre à ce dieu. Il grossit ses eaux, déborda et alla désoler les campagnes voisines de son cours. Jupiter, s'étant changé en feu, mit à sec ce fleuve incommode.

Pélée, dans Homère, voue au fleuve Sperchius la chevelure d'Achille, son fils, si celui-ci a le bonheur de revenir dans sa patrie après la guerre de Troie.

Le PÉNÉE dont la source est au Pinde, et qui coule entre les monts Ossa et Olympe, arrose la vallée de Tempé si célébrée par les poètes pour ses ombrages et sa fraîcheur. Ces bords, si recherchés et appréciés des mortels, semblaient être aussi une contrée de prédilection pour les dieux. Les lauriers croissaient en abondance sur les rives de ce fleuve, et c'est là, disent les poètes, que Daphné fut changée en cet arbre depuis lors consacré à Apollon.

## Fleuves étrangers à la Grèce

Parmi les fleuves étrangers à la Grèce, les principaux qui ont place dans la Mythologie grecque et latine sont le Strymon en Macédoine, l'Hèbre en Thrace, le Phase de Colchide, le Caïque de Mysie, la Caystre de Lydie, le Sangaris de Phrygie, le Scamandre, le Xanthe et le Simoïs dans le Troade, le Pô ou Éridan et le Tibre en Italie.

Tous sont célèbres, mais n'offrent pas, au point de vue de la fable, le même intérêt.

Sur les bords du STRYMON, Orphée pleura Eurydice, et c'est dans les flots de l'HÈBRE que les bacchantes jetèrent la tête de ce poète divin. Téthys n'ayant pu rendre PHASE, prince de Colchide, sensible à son amour, le changea en fleuve qui porte son nom. Le CAYSTRE, qui voyait des milliers de cygnes s'ébattre sur ses bords, portait le nom d'un héros éphésien auquel on avait dressé des autels. Le SANGARIS était le père de cette nymphe, Sangaride, aimée d'Atys, laquelle lui fit oublier ses engagements avec Cybèle, et causa la mort de son amant.

Le SCAMANDRE passait près de l'antique ville de Troie : il sort du mont Ida et va se jeter dans la mer près du promontoire de Sigée. On attribue son origine à Hercule. Ce héros, se trouvant pressé par la soif, se mit à creuser la terre et fit jaillir la source de ce fleuve. Ses eaux avaient, dit-on, la propriété de rendre blonds les cheveux des femmes qui s'y baignaient. Le Scamandre avait un temple et des sacrificateurs. Il était tellement vénéré que toutes les jeunes filles de la Troade, la veille de leurs noces, allaient lui rendre hommage et se baigner dans ses eaux.

Le SIMOÏS était un affluent du XANTHE, deux autres cours d'eau célèbres dans *l'Iliade*. Ce fut sur les bords du Simoïs que Vénus donna le jour à Énée. Pendant le siège de Troie, ce fleuve sacré fit déborder ses eaux, afin de s'opposer avec le Scamandre aux entreprises des Grecs.

L'ÉRIDAN est appelé par Virgile le roi des fleuves, parce qu'il est le plus grand et le plus violent de tous les cours d'eau d'Italie. Il doit son nom au fils du Soleil, Éridan ou Phaéton, qui fut précipité dans ses eaux. C'est aujourd'hui le Pô. On le représente avec une tête de taureau et les cornes dorées. C'est sur ses bords que les Héliades, sœurs de Phaéton, firent éclater leur douleur et furent changées en peupliers.

Le TIBRE, fleuve qui baigne la ville de Rome, reçut aussi les honneurs de la divinité. Il s'appelait primitivement Albula, à cause de la blancheur de ses eaux. Tibérinus, roi d'Albe, se noya dans ce fleuve qui, depuis cet événement, changea de nom.

Il est personnifié sur les monuments et les médailles sous la figure d'un vieillard couronné de fleurs et de fruits, à demi couché ; il tient une corne d'abondance, et s'appuie sur une louve, auprès de laquelle sont Romulus et Rémus enfants.

Du Tibre et de Manto, la devineresse, naquit Bianor, surnommé *Œnus*, roi d'Étrurie. Il fonda la ville de Mantoue et lui donna le nom de sa mère. Du temps de Virgile, le tombeau de ce roi se voyait encore à quelque distance de Mantoue, sur la route de Rome.

## Les Fontaines

Les Fontaines, ainsi que les rivières, étaient en général filles de Téthys et de l'Océan. Elles se trouvaient placées sous la protection de nymphes et de génies avec lesquels on les identifiait. Celles dont les eaux passaient pour avoir une vertu curative ou salutaire étaient les plus vénérées. Aux jours de fêtes solennelles, à l'occasion d'une réjouissance publique, on les couvrait de feuillage et de verdure, on les entourait de fleurs et de guirlandes, on leur faisait des libations, elles recevaient en un mot tous les honneurs de la divinité.

Parmi elles il y en avait qui, par leur origine, différaient de toutes les autres fontaines. Pour des raisons particulières, les poètes se sont plu à les célébrer. De ce nombre étaient par exemple, en Grèce, Aganippe, Hippocrène, Castalie et Pyrène.

Aganippe, qui sort du pied de l'Hélicon, en Béotie, était fille du fleuve Permesse. Ses eaux avaient la vertu d'inspirer les poètes, et elle était consacrée aux Muses. Auprès d'elle, si près même qu'on la confond souvent avec elle, était Hippocrène, fontaine que le cheval ailé Pégase fit jaillir d'un coup de pied. Elle aussi était pour les poètes une source d'inspiration.

Mais la fontaine inspiratrice par excellence, celle que les Muses et Apollon préféraient entre toutes, c'était Castalie. Elle jaillissait au pied du Parnasse et n'avait pas toujours été une simple fontaine. Elle avait vécu, et parcouru sous la forme d'une gracieuse nymphe la vallée qu'elle baignait de son onde. Aimée d'Apollon, elle fut métamorphosée par ce dieu en source limpide et fraîche ; mais elle possédait la vertu chère aux poètes d'exciter l'enthousiasme et d'exalter l'imagination. Quiconque venait boire à ses eaux se sentait inspiré du génie poétique. Le murmure même de la source était inspirateur. La Pythie de Delphes éprouvait parfois le besoin de venir tremper ses lèvres dans l'eau de Castalie, avant d'aller rendre ses oracles et s'asseoir sur son trépied.

À l'entrée du Péloponnèse, les Muses avaient aussi leur fontaine favorite et qui leur était consacrée. Elle jaillissait au pied de la citadelle de Corinthe ou Acrocorinthe, et s'appelait la fontaine de Pyrène.

Sur l'origine de cette fontaine, les mytologues ne sont pas d'accord. Les uns rattachent sa légende à celle de Sisyphe ou d'Alope et de sa fille Égine enlevée par Jupiter. D'autres racontent que la nymphe Pyrène, inconsolable de la perte de Cenchrias ou Cenchrée, sa fille, tuée, par accident, d'un dard que Diane lançait à une bête sauvage, en versa tant de larmes, que les dieux, après sa mort, la changèrent en cette abondante source qui alimentait Corinthe.

On verra dans la fable de Bellérophon que les eaux fraîches de cette source avaient retenu Pégase sur ses bords, quand le héros s'empara de ce cheval ailé pour s'élever dans les airs et voler à ses exploits.

La vue d'une fontaine isolée, le bruit monotone de sa source portent naturellement à la mélancolie ; de là ces métamorphoses des grandes douleurs en fontaines. Ainsi Biblis de Milet, fille de la nymphe Cyanée et sœur de Caunus, ne pouvant se consoler de l'éloignement de son frère et le cherchant de toutes parts, finit par s'arrêter dans un bois où, à force de pleurer, elle fut changée en fontaine intarissable.

Les sources thermales avaient aussi leur fable. C'est ainsi que la nymphe Jouvence, métamorphosée en fontaine par Jupiter, avait la vertu de rajeunir ou d'arrêter la marche des années. Où était cette fontaine merveilleuse ? La fable ne le dit pas. Au Moyen-Âge on la faisait venir du Paradis terrestre, et on la plaçait dans les déserts d'Afrique. Au commencement du XVI^e^ siècle, deux explorateurs espagnols, la cherchant en Amérique, firent la découverte de la Floride.

## Les Eaux stagnantes

Les lacs, les étangs, les marais, objets d'un culte religieux, avaient leurs divinités tutélaires comme les fontaines et les cours d'eau. Non seulement l'imagination des poètes y plaçait des nymphes, des naïades dans leurs gouffres mystérieux ou parmi leurs roseaux, mais les peuples élevaient sur leurs bords des temples ou des sanctuaires consacrés aux divinités les plus puissantes.

Diane était honorée tout particulièrement sur les bords du lac Stymphale en Arcadie. Dans son temple se dressait une statue de bois doré, connue sous le nom de Stymphalie. Autour de l'image de cette déesse étaient rangées d'autres statues de marbre blanc qui représentaient sous la forme de jeunes filles les divers oiseaux du lac. Malheur aux habitants de la ville voisine, de Stymphale, s'ils venaient à négliger le culte de la déesse : les eaux du lac manifestaient aussitôt la colère de Diane, et ce n'était que par des prières et des sacrifices qu'on préservait la contrée des ravages de l'inondation.

Les peuples d'Italie regardaient comme des dieux tous les lacs et tous les fleuves de leur climat : ils adoraient le lac d'Albe, le lac Fucin, ceux d'Aricie et de Cutilie aussi religieusement que les fleuves Clitumne et Numique.

Parfois les lacs dissimulaient dans leur profondeur l'entrée de l'Enfer, tel le lac ou marais de Lerne en Argolide, ou le lac Averne en Italie.

« Les Argiens, dit Pausanias, prétendent que c'est par le lac de Lerne que Bacchus descendit aux Enfers pour en retirer sa mère, Sémélé. »

Le lac Averne était consacré à Pluton.

Ses eaux croupissantes et peut-être sulfureuses exhalaient des miasmes nauséabonds et délétères : les oiseaux qui volaient au-dessus y tombaient asphyxiés, ce qui lui a fait donner son nom (Rac. *a* privatif et *omis* oiseau). Il communiquait, croyait-on, avec les demeures infernales : sur ses bords était l'oracle des Ombres dont parle Homère, et qu'Ulysse vint consulter sur son retour.

Strabon raconte que ce lac était entouré d'arbres dont la cime inclinée formait une voûte impénétrable aux rayons de soleil. Il ajoute que, ces bois ayant été coupés par l'ordre d'Auguste, l'air se purifia. Il est certain que les oiseaux volent aujourd'hui sans danger sur les eaux de ce lac de Campanie.

## Les montagnes, les bois, les divinités champêtres

# Les Montagnes

Les Montagnes étaient filles de la Terre. On les regardait presque partout comme des lieux sacrés, souvent même on les adorait comme des divinités. Les anciennes médailles les figurent comme des génies dont chacun est caractérisé par quelque production du pays.

En Grèce, la chaîne du Pinde était tout entière consacrée à Mars et à Apollon, mais les poètes s'étudièrent à entourer de fables ou de légendes particulières les principaux sommets de cette montagne.

Ainsi, comme le mont Œta, en Thessalie, s'étend jusqu'à la mer Égée située à l'extrémité orientale de l'Europe, on prétendait que le soleil et les étoiles se levaient à côté de cette montagne, et que de là naissaient le jour et la nuit. Hesperus (*Vesper*) y était honoré. Le mont Œta rappelle la mort et le bûcher d'Hercule.

Le Parnasse, la plus haute montagne de la Phocide, a deux sommets fameux : l'un était consacré à Apollon et aux Muses, et l'autre à Bacchus. C'est entre ces deux sommets que sort la fontaine de Castalie. Ce fut sur cette montagne que Deucalion et Pyrrha se retirèrent du temps du déluge. Les anciens la croyaient placée au milieu de la terre : elle était du moins au milieu de la Grèce.

Le Cithéron, en Béotie, était consacré aux Muses et à Jupiter, mais c'était sur la montagne voisine, l'Hélicon, que les Muses recevaient le plus d'honneurs. Cette montagne, disait-on, leur avait été consacrée, dès l'époque la plus reculée et presque dès l'origine du monde, par les deux géants Aloïdes, Otus et Éphialte. On y voyait un temple dédié à ces déesses, la fontaine d'Hippocrène, la grotte des nymphes Libéthrides, souvent confondues ou identifiées avec les Muses elles-mêmes, le tombeau d'Orphée et les statues des principaux dieux, œuvres des artistes les plus habiles de la Grèce. On y remarquait aussi un bois sacré où, chaque année, les habitants de Thespies célébraient la double fête en l'honneur des Muses et de Cupidon.

L'Hymette, en Attique, est célèbre par l'excellence et l'abondance de son miel, et par le culte qu'on y rendait à Jupiter.

Le Cyllène, le Lycée et le Ménale en Arcadie, ainsi que le Taygète en Laconie, sont, à divers titres, célébrés par les poètes. Les deux premières de ces montagnes étaient consacrées à Jupiter et au dieu Pan, le Ménale à Apollon et le Taygète à Bacchus. Mais c'était aussi dans le cirque formé par les montagnes d'Arcadie que Diane aimait à se livrer au plaisir de la chasse, et son culte n'y était pas négligé. La fable raconte que c'est sur le mont Ménale que le héros Hercule poursuivit la biche aux pieds d'airain et aux cornes d'or ; par respect pour Diane à qui elle était consacrée, il s'abstint de la percer de ses flèches et la captura vivante au moment où elle allait traverser le Ladon.

En dehors de la Grèce, le mont Rhodope ou Hémus en Thrace est célèbre dans la Mythologie par le séjour d'Orphée. Hémus, fils de Borée et d'Orithyie d'Athènes et mari de Rhodope, était un roi de Thrace. Ce roi et cette reine, aspirant aux honneurs divins, voulurent se faire adorer sous les noms de Jupiter et de Junon. Cette folle prétention fut cause que les dieux indignés les changèrent l'un et l'autre en une seule montagne. C'est sur le sommet du Rhodope que les poètes placent le dieu Mars, lorsqu'il examine en quel endroit de la terre il exercera ses fureurs.

Le mont Niphate, entre le Pont-Euxin et la mer d'Hyrcanie, ou mer Caspienne, s'est appelé Caucase, du nom d'un berger tué par Saturne, à l'époque où, pour se dérober aux poursuites de Jupiter, il s'était réfugié sur cette montagne, après la guerre des Géants. C'est pour honorer et perpétuer la mémoire de ce berger que Jupiter voulut que la montagne prît son nom. Ce fut sur le Caucase que Prométhée fut enchaîné et déchiré par un aigle.

À l'autre extrémité du monde connu des anciens, s'élevait, vers l'ouest, le mont Atlas dont les sommets couverts de neige se perdent dans les nues, tandis que ses pieds se prolongent et pénètrent profondément dans l'Océan qui porte son nom.

Atlas.

Atlas, fils du Titan Japet et de l'Océanide Clymène, petit-fils d'Uranus et neveu de Saturne, prêta son concours aux Géants dans leur guerre contre Jupiter. En punition de cette complicité, le maître de l'Olympe, resté vainqueur, le changea en montagne, et le condamna à soutenir sur ses épaules la voûte du ciel.

D'après une autre fable, Atlas, propriétaire du jardin des Hespérides, averti par un oracle de se défier d'un fils de Jupiter, refusa l'hospitalité à Persée qui lui présenta la tête de Méduse et le changea en montagne.

On le représente comme un géant debout au milieu des eaux, supportant la sphère céleste, et gémissant sous un tel fardeau. Hercule un jour prit sa place, et lui permit de se reposer, mais depuis longtemps Hercule a quitté ce monde, et Atlas, le dos voûté, continue à endurer des fatigues séculaires sous le poids du ciel.

Au-dessus de sa tête il aperçoit parfois les Atlantides ses filles qui, sous le nom de Pléiades, se groupent et brillent parmi les étoiles. À ses pieds, du côté de la Mauritanie, il apercevait aussi les Hespérides, Églé, Aréthuse et Hypéréthuse, trois filles que lui donna Hespéris ou la Nuit, son épouse, issue d'Hespérus (*Vesper*). Ces trois sœurs avaient dans leur jardin les pommiers aux fruits d'or, arbres fameux placés sous la garde d'un dragon aux cent têtes. Ces pommes d'or, sur lesquelles le terrible dragon tenait les yeux sans cesse ouverts, avaient une vertu surprenante. Ce fut avec une d'elles que la Discorde brouilla les trois déesses, Junon, Vénus et Minerve ; ce fut avec le même fruit qu'Hippomène vainquit à la course l'invincible Atalante et obtint sa main en récompense de la victoire. Afin de retarder Atalante dans sa course, l'adroit

Hippomène lui jetait à quelque distance l'une de l'autre des pommes d'or qu'elle s'attardait à ramasser.

Les Hespérides avaient la voix charmante et le don de se dérober aux yeux par des métamorphoses soudaines. Hercule au cours de ses travaux cueillit les pommes d'or, et tua le dragon de leur merveilleux jardin.

La Mythologie, qui a consacré et déifié les montagnes, devait aussi réserver un culte aux volcans, et en particulier à l'Etna. Non seulement cette célèbre montagne de Sicile passait pour renfermer les forges de Vulcain et l'atelier des Cyclopes ; mais, persuadés qu'elle était en communication avec les divinités infernales, les peuples anciens se servaient de ses éruptions pour présager l'avenir. On jetait dans le cratère des objets d'or ou d'argent et même des victimes. Si le feu les dévorait, le présage était heureux, et, au contraire, il était funeste, si la lave venait à les rejeter.

## Les Oréades, les Napées

Du grec *oros*, « montagne », et *napos*, « vallon », sont formés les deux mots Oréades et Napées. Les Oréades, nymphes des montagnes, ne se plaisaient pas seulement à parcourir les cimes rocheuses et les pentes escarpées, elles se livraient aussi à la chasse. Elles sortaient de leurs grottes en troupes alertes et joyeuses pour lancer le cerf, poursuivre le sanglier et percer de leurs flèches les oiseaux de proie. Au signal de Diane, elles accouraient prendre part à ses exercices et lui former un brillant cortège.

Les Napées, nymphes moins hardies, mais aussi gracieuses et aussi belles, préféraient les pentes boisées des collines, les frais vallons, les vertes prairies. Elles sortaient parfois de leurs bocages pour venir assister aux ébats des Naïades, sur le bord des ruisseaux solitaires qui les charmaient par leur murmure et leur gazouillement.

## Les Bois

Les grands bois, autant que les mers, les lacs, les eaux courantes et profondes, inspirèrent aux premiers hommes une terreur religieuse : le mugissement ou le murmure du vent dans les grands arbres leur causait une émotion qui reportait leur pensée vers une puissance supérieure et divine. Ainsi les forêts, les bois ont été les premiers lieux destinés au culte de la divinité. C'était d'ailleurs dans les bois que les premiers hommes fixaient de préférence leur demeure, et il était naturel qu'ils fissent habiter les dieux là où ils habitaient eux-mêmes. Mais ils choisissaient les lieux les plus sombres pour l'exercice de leur religion. Il leur semblait que, dans le demi-jour, sous les ombrages presque impénétrables aux rayons du soleil, la divinité se rapprochait plus facilement d'eux, se communiquait plus librement, et prêtait plus d'attention à leurs prières. Dans la suite, lorsque, réunis en société, les hommes élevèrent des temples, l'architecture de ces édifices, par leurs hautes colonnes, leurs voûtes, leur demi-obscurité, rappelait encore la forêt des temps primitifs.

En souvenir de ces vieux âges, on plantait toujours, autant qu'il était possible, autour des temples et des sanctuaires, au moins quelques arbres aussi respectés que les temples mêmes. Souvent ces arbres étaient assez nombreux pour former tout un *bois sacré*. C'est dans ces bois qu'on se rassemblait aux jours de fête : on y faisait des repas publics, accompagnés de danses et de jeux. On y suspendait de riches offrandes. Les plus beaux arbres étaient ornés de festons et de bandelettes, comme les statues des dieux. Les bois sacrés étaient comme autant d'asiles où l'homme et les bêtes inoffensives mêmes avaient part à la protection de la divinité.

À Claros, île de la mer Égée, « il y avait, dit Élien, un bois consacré à Apollon, où n'entrait jamais de bête venimeuse. On voyait aux environs beaucoup de cerfs, qui, poursuivis par les chasseurs, se réfugiaient à l'intérieur du bois ; les chiens, repoussés par la force toute-puissante du dieu, aboyaient vainement, et n'osaient entrer, tandis que les cerfs paissaient sans plus rien craindre ».

À Épidaure, le temple d'Esculape était entouré d'un bois sacré de tous côtés ceint de grosses bornes. Dans cette enceinte on ne laissait mourir aucun des malades venus pour consulter le dieu.

Les forêts les plus vénérées de la Grèce étaient celle de Némée, en Argolide, où se célébraient, en l'honneur d'Hercule, les jeux néméens, et celle de Dodone, en Épire, où, par une faveur de Jupiter, les chênes rendaient des oracles.

## Les Dryades et Hamadryades

Du mot grec *drus*, « chêne », vient le nom de Dryades. C'étaient les nymphes protectrices des forêts et des bois. Robustes autant que fraîches et légères, elles pouvaient errer en liberté, former des chœurs de danse autour des chênes qui leur étaient consacrés et survivre aux arbres placés sous leur protection. Il ne leur était pas interdit de se marier. Ainsi Eurydice, femme d'Orphée, était une Dryade.

La croyance des peuples à l'existence réelle de ces divinités forestières les empêchait de détruire trop facilement les grands bois. Pour couper les arbres, il fallait d'abord consulter les ministres de la religion, et obtenir d'eux l'assurance que les Dryades les avaient abandonnés.

On représente ces nymphes sous la forme de femmes dont le corps, dans sa partie inférieure, se termine en une sorte d'arabesque, exprimant par ses contours allongés un tronc et les racines d'un arbre. La partie supérieure sans aucun voile est ombragée d'une abondante chevelure qui flotte sur les épaules au gré des vents. La tête porte une couronne de feuilles de chêne. Parfois on met une hache entre leurs mains, parce qu'on croyait que ces nymphes punissaient les outrages faits aux arbres dont elles avaient la garde.

Las Hamadryades étaient des nymphes dont le destin dépendait de certains arbres avec lesquels elles naissaient et mouraient, ce qui les distinguait des Dryades. C'était principalement avec les chênes qu'elles avaient cette union. Elles n'en étaient cependant pas absolument inséparables. Dans Homère, on les voit s'échapper des arbres où elles sont enfermées, afin d'aller sacrifier à Vénus dans les grottes avec les Satyres. Selon Sénèque, elles quittaient aussi leurs chênes pour entendre le chant du divin Orphée.

Reconnaissantes pour ceux qui les garantissaient de la mort, elles punissaient sévèrement ceux dont la main sacrilège osait attaquer les arbres, dont elles dépendaient. Témoin Érésichton, qui osa porter une hache criminelle dans une forêt consacrée à Cérès.

On verra plus loin comment la Famine se chargea de son châtiment.

Les Hamadryades n'étaient donc pas immortelles ; mais la durée de leur existence était au moins égale à la vie des arbres sous l'écorce desquels elles demeuraient.

Sous le nom de Méliades on désigne aussi les nymphes qui habitaient les bois ou bosquets de frênes. Ces divinités passaient pour étendre plus particulièrement leur protection sur les enfants qui, à cause de leur naissance furtive, étaient abandonnés ou quelquefois suspendus aux branches des arbres.

D'autres mythologues considèrent les Méliades ou Épimélides comme des nymphes auxquelles était spécialement dévolu le soin des troupeaux.

Leur mère, Mélie, fille de l'Océan, fut aimée d'Apollon dont elle eut aussi deux fils, Térénus et le devin Isménus.

## Épisode de **Narcisse** et de la nymphe **Écho**

Narcisse, fils de la nymphe Liriope et de Céphisse, fleuve de la Phocide, ayant méprisé la nymphe Écho, fut puni par la déesse Némésis. Le devin Tirésias avait prédit à ses parents qu'il vivrait tant qu'il ne se verrait pas. Un jour qu'il se promenait dans les bois, il s'arrêta au bord d'une fontaine où il aperçut son image. Il devint amoureux de sa ressemblance, et, ne se lassant pas de contempler son visage dans l'eau limpide, il se consuma d'amour au bord de cette fontaine. Insensiblement, il prit racine dans le gazon baigné par la source et toute sa personne se changea dans la fleur qui porte son nom.

D'autres racontent qu'il se laissa simplement mourir, refusant de boire et de manger, et que, après sa mort, son fol amour l'accompagna jusque dans les Enfers, où il se contemple encore dans les eaux du Styx.

Aux environs de Thespies, il y avait une fontaine devenue fameuse, disait-on, par cette aventure. Elle s'appelait fontaine de Narcisse.

Écho, fille de l'Air et de la Terre, nymphe de la suite de Junon, favorisait les infidélités de Jupiter, en amusant la déesse par de longues histoires, lorsque le maître de l'Olympe s'absentait pour vaquer à ses amours. Junon, s'étant aperçue de son artifice, la punit en la condamnant à ne plus parler sans qu'on l'interrogeât, et à ne répondre aux questions que par les derniers mots qu'on lui adresserait.

Éprise du jeune et beau Narcisse, elle s'attacha longtemps à ses pas, sans pourtant se laisser voir. Après avoir éprouvé les mépris de celui qu'elle aimait, elle se retira au fond des bois, et n'habita plus que les antres et les rochers. Là elle se consuma de douleur et de regrets. Insensiblement ses chairs s'amaigrirent, la peau s'attacha à ses os, ses os mêmes se pétrifièrent, et de la nymphe il ne resta plus que la voix. Partout elle écoute, nulle part elle n'est visible, et toujours, si elle entend quelques phrases, elle n'en répète que les derniers mots.

Selon quelques auteurs, Pan devint amoureux de la nymphe Écho, et en eut une fille appelée Syringe.

## Pan

Le dieu Pan, ainsi nommé, dit-on, du mot grec *pan*, « tout », était fils, suivant les uns, de Jupiter et de la nymphe Thymbris, suivant les autres, de Mercure et de la nymphe Pénélope. Selon d'autres traditions, il était fils de Jupiter et de la nymphe Calisto, ou peut-être de l'Air et d'une Néréide, ou enfin du Ciel et de la Terre. Toutes ces origines diverses trouvent une explication, non seulement dans le grand nombre de dieux portant ce nom, mais encore dans les attributions multiples que la croyance populaire prêtait à cette divinité. Son nom semblait indiquer l'étendue de sa puissance, et la secte des philosophes stoïciens identifiait ce dieu avec l'Univers ou du moins avec la nature intelligente, féconde et créatrice.

Mais l'opinion commune ne s'élevait pas à une conception si générale et si philosophique. Pour les peuples, le dieu Pan avait un caractère et une mission surtout agrestes. Si, dans les temps les plus reculés, il avait accompagné les dieux de l'Égypte dans leur expédition des Indes, s'il avait inventé l'ordre de bataille et la division des troupes en aile droite et en aile gauche, ce que les Grecs et les Latins appelaient les cornes d'une armée, si c'était même pour cette raison qu'on le représentait avec des cornes, symbole de sa force et de son invention, l'imagination populaire, de bonne heure ayant restreint et limité ses fonctions, l'avait placé dans les campagnes, près des pasteurs et des troupeaux.

Il était principalement honoré en Arcadie, pays de montagnes, où il rendait des oracles. On lui offrait en sacrifice du miel et du lait de chèvre. On célébrait en son honneur les Lupercales, fête qui, dans la suite, se répandit en Italie, où l'Arcadien Évandre avait porté le culte de Pan. On le représente ordinairement fort laid, les cheveux et la barbe négligés, avec des cornes, et le corps de bouc depuis la ceinture jusqu'en bas, enfin ne différant pas d'un faune ou d'un satyre. Il tient souvent une houlette, et une flûte à sept tuyaux qu'on appelle la flûte de Pan, parce que, dit-on, il en fut l'inventeur, grâce à la métamorphose de la nymphe Syrinx en roseaux du Ladon.

On le regardait aussi comme le dieu des chasseurs ; mais, quand il se livrait à la chasse, il était moins la terreur des bêtes fauves que celle des nymphes qu'il poursuivait de ses ardeurs amoureuses. Il est souvent aux aguets derrière les rochers et les buissons : la campagne pour lui n'a pas de mystères. C'est ainsi qu'il découvrit et put révéler à Jupiter le lieu où Cérès s'était cachée après l'enlèvement de Proserpine.

Pan a été souvent confondu dans la littérature latine avec Faunus et Sylvain. Plusieurs auteurs les ont considérés comme une même divinité sous ces différents noms. Les Lupercales mêmes étaient célébrées en leur triple honneur confondu. Cependant Pan est le seul des trois qui ait été allégorisé, et regardé comme le symbole de la Nature, suivant la signification de son nom. Aussi lui met-on des cornes, pour marquer, disent les mythologues, les rayons du soleil ; la vivacité de son teint exprime l'éclat du ciel ; la peau de chèvre étoilée qu'il porte sur l'estomac représente les étoiles du firmament ; enfin ses pieds et ses jambes hérissés de poils désignent la partie inférieure du monde, la terre, les arbres et les plantes.

Ses amours lui ont suscité des rivaux parfois redoutables. L'un d'eux, Borée, voulut lui enlever violemment la nymphe Pitys que la Terre, émue de compassion, changea en pin. Voilà pourquoi cet arbre, conservant encore, dit-on, les sentiments de la nymphe, couronne Pan de son feuillage, tandis que le souffle de Borée excite ses gémissements.

Pan est aimé aussi de Séléné, c'est-à-dire de la Lune, ou Diane, qui, pour venir le visiter dans les vallons et les grottes des montagnes, néglige le beau et éternel dormeur Endymion.

La fable du grand Pan donna lieu, sous le règne de Tibère, à un événement qui intéressa vivement la ville de Rome et mérite d'être raconté. Dans la mer Égée, dit Plutarque, le vaisseau du pilote Thamus étant un soir dans les parages de certaines îles, le vent cessa tout à fait. Tous les gens à bord étaient bien éveillés, la plupart même passaient le temps à boire les uns avec les autres, lorsqu'on entendit tout à coup une voix qui venait des îles et appelait Thamus. Thamus se laissa appeler deux fois sans répondre, mais à la troisième il répondit. La voix lui commanda que, quand il serait arrivé dans un certain lieu, il criât que le grand Pan était mort. Il n'y eut personne dans le navire qui ne fût saisi de frayeur et d'épouvante. On délibéra si Thamus devait obéir à la voix, et Thamus conclut que, quand ils seraient arrivés au lieu indiqué, s'il faisait assez de vent pour passer outre, il ne fallait rien dire ; mais que, si un calme les arrêtait là, il fallait s'acquitter de l'ordre qu'il avait reçu. Il ne manqua point d'être surpris d'un calme en cet endroit-là, et aussitôt il se mit à crier de toute sa force : « Le grand Pan est mort ! » À peine avait-il cessé de crier que l'on entendit de tous côtés des plaintes et des gémissements, comme d'un grand nombre de personnes surprises et affligées de cette nouvelle.

Tous ceux qui étaient sur le navire furent témoins de cette étrange aventure. Le bruit s'en répandit en peu de temps jusqu'à Rome. L'empereur Tibère voulut voir Thamus lui même ; il le vit, l'interrogea, assembla des savants pour apprendre d'eux qui était ce grand Pan, et il fut conclu que c'était le fils de Mercure et de Pénélope.

D'autres mythologues, interprétant ce fait, ont préféré y voir la mort de l'ancien monde romain et l'avènement d'une société nouvelle.

## Marsyas

Le satyre Marsyas, originaire de Célènes en Phrygie, était fils d'Hyagnis qui passe pour l'inventeur de l'harmonie phrygienne. À l'école et sous la direction d'un père qui composa des nomes ou cantiques pour la mère des dieux, Bacchus, Pan et les autres divinités de son pays, Marsyas ne tarda pas à exceller dans la musique ; et il cultiva son art avec une ardente passion. Il joignait à beaucoup d'esprit, de goût et d'industrie une sagesse et une vertu à toute épreuve.

Son génie parut surtout dans l'invention de la flûte où il sut rassembler tous les sons qui se trouvaient auparavant répartis entre les divers tuyaux du chalumeau ; et il partage avec son père l'honneur d'avoir, pour la première fois, mis en musique les hymnes consacrées aux dieux.

Attaché à Cybèle, il l'accompagna dans tous ses voyages qui les conduisirent l'un et l'autre à Nysa, où ils rencontrèrent Apollon. C'est là que, fier de ses nouvelles découvertes, Marsyas osa porter au dieu un défi qui fut accepté.

Ce ne fut pas sans peine qu'Apollon l'emporta sur son concurrent, et la cruauté avec laquelle il traita le vaincu fit voir combien il avait été surpris et indigné d'une si habile résistance. On a vu que l'infortuné satyre, trop confiant dans son savoir, fut attaché à un arbre et écorché vif. Mais on ajoute que, la chaleur de son ressentiment passée, Apollon, se repentant de sa barbarie, rompit les cordes de sa guitare ou de sa lyre, et la déposa avec les flûtes de Marsyas dans un antre de Bacchus auquel il consacra ses instruments.

Ce satyre fit école et eut des disciples nombreux. L'un de ceux-ci, le plus célèbre, fut Olympus ou Olympe, qui reçut aussi les leçons du dieu Pan.

Pan et Olympe.

Les représentations de Marsyas décoraient plusieurs édifices. On voyait dans la citadelle d'Athènes une statue de Minerve qui châtiait le satyre pour s'être approprié les flûtes que la déesse avait rejetées avec mépris. Pour les Grecs, la lyre avait sur la flûte une indiscutable supériorité.

Les villes libres avaient dans la place publique une statue de Marsyas, symbole de leur indépendance, à cause de la liaison intime de Marsyas, pris pour Silène, avec Bacchus surnommé *Liber* ; car les poètes et les peintres le représentent quelquefois avec des oreilles de faune ou de satyre et une queue de silène.

À Rome, il y avait dans le Forum une de ses statues, voisine d'un tribunal. Les avocats qui gagnaient leur cause avaient soin de la couronner pour le remercier du succès de leur éloquence, et le rendre favorable à leur déclamation, en sa qualité d'excellent joueur de flûte. On voyait aussi à Rome, dans le temple de la Concorde, un tableau représentant Marsyas garrotté, œuvre de Zeuxis.

Quelques poètes ont dit qu'Apollon, dans son repentir, métamorphosa en fleuve le corps de Marsyas. D'autres prétendent que les nymphes et les satyres, privés des accords de sa flûte, versèrent tant de larmes qu'elles formèrent le fleuve de Phrygie qui porte son nom.

## Priape

Priape était fils d'une nymphe appelée Naïas ou Chioné, ou, selon d'autres auteurs, de Vénus et de Bacchus qui avait été accueilli avec empressement par cette déesse, à son triomphant retour des Indes. Jalouse de Vénus, Junon s'efforça de nuire à Priape, et le fit naître avec une difformité extraordinaire. Aussitôt qu'il fut venu au monde, sa mère le fit élever loin d'elle, sur les bords de l'Hellespont, à Lampsaque où, par son libertinage et ses impudentes hardiesses, il devint un objet de terreur et de répulsion. Mais, une épidémie étant survenue, les habitants consternés crurent y voir une punition du peu d'égards qu'ils avaient eu pour le fils de Vénus ; ils le prièrent de rester parmi eux, et, dans la suite, il devint à Lampsaque l'objet de la vénération publique : de là le surnom, qui lui est donné par les poètes, de Lampsacène ou Hellespontique.

Priape est souvent pris, comme Pan, pour l'emblème de la fécondité de la nature. En Grèce, il était particulièrement honoré de ceux qui élevaient des troupeaux de chèvres ou de brebis, ou des ruches d'abeilles. À Rome, il était considéré comme un dieu protecteur des jardins. C'était lui, croyait-on, qui les gardait et les faisait fructifier. Mais il ne doit pas être confondu avec Vertumne.

On le représente le plus souvent en forme d'Hermès ou de Terme, c'est-à-dire en buste sur un socle, avec des cornes de bouc, des oreilles de chèvre, et une couronne de feuilles de vigne ou de laurier. Les anciens avaient coutume de barbouiller ses statues de cinabre ou minium. Quelquefois on place à côté de lui des instruments de jardinage, des paniers pour contenir les fruits, une faucille pour moissonner, une massue pour écarter les voleurs ou une verge pour faire peur aux oiseaux.

On voit aussi sur des monuments de Priape des têtes d'ânes, animaux que les habitants de Lampsaque offraient en sacrifice à ce dieu. Ovide prétend qu'on lui en sacrifiait, en mémoire de la nymphe Lotis qui, étant un jour poursuivie par ce dieu, lui échappa en se changeant en lotus.

Les artistes et les poètes sont dans l'usage de traiter Priape assez cavalièrement. Les uns le représentent parfois avec une crête de coq, une bourse dans la main droite, une clochette dans la main gauche ; les autres le menacent de le jeter au feu, s'il laisse enlever quelques pieds d'arbres confiés à sa garde. On le plaisante même sous prétexte qu'il se laisse insulter par des oiseaux que son aspect ne parvient pas à effaroucher.

On célébrait à Rome les Priapées ou fêtes de Priape. C'étaient surtout des femmes qui y prenaient part : beaucoup d'entre elles s'habillaient en bacchantes, ou en danseuses jouant de la flûte ou d'un autre instrument de musique. La victime offerte était un âne, et une prêtresse faisait la fonction de victimaire.

## Aristée

Aristée, fils d'Apollon et de Cyrène, fut élevé par les nymphes qui lui apprirent à cailler le lait, à cultiver les oliviers, et à élever des abeilles. Amant de la nymphe Eurydice, il fut cause de sa mort, en la poursuivant le jour de ses noces avec Orphée : comme elle fuyait devant lui, la malheureuse n'aperçut pas sous ses pieds un serpent caché dans les hautes herbes. La piqûre du serpent lui ôta la vie. Pour la venger, les nymphes, ses compagnes, firent périr toutes les abeilles d'Aristée. Sa mère Cyrène, dont il implora le secours afin de réparer cette perte, le mena consulter Protée, dont il apprit la cause de son infortune, et reçut ordre d'apaiser les mânes d'Eurydice par des sacrifices expiatoires. Docile à ses conseils, Aristée, ayant immolé sur-le-champ quatre jeunes taureaux et autant de génisses, en vit sortir une nuée d'abeilles qui lui permirent de reconstituer ses ruches.

Il épousa Autonoé, fille de Cadmus, dont il eut Actéon. Après la mort de ce fils déchiré par ses chiens, il se retira à Céos, île de la mer Égée, alors désolée par une peste qu'il fit cesser en offrant aux dieux des sacrifices ; de là, il passa en Sardaigne qu'il poliça le premier, ensuite en Sicile où il répandit les mêmes bienfaits, et enfin en Thrace où Bacchus l'initia aux orgies. Établi sur le mont Hémus qu'il avait choisi pour son séjour, il disparut tout à coup pour jamais. Les dieux le placèrent parmi les étoiles, et, selon certains auteurs, il est devenu le signe du Verseau.

Les Grecs l'honorèrent depuis comme un dieu, surtout en Sicile ; il fut une des grandes divinités champêtres, et les bergers lui rendaient un culte particulier.

Hérodote raconte qu'Aristée apparut à Cyzique, après sa mort, qu'il disparut une seconde fois, et, après trois cents ans, reparut encore à Métaponte. Là il enjoignit aux habitants de lui ériger une statue auprès de celle d'Apollon, injonction à laquelle ceux-ci se conformèrent après avoir consulté l'oracle. Aristée, suivant Plutarque, quittait et reprenait son âme à volonté, et, quand elle sortait de son corps, les assistants la voyaient sous la figure d'un cerf.

## Daphnis

Daphnis, berger de Sicile, fils de Mercure et d'une nymphe, apprit de Pan lui-même à chanter et à jouer de la flûte, et fut protégé des Muses qui lui inspirèrent l'amour de la poésie. Il fut le premier, dit-on, qui excella dans la poésie pastorale. Avant lui, les bergers menaient une vie sauvage ; il sut les civiliser, leur apprit à respecter et à honorer les dieux ; il propagea parmi eux le culte de Bacchus qu'il célébrait solennellement. Remarquable par sa beauté et sa sagesse, il était à la fois chéri des dieux et des hommes. À sa mort, les nymphes le pleurèrent, Pan et Apollon qui suivaient ses pas désertèrent les campagnes, la terre elle-même devint stérile ou se couvrit de ronces et d'épines.

Mais Daphnis fut admis dans l'Olympe, et, une fois reçu parmi les dieux, il prit sous sa protection les pasteurs et les troupeaux. La campagne changea d'aspect, elle se couvrit de verdure, de fleurs et de moissons. Dans les montagnes, on n'entendit plus que des cris d'allégresse et des chants joyeux. Les rochers, les bosquets retentissaient de ces mots : « Daphnis, oui, Daphnis est un dieu. »

Ce dieu champêtre avait ses temples, ses autels ; on lui faisait des libations comme à Bacchus et à Cérès, et, pour les habitants des campagnes, c'était presque un autre Apollon.

On dit que, non content de garder ses beaux troupeaux, il allait aussi à la chasse ; et tel était le charme que ce chasseur divin répandait autour de lui que, lorsqu'il mourut, ses chiens se laissèrent aussi mourir de douleur.

## Égipans, Satyres, Silènes

À côté des divinités champêtres, protectrices de la Nature, gardiennes vigilantes de la vie, des biens, des intérêts de l'homme, les poètes avaient imaginé une infinité d'êtres moins divins que fantastiques qui semblent n'avoir eu, dans la fable, d'autre rôle que celui de peupler, d'égayer et parfois de troubler les solitudes des montagnes et des bois. Les Égipans, dont le nom en grec signifie *chèvre-pan*, étaient de ce nombre. C'étaient de tout petits hommes velus avec des cornes et des pieds de chèvre. Les pâtres croyaient voir ces petits monstres humains bondir dans les rochers, sur le flanc des coteaux, et disparaître dans des cavités ou des grottes mystérieuses.

On raconte aussi que le premier Égipan était fils de Pan et de la nymphe Éga. Il inventa la trompette, faite d'une conque marine, et, pour cette raison il est représenté avec une queue de poisson. Il y avait, dit-on, en Libye, certains monstres auxquels on donnait aussi le même nom. Ces êtres hybrides avaient une tête de chèvre et une queue de poisson. C'est ainsi qu'on représente le *Capricorne*.

Les Satyres, éparpillés dans les campagnes, avaient avec l'Égipan une ressemblance frappante ; peut-être s'en distinguaient-ils par une taille moins raccourcie. Mais ils étaient, comme lui, fort velus, avec des cornes, des oreilles de chèvre, la queue, les cuisses et les jambes du même animal ; quelquefois on les représente avec la forme humaine, n'ayant de la chèvre que les pieds. Ces êtres étaient doués de toutes les malices et de toutes les passions : cachés derrière les arbres, ou couchés dans les vignobles et dans les herbes, ils surgissaient inopinément pour effrayer les nymphes et les poursuivre en riant de leur effroi.

Satyre jouant de la flûte.

On fait naître les premiers Satyres de Mercure et de la nymphe Iphtimé, ou bien de Bacchus et de la naïade Nicée qu'il avait enivrée, en changeant en vin l'eau d'une fontaine où elle buvait ordinairement.

Quelques poètes disent que primitivement les Satyres avaient la forme tout humaine. Ils gardaient Bacchus ; mais comme Bacchus, malgré tous ses gardes, se changeait tantôt en bouc, tantôt en jeune fille, Junon, irritée de toutes ces métamorphoses, donna aux Satyres des cornes, des oreilles et des pieds de chèvre.

Persuadés que les campagnes étaient remplies de ces divinités malicieuses et malfaisantes, les bergers et les bergères tremblaient pour leurs troupeaux et pour eux-mêmes : ce qui fit qu'on chercha à les apaiser par des sacrifices et par les offrandes des premiers fruits et des prémices des troupeaux.

On a vu que Silène, compagnon et précepteur de Bacchus, était un petit vieillard chauve, corpulent, au nez retroussé, au rire béat, à la démarche chancelante, et presque toujours en état d'ivresse. Il est vrai que quelques poètes, Virgile entre autres, songeant que Silène non seulement est vieux, mais que, dieu lui-même, il a suivi un dieu dans ses lointains voyages, lui prêtent une longue expérience et un profond savoir. Mais c'est la première conception surtout qui s'était établie dans l'opinion et la mémoire des peuples. Aussi donnèrent-ils les noms de Silènes aux Satyres lorsqu'ils étaient vieux. On supposait en effet que ces êtres aux appétits grossiers n'avaient sur leurs vieux jours d'autre plaisir que l'ivresse, et que c'était par là que se terminait leur existence. Les Silènes en effet étaient considérés comme mortels : aux environs de Pergame on montrait même un grand nombre de leurs tombeaux.

# Divinités de la campagne et de la ville particulières à Rome

## Faunes, Sylvains

Chez les Romains, les Faunes et les Sylvains étaient, à peu de différences près, ce qu'étaient les Égipans et les Satyres chez les Grecs. Dieux rustiques, on les représentait sous la même forme que les Satyres, mais sous des traits moins hideux, avec une figure plus joyeuse, et surtout avec moins de brutalité dans leurs amours. Le pin et l'olivier sauvage leur étaient consacrés.

Les Faunes passaient pour être fils ou descendants de Faunus, troisième roi d'Italie, lequel était, disait-on, fils de Picus ou de Mars, et petit-fils de Saturne. On les distingue des Sylvains par le genre de leurs occupations qui se rapprochent davantage de l'agriculture. Cependant les poètes prétendent qu'on entendait souvent la voix des Faunes dans l'épaisseur des bois. Quoique demi-dieux, ils n'étaient pas immortels, mais ne mouraient qu'après une très longue existence.

Sur les monuments on voit des Faunes qui ont toute la forme humaine, hors la queue et les oreilles ; quelques-uns paraissent avec un thyrse et un masque. Celui du palais Borghèse, ainsi désigné, est représenté jouant de la flûte.

Les Sylvains demeuraient de préférence dans les vergers et les bois. Leur père était, paraît-il, un fils de Faunus, peut-être était-il le même dieu que le Pan des Grecs. D'ordinaire le dieu Sylvain est représenté tenant une serpe, avec une couronne de lierre ou de pin, son arbre favori. Quelquefois la branche de pin qui forme sa couronne est remplacée par une de cyprès, à cause de sa tendresse pour le jeune Cyparisse qui, selon certains auteurs, fut métamorphosé en cyprès, ou parce qu'il a le premier appris à cultiver cet arbre en Italie.

Sylvain avait plusieurs temples à Rome, un en particulier sur le mont Aventin, et un autre dans la vallée du mont Viminal. Il en avait aussi sur le bord de la mer, d'où il était appelé *Littoralis*.

Ce dieu était l'épouvantail des enfants qui se plaisent à casser des branches d'arbres. On en faisait une sorte de croquemitaine qui ne laissait pas gâter ou briser impunément les choses confiées à sa garde.

## Vertumne

Vertumne, dont le nom signifie *tourner*, *changer*, était sans doute un roi d'Étrurie qui, à cause du soin qu'il avait pris des fruits et de la culture des jardins, obtint, après sa mort, les honneurs de la divinité. Ce qu'il y a de certain, c'est que son culte passa de chez les Étrusques à Rome où on le considérait comme le dieu des jardins et des vergers. Ses attributions différaient de celles de Priape : il veillait surtout à la fécondité de la terre, à la germination des plantes, à leur floraison et à la maturation des fruits.

Il avait le privilège de pouvoir changer de forme à son gré, et il eut recours à cet artifice pour se faire aimer de la nymphe Pomone qu'il choisit pour épouse. Ce couple heureux et immortel vieillit et se rajeunit périodiquement sans jamais mourir. Vertumne a donné sa foi à la nymphe et lui garde une inviolable fidélité.

Dans cette fable l'allégorie est transparente ; il est clair qu'il s'agit de l'année et de la succession ininterrompue des saisons. Ovide semble appuyer cette conception de Vertumne, puisqu'il dit que ce dieu prit successivement la figure d'un laboureur, d'un moissonneur, d'un vigneron, enfin d'une vieille femme, désignant ainsi le printemps l'été, l'automne et l'hiver.

Vertumne avait un temple à Rome, près du marché aux légumes et aux fruits dont il était le dieu tutélaire. Il était représenté sous la figure d'un jeune homme avec une couronne d'herbes de différentes espèces, tenant de la main gauche des fruits, et de la droite une corne d'abondance.

## Flore

Flore était une nymphe des îles Fortunées, situées, croyait-on, à l'occident de l'Afrique : les Grecs l'appelaient Chloris. Zéphyre l'aima, la ravit et en fit son épouse, la conservant dans l'éclat de la jeunesse et lui donnant l'empire des fleurs. Leur hymen se célébra au mois de mai, et les poètes, en décrivant les saisons, n'oublient pas de donner une place à ces deux époux dans le cortège du Printemps. Flore était adorée chez les Sabins qui transportèrent ce culte à Rome.

## Pomone

Pomone, nymphe d'une remarquable beauté, fut recherchée en mariage par tous les dieux champêtres. Elle donna la préférence à Vertumne, à cause de la conformité de leurs goûts. Aucune nymphe ne connaissait comme elle l'art de cultiver les jardins et surtout les arbres fruitiers. Son culte passa de chez les Étrusques à Rome où elle avait un temple et des autels.

On la représentait ordinairement assise sur un grand panier plein de fleurs et de fruits, tenant de la main gauche quelques pommes, et de la droite un rameau. Les poètes l'ont dépeinte couronnée de feuilles de vigne et de grappes de raisin, et tenant dans ses mains une corne d'abondance ou une corbeille remplie de fruits.

## Palès

Palès, quelquefois confondue avec Cérès ou même Cybèle, était la déesse des bergers, chez les Romains ; mais elle ne se bornait pas à prendre sous sa protection les troupeaux ; elle présidait généralement à l'économie rurale : les cultivateurs, aussi bien que les bergers, sont appelés par les poètes les *élèves*, les *favoris* de Palès.

La fête que les Romains célébraient tous les ans en l'honneur de cette déesse se nommait les *Palilies*. Elle avait lieu le 21 avril. C'était proprement la fête des bergers qui la solennisaient pour chasser les loups et les écarter de leurs troupeaux. Dès le matin de ce jour, le peuple procédait à sa purification avec différents parfums ; on purifiait aussi le bercail et les troupeaux avec de l'eau, du soufre, du pin, du laurier et du romarin dont la fumée se répandait dans la bergerie. Ensuite on faisait un sacrifice non sanglant à la déesse ; on lui offrait du lait, du vin cuit et du millet, puis suivait un festin. Ces cérémonies étaient accompagnées d'instruments de musique, tels que flûtes, cymbales et tambours. Les Palilies coïncidaient avec le jour anniversaire de la fondation de Rome par Romulus.

## Le dieu Terme

Le dieu Terme, de la famille des Faunes et des Sylvains, était le protecteur des bornes que l'on met dans les champs, et le vengeur des usurpations. C'était aussi un dieu exclusivement romain. Le culte de cette divinité avait été établi par Numa, après la répartition des terres entre les citoyens. Son petit temple s'élevait sur la roche Tarpéienne. Dans la suite, Tarquin le Superbe ayant voulu bâtir un temple à Jupiter sur le Capitole, il fallut déranger les statues et même les sanctuaires qui y étaient déjà. Tous les dieux cédèrent sans résistance la place qu'ils occupaient : le dieu Terme tint bon contre tous les efforts qu'on fit pour l'enlever, et il fallut le laisser en place. Ainsi il resta dans le temple même qu'on éleva en cet endroit. Le peuple romain crut voir dans ce fait une garantie de la durée éternelle de son empire ; de plus, il se persuada qu'il n'y a rien de plus sacré que les limites d'un champ.

Le dieu Terme fut d'abord représenté sous la figure d'une grosse pierre quadrangulaire ou d'une souche ; plus tard on lui donna une tête humaine placée sur une borne pyramidale ; mais il était toujours sans bras et sans pieds, afin, dit-on, qu'il ne pût changer de place.

Le jour de sa fête, on lui offrait du lait, du miel, des fruits, rarement de petites victimes ; ce jour-là aussi on ornait de guirlandes les bornes des champs et même des grands chemins.

## Janus

Janus est une divinité romaine sur l'origine de laquelle les mythologues ne sont pas d'accord. Les uns le font Scythe ; les autres, originaire du pays des Perrhèbes, peuple de Thessalie ; enfin, d'autres en font un fils d'Apollon et de Créuse, fille d'Érechtée, roi d'Athènes. Devenu grand, Janus, ayant équipé une flotte, aborda en Italie, y fit des conquêtes et bâtit une ville qu'il appela de son nom Janicule. Toutes ces origines sont obscures et confondues. Mais la légende le fait régner, dès les premiers âges, dans le Latium. Saturne, chassé du ciel, se réfugia dans ce pays, et fut accueilli par Janus qui même l'associa à sa royauté. Par reconnaissance, le dieu détrôné le doua d'une rare prudence qui rendait le passé et l'avenir toujours présents à ses yeux, ce qu'on a exprimé en le représentant avec deux visages tournés en sens contraires.

Le règne de Janus fut pacifique. C'est à ce titre qu'on le considéra comme le dieu de la paix. Le roi Numa lui fit bâtir à Rome un temple qui restait ouvert en temps de guerre, et qu'on fermait en temps de paix. Ce temple fut fermé une fois sous le règne de Numa ; la seconde fois après la deuxième guerre punique, et trois fois, à divers intervalles, sous le règne d'Auguste.

Ovide dit que Janus a un double visage parce qu'il exerce son pouvoir sur le ciel, sur la mer comme sur la terre ; il est aussi ancien que le monde ; tout s'ouvre ou se ferme à sa volonté. Lui seul gouverne la vaste étendue de l'univers. Il préside aux portes du ciel, et les garde de concert avec les Heures. Il observe en même temps l'orient et l'occident.

On le représente tenant d'une main une clé, et de l'autre une verge, pour marquer qu'il est le gardien des portes (*januæ*) et qu'il préside aux chemins. Ses statues marquent souvent de la main droite le nombre de trois cents, et de la gauche celui de soixante-cinq, pour exprimer la mesure de l'année. Il était invoqué le premier lorsqu'on faisait un sacrifice à quelque autre dieu.

Il y avait à Rome plusieurs temples de Janus, les uns de Janus Rifrons, les autres de Janus Quadrifrons. Au-delà de la porte du Janicule on avait élevé, en dehors des murs de Rome, douze autels à Janus, par rapport aux douze mois de l'année.

Sur le revers de ses médailles on voyait un navire ou simplement une proue, en mémoire de l'arrivée de Saturne en Italie sur un vaisseau.

Le mois de janvier (*januarius*), auquel le roi Numa donna son nom, lui était consacré.

## Postérité de Janus

Les Latins donnaient à Saturne un fils né dans le Latium, Picus, époux de la belle Canente, fille de Janus. Par ce mariage furent réunies deux familles de dieux aborigènes. Picus, amateur de chevaux, s'occupa surtout des pâturages ; et, malgré sa métamorphose en pivert, il garda toujours dans l'opinion des villageois l'importance et le prestige d'une divinité agreste.

Son fils Faunus se consacra plus particulièrement à la viticulture avec Fauna, sa femme, qui, malgré son intempérance, fut placée comme lui au rang des immortels.

À ces divinités, objets de vénération dans les campagnes, on sacrifiait parfois une brebis, un chevreau ; mais le plus souvent on se contentait de leur offrir un peu d'encens, du lait et du miel.

On peut rapprocher de ce culte celui de Picumnus et de Pilumnus, deux frères, fils de Jupiter et de la nymphe Garamantide. L'un, surnommé Sterquilinius, avait imaginé de fumer les terres ; l'autre avait inventé l'art de moudre le blé. Les meuniers tenaient celui-ci en haute vénération.

## Juturne

Juturne, déesse des Romains, était particulièrement révérée des jeunes filles et des femmes ; des unes pour obtenir d'elle un prompt mariage, des autres pour échapper aux angoisses et aux douleurs de la maternité.

Juturne, disait-on, était d'une rare beauté ; elle fut aimée de Jupiter qui en fit une nymphe immortelle et la changea en fontaine intarissable. Cette source était près de Rome, et l'on se servait de ses eaux dans les sacrifices, surtout ceux de Vesta pour lesquels il était défendu d'en employer d'autres : on l'appelait *source virginale*.

## Carmenta

Carmenta, divinité romaine, et en même temps prophétesse d'Arcadie, eut de Mercure Évandre avec lequel elle passa en Italie où Faunus, roi du Latium, les accueillit favorablement. Après sa mort, elle fut admise parmi les dieux Indigètes de Rome. Elle avait un autel près de la porte Carmentale, et un temple dans la ville. On la représente sous les traits d'une jeune fille dont les cheveux, qui frisent naturellement, retombent par anneaux sur les épaules ; elle porte une couronne de fèves, et près d'elle se trouve une harpe, symbole de son caractère prophétique.

## Les dieux de la patrie, de la famille, de la vie humaine

### Dieux autochtones ou indigètes

Chez les peuples de l'Antiquité, certaines familles, certaines peuplades se considéraient comme issues du sol même, et, à ce titre, s'attribuaient une sorte de supériorité parmi toutes les autres. Des nations tout entières avaient même cette prétention parmi les peuples. Ainsi les Égyptiens s'appelaient « la race par excellence », c'est-à-dire les « hommes vraiment hommes » et enfants de la terre fécondée par le divin fleuve du Nil. En Grèce, on comptait aussi des autochtones, c'est-à-dire des habitants non venus d'ailleurs, mais descendants de ces familles originairement, à une époque préhistorique, sorties du sol national ; l'Italie enfin avait également ses indigènes, selon la tradition.

Le monde divin étant constitué ou imaginé d'après la société humaine prise pour modèle, on ne saurait s'étonner de trouver en Grèce des dieux *Autochtones* ni, non plus, des dieux *Indigètes* en Italie.

Ces dieux étaient invoqués sous la dénomination de « dieux des pères ou de la patrie ». Telle était Minerve à Athènes ; tels étaient surtout, à Rome, Picus, Faunus, Vesta, Romulus.

## Les Cabires

Dans certaines îles de la Grèce, le culte des divinités archaïques, antérieures à la religion nationale, s'était perpétué et maintenu, pendant de longs siècles, à côté du culte pour ainsi dire officiel. Jusqu'à la conquête de la Grèce, et même jusqu'aux derniers jours de la République romaine, ces divinités préhistoriques avaient encore, sinon des ministres, du moins un certain nombre de fidèles adorateurs.

L'initiation aux mystères de ces divinités, les plus anciennes du monde mythologique, était une faveur toujours recherchée. La suprématie des dieux de l'Olympe n'avait altéré ni le souvenir de ces puissances mystérieuses ni le sentiment de leur grandeur.

Dans cette classe on doit ranger les Cabires de Samothrace, les Telchines de Rhodes, les Dactyles, les Curètes, les Corybantes de Crète. Il est bien difficile, sinon impossible, de donner des détails précis sur l'origine, le caractère et le culte de ces dieux. Les auteurs ne sont pas d'accord entre eux sur tous ces points. Du reste les initiés aux mystères étant astreints à garder un silence absolu sur leurs croyances et leurs pratiques religieuses, on conçoit qu'il ne s'est commis que de rares indiscrétions. Dans l'Antiquité même, on en était réduit sur ce sujet à de simples conjectures.

Les Cabires étaient fils de Vulcain : c'était là l'opinion la plus générale, bien que quelques auteurs les disent fils de Jupiter ou de Proserpine. Ils exploitaient les mines de fer, et en particulier celles de Samothrace, mais travaillaient tous les métaux. Peut-être leur culte était-il venu d'Égypte, puisque, à Memphis, ils avaient un temple ; cependant on le fait venir plutôt de Phrygie. En Samothrace, ils établirent ces mystères fameux dont la connaissance était l'objet des vœux de quiconque s'était distingué par son courage et ses vertus. Cadmus, Orphée, Hercule, Castor, Pollux, Ulysse, Agamemnon, Énée, si l'on on croit la fable, s'y firent initier ; du moins, dans les temps historiques, Philippe, père d'Alexandre, aspira et parvint à l'honneur de cette initiation.

Les Pélasges, à l'époque de leur migration en Grèce, apportèrent ces fêtes mystérieuses à Athènes. Lycus, sorti de cette dernière ville, et devenu plus tard roi de Messénie, les établit à Thèbes ; ses successeurs les firent célébrer dans leurs États.

Énée fit connaître à l'Italie le culte des Cabires ; Albe le reçut, et Rome éleva dans le Cirque trois autels à ces dieux qu'on invoquait dans les infortunes domestiques, dans les tempêtes et surtout dans les funérailles, sans jamais les désigner par leur propre nom. On les appelait seulement d'un terme général : « Dieux puissants ou Dieux associés ». Quelques auteurs ont prétendu, mais sans preuve, que c'étaient Pluton, Proserpine et Mercure, divinités infernales ou présidant à la mort. Le culte des Cabires étant bien antérieur à celui de ces dieux, on ne doit retenir de cette supposition que le caractère funèbre de ces puissances mystérieuses et divines. Dans les initiations, le postulant était soumis à des épreuves effrayantes mais non dangereuses ; puis on le revêtait d'habits magnifiques, on le faisait asseoir sur un trône éclairé de mille lumières ; on lui mettait sur le front une couronne d'olivier, une ceinture de pourpre autour des reins, et les autres initiés exécutaient des danses symboliques sous ses yeux.

D'autres auteurs ont prétendu que les Cabires, à l'origine, n'étaient que d'habiles magiciens qui se chargeaient d'expier les crimes des hommes au moyen de certaines formalités ou cérémonies. Ils voyaient venir à eux les grands coupables, et les renvoyaient absous et rassurés. Ces Cabires morts, on en aurait fait des dieux, et leurs cérémonies d'expiation seraient devenues le fond de leurs mystères.

Sur une médaille de Trajan un dieu Cabire est représenté : il a la tête couverte d'un bonnet qui se termine en pointe ; d'une main il tient une branche de cyprès, et de l'autre une équerre. Il porte un manteau déployé sur ses épaules, et il est chaussé du cothurne.

À Thèbes, à Lemnos, et surtout à Samothrace, les Cabiries, ou fêtes solennelles en l'honneur des Cabires, se célébraient la nuit.

## Les Telchines

Les Telchines, fils du Soleil et de Minerve, habitèrent longtemps l'île de Rhodes. Comme les Cabires, avec lesquels ils ont plus d'un trait de ressemblance, ils se livraient à la métallurgie et à la magie. On prétendait que ces magiciens, en arrosant la terre avec de l'eau du Styx, la frappaient de stérilité et provoquaient la peste. Pour cette raison, les Grecs les nommaient *Destructeurs*. Ovide raconte qu'à la fin Jupiter les ensevelit sous les flots, et les changea en rochers. Ils n'en étaient pas moins honorés dans l'île de Rhodes où leur culte, d'un caractère mystérieux, devint célèbre.

Les Dactyles idéens, c'est-à-dire du mont Ida en Crète, avaient, dit-on, enseigné les cérémonies théurgiques des mystères à Orphée qui les porta en Grèce, ainsi que l'usage du fer. Comme les Telchines, ils étaient fils du Soleil et de Minerve selon les uns, de Saturne et d'Alciope selon d'autres. On les dit même fils de Jupiter et de la nymphe Ida, parce que, ce dieu ayant ordonné à ses nourrices de jeter derrière elles un peu de poussière prise de la montagne, il en résulta les Dactyles. C'étaient des hommes industrieux ; en qualité de prêtres, ils offraient à Rhéa ou la Terre des sacrifices dans lesquels ils portaient des couronnes de chêne. Après leur mort, ils furent honorés comme des dieux protecteurs ou dieux Lares. On les appelait les *Doigts* du mont Ida, parce que sans doute ils avaient leurs forges dans cette montagne.

## Corybantes, Curètes, Galles

Les Corybantes et les Curètes, issus de la Phrygie, établirent et pratiquèrent en Crète le culte de Cybèle. Ayant concouru à sauver Jupiter de la gloutonnerie de Saturne et à l'élever, ils reçurent les honneurs divins.

Ils avaient même une sorte de suprématie sur les Dactyles et autres divinités secondaires de la Crète. Eux aussi étaient considérés comme des puissances tutélaires.

Leurs successeurs qu'on appelait, comme eux, Corybantes, Curètes, Galles, étaient les prêtres spécialement chargés du culte de Cybèle. Ils s'abstenaient de manger du pain, solennisaient leurs fêtes avec un grand tumulte et des danses frénétiques ; au son de la flûte, au bruit des tambours, ils tombaient dans un délire que l'on considérait comme prophétique ou inspiré.

## Les dieux Pénates

Les peuples, dans leurs migrations, n'oubliaient pas d'apporter avec eux, non seulement le culte de leur pays d'origine, mais surtout les statues antiques, vénérées par leurs ancêtres. Ces idoles devenaient une sorte de talisman dans les nouveaux États ou les nouvelles cités, et c'est ce qu'on appelait les dieux Pénates. Les petites bourgades, les simples hameaux, les humbles maisons avaient les leurs, comme les grandes villes et les vastes États. Troie eut son Palladium, statue de Minerve, protectrice et gardienne de ses destinées ; Rome eut ses Pénates.

Le culte de ces dieux est originaire de Phrygie et de Samothrace. Tarquin l'Ancien, instruit dans la religion des Cabires, éleva un temple unique à trois divinités samothraciennes qui plus tard s'appelèrent les Pénates des Romains.

Les familles se choisissaient librement leurs Pénates, parmi les grands dieux ou les grands hommes déifiés.

Ces dieux, qu'il importe de ne pas confondre avec les dieux Lares, se transmettaient comme un héritage, de père en fils. Dans chaque habitation, on leur réservait une place, au moins un réduit, souvent un autel et parfois un sanctuaire.

## Les dieux Lares

En général, tous les dieux qui étaient choisis pour patrons et protecteurs d'un lieu public ou particulier, tous les dieux dont les États, les cités, les maisons éprouvaient la protection, en quelque genre que ce fût, étaient appelés Lares. On distinguait donc plusieurs sortes de dieux Lares, outre ceux des maisons qu'on appelait domestiques ou familiers. Ceux-ci, gardiens de la famille, avaient leurs statues en petit modèle auprès du foyer ; on en prenait un soin extrême ; à certains jours on les entourait de fleurs, on leur mettait des couronnes et on leur adressait de fréquentes prières. Cependant il arrivait quelquefois qu'on perdait tout respect à leur égard, comme, par exemple, à la mort de quelques personnes chères : alors on les accusait de n'avoir pas veillé à leur conservation, de s'être laissé surprendre par les génies malfaisants.

Les Lares publics présidaient aux édifices, aux carrefours, aux places de la ville, aux chemins, aux champs : ils étaient même chargés d'éloigner les ennemis. À Rome, les Lares avaient leur temple dans le Champ-de-Mars. Janus, Apollon, Diane, Mercure étaient réputés dieux Lares des Romains. Le culte des dieux Lares est venu, paraît-il, de ce que l'on avait coutume primitivement d'enterrer les corps dans les maisons. Le peuple crédule s'imagina que leurs âmes y demeuraient aussi, et il les honora bientôt comme des génies favorables et propices. Plus tard, quand la coutume se fut introduite d'enterrer les morts le long des grands chemins, on regarda aussi les Lares comme dieux protecteurs des routes.

Il convient d'ajouter que les Lares ne pouvaient être que les âmes des bons ; on donnait le nom de Lémures aux âmes des méchants. Les Lémures, génies malfaisants et inquiets, apparaissaient, disait-on, sous la forme de fantômes, et se faisaient un malin plaisir d'effrayer et de tourmenter les vivants. On les appelait aussi Larves.

## Les Génies

Outre les divinités tutélaires, désignées par les noms de Pénates et de Lares, les empires, les provinces, les villes, les campagnes, tous les lieux en un mot avaient leur génie protecteur, et chaque homme avait le sien. Chacun, le jour anniversaire de sa naissance, sacrifiait à son génie. On lui offrait du vin, des fleurs, de l'encens ; mais on n'égorgeait pas de victime dans ces sortes de sacrifices.

Les Lares et les Pénates étaient des divinités spécialement honorées par les Romains, bien que les Grecs invoquent souvent aussi les dieux du foyer domestique. Mais ces deux peuples croyaient également aux Génies, aux bons qui protègent et portent au bien, ainsi qu'aux mauvais qui nuisent et portent au mal.

Le bon Génie est représenté sous la figure d'un beau jeune homme, couronné de fleurs ou d'épis de blé ; le mauvais Génie sous les traits d'un vieillard à la barbe longue, aux cheveux courts, et portant sur la main un hibou, oiseau de mauvais augure.

## La Fortune

Une autre divinité qui préside à tous les événements, à la vie des hommes et à celle des peuples, c'est la Fortune. Elle distribue les biens et les maux suivant son caprice. Les poètes se sont plu à la dépeindre chauve, aveugle, debout, avec des ailes aux deux pieds, l'un sur une roue qui tourne, et l'autre en l'air. On l'a représentée encore avec un soleil et un croissant sur la tête parce qu'elle préside, comme ces deux astres, à tout ce qui se passe sur la terre. On lui a donné parfois un gouvernail pour exprimer l'empire du hasard. Elle est suivie de la Puissance et de Plutus, dieu aveugle de la Richesse, mais aussi de la Servitude et de la Pauvreté.

La déesse Fortune avait un temple à Antium. Beaucoup de médailles la montrent avec des attributs divers et appropriés aux surnoms qu'on lui donne, tels que Fortune dorée, permanente, complaisante, victorieuse. À Égine, elle avait une statue tenant dans ses mains une corne d'abondance ; auprès d'elle était un Cupidon ailé.

La Mauvaise Fortune est exprimée sous la figure d'une femme exposée sur un navire sans mât et sans gouvernail, et dont les voiles sont déchirées par la violence des vents.

Tous les efforts, tous les vœux, toutes les prières de l'homme ne tendaient qu'à conjurer les traits de la Fortune ; et, dans chaque condition, chaque circonstance de la vie, il trouve près de lui quelque divinité qui se fait son auxiliaire.

Au moment où sa mère le met au monde, elle est assistée et secourue par Junon ou sa fille Ilithyie, la *belle fileuse*. Il grandit, se développe, mais il lui faut de la santé. C'est d'abord Esculape et ensuite Hygiée qui la lui procureront.

## **Esculape,** en grec **Asclépios**

Esculape, fils d'Apollon et de Coronis, fille unique de Phlégyas, roi de Béotie, naquit sur le mont Titthion, du côté d'Épidaure, dans le Péloponnèse. Comme le mot *coronis* en grec veut dire *corneille*, on publia qu'Esculape était né d'un œuf de cet oiseau, sous la figure d'un serpent. On ajoute que Phlégyas, irrité contre Apollon qui avait rendu sa fille mère d'Esculape, mit le feu au temple de Delphes et qu'il en est éternellement puni dans la Tartare où un gros rocher, suspendu au-dessus de sa tête, menace à chaque instant de l'écraser dans sa chute.

Selon d'autres, Coronis fut tuée par Diane, ou par Apollon dans un accès de jalousie, et son corps était déjà placé sur le bûcher funèbre quand Mercure ou Apollon lui-même vint mettre Esculape au jour. L'enfant, confié d'abord à une nourrice nommée Trygone, passa bientôt à l'école du centaure Chiron où il fit des progrès rapides dans la connaissance des simples et dans la composition des remèdes ; il pratiqua avec tant d'habileté et de succès l'art de guérir les blessures et les maladies qu'il fut considéré comme le dieu de la chirurgie et de la médecine.

Il accompagna Hercule et Jason dans l'expédition de la Colchide, et rendit de grands services aux Argonautes. Peu content de guérir les malades, il ressuscita même les morts. On a vu, dans la fable d'Apollon, comment fut punie cette témérité. Esculape semblant usurper ainsi les droits de la divinité suprême, maîtresse de la vie des hommes, Jupiter d'un coup de foudre l'extermina. Mais, après sa mort, on ne laissa pas de lui rendre les honneurs divins.

Certain auteur prétend qu'il formait dans le ciel la constellation qu'on appelait *le Serpentaire*. Suivant Pausanias, ses descendants régnèrent dans une partie de la Messénie, et ce fut de là que Machaon et Podalire, ses deux fils, partirent pour la guerre de Troie.

Son culte fut établi d'abord à Épidaure, lieu de sa naissance ; de là il se répandit bientôt dans toute la Grèce. On l'honorait à Épidaure sous la forme d'un serpent.

Une statue d'or et d'ivoire, ouvrage de Trasymède de Paros, le représentait sous la figure d'un homme assis sur un trône, ayant un bâton d'une main, et appuyant l'autre sur la tête d'un serpent, avec un chien couché près de lui.

Le coq, le serpent, la tortue, symboles de la vigilance et de la prudence nécessaires aux médecins, lui étaient spécialement consacrés. On nourrissait des couleuvres privées dans le temple d'Épidaure, et l'on prétendait même que c'était sous cette figure qu'il se

Esculape et Hygiée.

laissait voir ; du moins les Romains crurent qu'il était venu chez eux sous cette forme, lorsqu'ils envoyèrent une ambassade à Épidaure pour implorer la protection du dieu contre la peste qui désolait leur ville.

Athènes et Rome célébraient solennellement les fêtes appelées Épidauries ou Esculapies en l'honneur de ce dieu. Dans ses statues, Esculape est le plus souvent représenté sous les traits d'un homme grave, avec de la barbe, et portant une couronne de laurier ; il tient d'une main une patère, de l'autre un bâton entortillé d'un serpent.

Tout n'est que prodige dans cette fable. Si, par exemple, Apollon perça de ses flèches la mère d'Esculape, c'est que le corbeau avait faussement incriminé Coronis d'avoir d'autres amours. Bientôt le dieu se reprocha d'avoir prêté l'oreille à cette calomnie, et se vengea du corbeau en changeant en noir son plumage blanc jusqu'alors.

## Hygiée

Hygiée, nom qui en grec signifie santé, appartenait doublement à la famille d'Apollon, et par son père Esculape, et par sa mère Lampétie, fille d'Apollon et de Clymène.

Les Grecs l'honoraient comme une déesse puissante, chargée de veiller sur la santé des êtres vivants. Non seulement les hommes, mais tous les animaux étaient l'objet de ses soins attentifs et de ses salutaires inspirations. C'est elle qui suggérait mystérieusement aux uns et aux autres le choix des aliments nécessaires à leur existence, les remèdes appropriés à leurs maux ; elle personnifiait en quelque sorte l'instinct de la vie, et, en soutenant les forces des mortels, en prévenant même la maladie, évitait à son père la peine d'intervenir continuellement par sa science toute-puissante, afin d'alléger ou de guérir la douleur.

Dans un temple d'Esculape, à Sicyone, elle avait une statue couverte d'un voile, à laquelle les femmes de cette ville dédiaient leur chevelure. D'anciens monuments la représentent couronnée de laurier, et tenant un sceptre de la main droite, comme reine de la médecine. Sur son sein est un dragon à plusieurs replis, qui avance la tête pour boire dans une coupe qu'elle tient de la main gauche.

## **Hymen** ou **Hyménée**

Le dieu Hymen ou Hyménée, fils de Bacchus et de Vénus, présidait au mariage. Certains poètes le font naître de la muse Uranie, d'autres de la muse Calliope et d'Apollon. Quelle que soit sa généalogie, ce dieu joue un grand rôle dans la vie humaine, et son culte était partout en honneur. Les Athéniens l'invoquaient toujours dans les cérémonies du mariage, et, dans des fêtes solennelles, ils l'appelaient par un chant de triomphe : « Hyménée, Hymen ! ô Hymen, Hyménée ! »

On le représentait sous la figure d'un jeune homme blond couronné de fleurs, surtout de marjolaine, tenant de la main droite un flambeau, et de la gauche un voile de couleur jaune, cette couleur étant même, à Rome, particulièrement affectée aux noces. Ainsi, dans les mariages romains, le voile de la jeune épousée était d'un jaune éclatant. Parfois ce dieu, couronné de roses, porte un vêtement blanc et brodé de fleurs ; certains mythologues lui donnent un anneau d'or, un joug et des entraves aux pieds, allégorie rendue plus transparente encore par deux flambeaux qui n'ont qu'une même flamme et que l'on place dans ses mains ou auprès de lui.

## **Comus** et **Momus**

Comus, dieu de la joie et de la bonne chère, présidait aux festins, aux danses nocturnes, au libertinage. On le représentait jeune, ayant de l'embonpoint, la face illuminée par le vin, la tête couronnée de roses, tenant un flambeau de la main droite et s'appuyant de la gauche sur un pieu. Il était assez souvent accompagné de Momus, dieu de la raillerie, des malicieuses critiques et des bons mots. Ce dieu est représenté levant son masque, et tenant à la main une marotte, symbole de la folie.

## Morphée

Si, après ses travaux auxquels les grands dieux président, l'homme voulait se livrer au repos, Morphée, fils du Sommeil et de la Nuit, une plante de pavot à la main, arrivait porté sur ses ailes de papillon : il le touchait à peine de la tige de cette plante et cela suffisait pour l'endormir.

Le Sommeil, père des Songes et frère de la Mort, avait sa demeure paisible dans l'île de Lemnos, selon Homère, ou, selon Ovide, dans le pays des Cimmériens. Ce dieu qui se glisse si mystérieusement dans notre être, nous faisant oublier nos chagrins, nos fatigues, et réparant nos forces, reposait lui-même, sous les traits d'un enfant ou d'un éphèbe, au fond d'une grotte silencieuse et impénétrable à la lumière du jour. D'une main il tenait une dent, de l'autre une corne d'abondance ; et les Songes, ses enfants, dormaient dispersés çà et là sur des pavots autour de son lit.

Nuit et jour, la vie humaine tout entière se passait donc dans la société et sous les regards des dieux. Après la mort, on se retrouvait aux Enfers parmi d'autres divinités.

## Le monde infernal

### Les Enfers

Dans la mythologie grecque et romaine, les Enfers sont les lieux souterrains où descendent les âmes après la mort pour y être jugées, et recevoir le châtiment de leurs fautes ou la récompense de leurs bonnes actions. « Toutes les routes conduisent aux Enfers », a dit un poète de l'Antiquité, c'est-à-dire à la mort et au jugement qui doit la suivre. Ces lieux souterrains, situés à une profondeur incommensurable au-dessous de la Grèce et de l'Italie, s'étendaient jusqu'aux extrêmes confins du monde alors connu ; et, de même que la Terre était entourée par le fleuve Océan, ils étaient circonscrits et bornés par le royaume de la Nuit. Leur entrée, pour les Grecs, se trouvait dans les antres voisins du cap Ténare, au sud du Péloponnèse ; les Romains en supposaient d'autres plus rapprochés d'eux : par exemple, les gouffres du lac Averne, les grottes voisines de Cumes. Au reste, en Grèce ainsi qu'en Italie, il était admis et convenu que toutes les cavernes, toutes les anfractuosités, les crevasses du sol, dont personne n'avait sondé la profondeur, pouvaient être en communication avec les Enfers.

Il serait superflu autant que puéril de tenter une description de cet empire souterrain où l'imagination des poètes, aidée de la crédulité des peuples, s'est plu à introduire des particularités divergentes et souvent contradictoires. Cependant il est possible de se faire une idée générale de la carte géographique des Enfers telle que l'Antiquité l'imaginait dans son ensemble. On y distinguait quatre régions principales.

La première, la plus voisine de la terre, était l'Érèbe ; au-delà se trouvait l'Enfer des méchants ; dans la troisième région était le Tartare, et la quatrième comprenait les Champs-Élysées.

Dans l'Érèbe on voyait le palais de la Nuit, celui du Sommeil et des Songes : c'était le séjour de Cerbère, des Furies et de la Mort. C'est là qu'erraient pendant cent ans les ombres infortunées dont les corps n'avaient pas reçu de sépulture ; et, lorsque Ulysse évoqua les morts, ceux qui lui apparurent, dit Homère, ne sortirent que de l'Érèbe.

L'Enfer des méchants était le lieu redoutable de toutes les expiations : c'est là que le crime subissait son juste châtiment, là que le remords rongeait ses victimes, là enfin que se faisaient entendre les lamentations et les cris aigus de la douleur. On y voyait tous les genres de torture. Cette région affreuse, dont les plaines n'étaient qu'aridité, les montagnes que roches et escarpements, renfermait des étangs glacés et des lacs de soufre et de poix bouillante, où les âmes étaient successivement plongées, et subissaient tour à tour les épreuves d'un froid ou d'une chaleur extrêmes. Elle était entourée de marécages bourbeux et fétides, de fleuves aux eaux croupissantes ou embrasées formant une barrière infranchissable, et ne laissant aux âmes aucun espoir de fuite, de consolation, ni de secours.

Le Tartare proprement dit venait après cet Enfer : c'était la prison des dieux. Environné d'un triple mur d'airain, il soutenait les vastes fondements de la terre et des mers. Sa profondeur l'éloignait autant de la surface de la terre, que celle-ci était éloignée du ciel. C'est là qu'étaient renfermés les Titans, les Géants et les dieux anciens chassés de l'Olympe par les dieux régnants et victorieux ; c'est là aussi que se trouvait le palais du roi des Enfers.

Les Champs-Élysées formaient le séjour heureux des âmes vertueuses : il y régnait un éternel printemps ; la terre toujours riante se couvrait sans cesse de verdure, de feuillage, de fleurs et de fruits. À l'ombre des bosquets embaumés, des bois, des massifs de rosiers et de myrtes égayés par le chant et le ramage des oiseaux, arrosés par les eaux du Léthé au doux murmure, les âmes fortunées goûtaient le plus délicieux repos, et jouissaient d'une jeunesse perpétuelle, sans inquiétude et sans douleur. Étendus sur des lits d'asphodèle, plante au pâle feuillage, ou mollement assis sur le frais gazon, les héros se contaient mutuellement leurs exploits, ou écoutaient les poètes célébrer leur nom dans des vers d'une ravissante harmonie. Enfin dans les Champs-Élysées on avait réuni tous les charmes et les plaisirs, comme on avait accumulé dans l'Enfer des coupables toutes les sortes de tourment.

Devant le vestibule des Enfers, dans l'étroit passage qui conduit au sombre séjour, habitent des spectres effrayants. C'est là que la Douleur, le Deuil, les cuisants Remords, les pâles Maladies, la triste Vieillesse, la Terreur, la Famine, mauvaise conseillère, la honteuse Indigence, la Fatigue, l'Épuisement, la Mort ont élu domicile. Là aussi on peut voir le Sommeil, frère de la Mort, les Joies coupables et en face d'elles la Guerre meurtrière, les cages de fer des Euménides et l'aveugle Discorde dont la chevelure de serpents est enlacée de bandelettes ensanglantées. Au milieu du vestibule s'élève un orme touffu, de grandeur immense, où demeurent les Songes chimériques : on les voit qui adhèrent sous toutes les feuilles. En ce lieu se trouvent encore beaucoup d'autres spectres monstrueux de toute espèce et de toute conformation : ils représentent des centaures, des êtres hybrides, des géants aux cent bras, l'Hydre de Lerne, une Chimère qui vomit des flammes et poussent d'horribles sifflements, des Gorgones, des Harpyes, des hommes composés de trois corps réunis en un seul. C'est par cet épouvantable sentier qu'arrivent les ombres, et de là elles s'acheminent vers leurs juges, mais il faut que tout d'abord elles traversent les fleuves infernaux.

## Le Styx, l'Achéron, le Cocyte, le Phlégéthon

Les principaux fleuves des Enfers étaient le Styx, l'Achéron, le Cocyte et le Phlégéthon.

Styx était une nymphe, fille de l'Océan et de Téthys ; et de tous les enfants à qui ils avaient donné le jour, dit Hésiode, elle fut la plus respectable. Pallas, fils de Créius et d'Eurybie, en devint amoureux, et la rendit mère de Zélus, de la Force et de Nicé ou la Victoire.

Lorsque Jupiter, pour punir l'orgueil des Titans, appela tous les immortels à son secours, ce fut Styx qui accourut la première avec sa redoutable famille. Le maître des dieux sut reconnaître un tel empressement à le servir. Il admit à sa table les enfants de cette nymphe si dévouée ; et, par la distinction la plus flatteuse, il voulut qu'elle fût le lien sacré des promesses des dieux. Il établit les peines les plus graves contre ceux qui violeraient les serments faits en son nom. Quand Jupiter lui-même jure par le Styx, son serment est irrévocable.

La nymphe Styx présidait à une fontaine d'Arcadie dont les eaux silencieuses formaient un ruisseau qui disparaissait sous terre, et par suite allait couler dans les régions infernales. Là ce ruisseau devenait un fleuve fangeux qui débordait dans d'infectes marécages couverts d'une sombre nuit.

Achéron, fils du Soleil et de la Terre, fut changé en fleuve, et précipité dans les Enfers, pour avoir fourni de l'eau aux Titans lorsqu'ils déclarèrent la guerre à Jupiter. Trois petits fleuves de ce nom coulaient en Grèce : en Épire, en Élide, et en Laconie. Celui-ci disparaissait aux environs du cap Ténare : ce fait explique la fable. L'Achéron, comme le Styx, était un fleuve que les ombres passaient sans retour. En grec son nom exprime la Tristesse et l'Affliction.

Il est représenté sous la figure d'un vieillard couvert d'un vêtement humide. Il se repose sur une urne noire, d'où sortent des ondes écumantes, parce que le cours de l'Achéron est si impétueux qu'il entraîne comme des grains de sable de gros blocs de rochers. Le hibou, oiseau lugubre, est un de ses attributs.

Le Cocyte, aux Enfers, est un affluent de l'Achéron. En Épire, non loin du lac Achéruse, il y avait un cours d'eau de ce nom. C'est sur les bords du Cocyte infernal que les ombres des morts privés de sépulture étaient condamnées à errer pendant cent ans avant de comparaître devant le tribunal suprême et de connaître leur sort définitif. C'était le fleuve des gémissements ; il entourait la région du Tartare, et son cours n'était formé, dit-on, que par les abondantes larmes des méchants. On représentait sur son rivage des ifs, des cyprès et autres arbres au feuillage sombre. Dans son voisinage se trouvait une porte posée sur un seuil et des gonds d'airain, entrée des Enfers.

Le Phlégéthon, autre affluent de l'Achéron, roulait des torrents de flamme sulfureuse. On lui attribuait les qualités les plus nuisibles. Son cours assez long, en sens contraire du Cocyte, entourait la prison des méchants.

## **Pluton** ou **Hadès**

Pluton, ou le plus souvent en grec Hadès, frère de Jupiter et de Neptune, était le troisième fils de Saturne et de Rhéa. Arraché, grâce à Jupiter, du sein de son père qui l'avait dévoré, il se montra reconnaissant d'un tel bienfait et n'hésita pas à seconder son frère dans sa lutte contre les Titans. Après la victoire, il obtint en partage le royaume des Enfers. À cause de sa laideur ou de la dureté de ses traits, à cause surtout de la tristesse de son empire, aucune déesse ne consentit à partager sa couronne. C'est pourquoi il résolut d'enlever Proserpine, et il en fit son épouse.

Son palais est établi au milieu du Tartare. C'est de là qu'il veille, en souverain, à l'administration de ses États, et dicte ses inflexibles lois. Ses sujets, ombres légères et presque toutes misérables, sont aussi nombreux que les vagues de la mer et les étoiles du firmament ; tout ce que la mort moissonne sur la terre retombe sous le sceptre de ce dieu, augmente sa richesse ou devient sa proie. Depuis le jour où il a inauguré son règne, pas un de ses ministres n'a enfreint ses ordres, pas un de ses sujets n'a tenté une rébellion. Des trois dieux souverains qui gouvernent le monde, il est le seul qui n'ait jamais à craindre l'insubordination ou la désobéissance, le seul dont l'autorité soit universellement reconnue.

Mais, pour être obéi, il n'en est pas moins haï et redouté. Aussi n'avait-il sur la terre ni temple ni autel, et l'on ne composait point d'hymnes en son honneur. Le culte que les Grecs lui rendaient était distingué par des cérémonies particulières. Le prêtre faisait brûler de l'encens entre les cornes de la victime, la liait, et lui ouvrait le ventre avec un couteau dont le manche était rond et le pommeau d'ébène. Les cuisses de l'animal étaient tout particulièrement consacrées à ce dieu. On ne pouvait lui sacrifier que dans les ténèbres, et des victimes noires, dont les bandelettes étaient de la même couleur, et dont la tête devait être tournée vers la terre. Il était surtout honoré à Nysa, à Opunte, à Trézène, à

Pylos, et chez les Éléens où il avait une sorte de sanctuaire qui n'était ouvert qu'un seul jour dans l'année ; encore n'était-il permis d'y pénétrer qu'aux sacrificateurs. Épiménide, dit Pausanias, avait fait placer sa statue dans le temple des Euménides, et, contre l'usage ordinaire, il y était représenté sous une forme et dans une attitude agréables.

Pluton (Hadès).

Les Romains avaient mis Pluton non seulement au nombre des douze grands dieux, mais parmi les huit dieux choisis, les seuls qu'il fût permis de représenter en or, en argent, en ivoire. Il y avait à Rome des prêtres victimaires uniquement consacrés à Pluton. On lui immolait, comme en Grèce, des victimes de couleur sombre, et toujours en nombre pair, tandis que l'on ne sacrifiait aux autres dieux que des victimes en nombre impair. Elles étaient entièrement réduites en cendres, et le prêtre n'en réservait rien, ni pour le peuple ni pour lui. Avant de les immoler, on creusait une fosse pour recevoir le sang, et on y répandait le vin des libations. Durant ces sacrifices, les prêtres avaient la tête découverte, et le silence absolu était recommandé aux assistants, moins encore par respect que par crainte du dieu.

Pluton fut tellement redouté des peuples de l'Italie, que le criminel condamné au supplice lui était d'abord dévoué. Après cet acte religieux, tout citoyen qui rencontrait le coupable pouvait impunément lui ôter la vie.

Sur le mont Soracte, en Italie, Pluton partageait les honneurs d'un temple commun avec Apollon ; ainsi les Falisques, habitants du pays, avaient cru devoir honorer à la fois et la chaleur souterraine et celle de l'astre du jour. Les peuples du Latium et des environs de Crotone avaient consacré au roi des Enfers le nombre deux comme un nombre malheureux ; pour la même raison, les Romains lui consacrèrent le second mois de l'année, et, dans ce mois, le second jour fut encore plus particulièrement désigné pour lui offrir des sacrifices.

Pluton est ordinairement représenté avec une barbe épaisse et un air sévère. Souvent il porte son casque, présent des Cyclopes, et dont la propriété était de le rendre invisible ; parfois il a le front ceint d'une couronne d'ébène, ou de capillaire, ou de narcisse. Lorsqu'il est assis sur son trône d'ébène ou de soufre, il tient de la main droite soit un sceptre noir, soit une fourche ou une pique. Quelquefois il tient des clés dans ses mains, pour exprimer que les portes de la vie sont fermées sans retour à ceux qui parviennent dans son empire.

On le représente aussi dans un char traîné par quatre chevaux noirs et fougueux.

L'attribut qu'on voit le plus souvent auprès de lui c'est le cyprès, dont le feuillage sombre exprime la mélancolie et la douleur. Les prêtres de ce dieu s'en faisaient des couronnes et en parsemaient leurs vêtements dans les sacrifices.

## **Proserpine,** en grec **Perséphonè** ou **Corè**

Fille de Cérès et de Jupiter, Proserpine fut enlevée par Pluton, un jour qu'elle cueillait des fleurs, et malgré la résistance opiniâtre de Cyané, sa compagne. Cérès, accablée de chagrin à la perte de sa fille, et revenue de ses longs voyages à travers le monde sans avoir de ses nouvelles, apprit enfin par Aréthuse, ou par la nymphe Cyané, le nom du ravisseur. Indignée, elle demanda que Jupiter la fît revenir des Enfers ; ce que le dieu lui accorda, pourvu toutefois qu'elle n'y eût encore rien mangé. Ascalaphe, fils de l'Achéron et officier de Pluton, rapporta qu'il l'avait vue manger six pépins de grenade depuis son entrée dans les sombres demeures. En conséquence, Proserpine fut condamnée à rester dans les Enfers en qualité d'épouse de Pluton et de reine de l'empire des Ombres.

Selon d'autres, Cérès obtint de Jupiter que Proserpine passerait six mois de l'année avec sa mère. La scène de l'enlèvement de cette déesse par Pluton est placée en divers lieux, par les uns en Sicile, au pied du mont Etna, par d'autres en Attique, en Thrace, en Ionie. Quelques-uns ont choisi pour le lieu de la scène une forêt près de Mégare, que la tradition fit regarder comme sacrée. Orphée dit, au contraire, que la déesse fut conduite sur la mer par son redoutable amant qui disparut au milieu des ondes. Dans cette fable, certains mythologues ont cru voir l'emblème de la germination.

On croyait communément que personne ne pouvait mourir, sans que Proserpine, par elle-même, ou par le ministère d'Atropos, lui eût coupé un cheveu fatal auquel la vie était attachée.

C'est en Sicile que le culte de cette déesse était le plus solennel, et les Siciliens ne pouvaient assurer la fidélité de leurs promesses par un serment plus fort qu'en jurant par Proserpine. Dans les funérailles, on se frappait la poitrine en son honneur ; les amis, les serviteurs du mort se coupaient parfois les cheveux et les jetaient dans le bûcher funèbre pour fléchir cette divinité. On lui immolait des chiens, comme à Hécate, et surtout des génisses stériles. Les Arcadiens lui avaient consacré un temple sous le nom de *Conservatrice*, parce qu'ils l'invoquaient pour retrouver les objets perdus.

Enlèvement de Proserpine (Corè).

Cette déesse est ordinairement représentée à côté de son époux, sur un trône d'ébène, et portant un flambeau qui jette une flamme mêlée d'une fumée noirâtre.

Dans la scène du rapt, elle paraît évanouie de terreur sur le char qui doit la transporter aux Enfers. Le pavot est son attribut ordinaire. Si parfois on lui met dans la main droite un bouquet de narcisse, c'est parce que, dit-on, elle était occupée à cueillir cette fleur printanière quand elle fut surprise et enlevée par Pluton.

On lui donnait en grec le nom de Corè, c'est-à-dire « la jeune fille », parce qu'on supposait que la reine de l'empire des Morts ne devait pas avoir d'enfant, ou parce qu'elle n'était encore qu'une adolescente quand elle descendit aux Enfers. Elle eut cependant un fils de Jupiter qui se fit aimer d'elle sous la forme d'un serpent. Ce fils, nommé Sabasius, était d'une habileté remarquable, ce fut lui qui sut coudre Bacchus dans la cuisse de son père.

Proserpine et Pluton n'étaient pas toujours et partout considérés comme des divinités infernales. Certains peuples, qui se livraient surtout à l'agriculture, les honoraient comme les divinités mystérieuses de la fécondation de la terre, et ne commençaient les semailles qu'après leur avoir fait des sacrifices.

## Charon

Charon, fils de l'Érèbe et de la Nuit, était un dieu vieillard, mais immortel. Il avait pour fonction de transporter au-delà du Styx et de l'Achéron les ombres des morts dans une barque étroite, chétive et de couleur funèbre. Il était non seulement vieux, mais avare ; il ne prenait dans sa barque que les ombres de ceux qui avaient reçu la sépulture, et qui lui payaient leur passage. La somme exigée ne pouvait être au-dessous d'une obole ni au-dessus de trois ; aussi avait-on soin de mettre dans la bouche du mort l'argent nécessaire pour payer le passage.

Charon repoussait impitoyablement les ombres de ceux qui avaient été privés de sépulture, et les laissait errer pendant cent ans sur le bord du fleuve où elles tendaient vainement les bras vers l'autre rive.

Nul mortel vivant ne pouvait entrer dans sa barque, à moins qu'un rameau d'or, consacré à Proserpine et détaché d'un arbre fatidique, ne lui servît de sauf-conduit. C'est ainsi que la Sibylle de Cumes dut en donner un au pieux Énée, lorsqu'il voulut descendre dans les Enfers. On prétend même que Charon avait été puni et exilé pendant un an dans les profondeurs obscures du Tartare pour avoir passé Hercule qui n'était pas muni de ce magnifique et précieux rameau.

Ce nocher des Enfers est représenté comme un vieillard maigre, grand et robuste : ses yeux vifs, son visage majestueux, quoique sévère, ont une empreinte divine. Sa barbe est blanche, longue et touffue ; ses vêtements sont d'une teinte sombre et souillés du noir limon des fleuves infernaux. Il est ordinairement debout dans sa nacelle, et tient à deux mains son aviron.

## Cerbère

Cerbère, chien à trois têtes, au cou hérissé de serpents, issu du géant Typhon et du monstre Échidna, était le frère d'Orthus, de la Chimère, du Sphinx, de l'Hydre de Lerne et du Lion de Némée. Ses dents noires, tranchantes, pénétraient jusqu'à la moelle des os, et injectaient dans leur morsure un poison mortel. Couché dans un antre, sur la rive du Styx, où il était attaché avec des liens de serpents, il gardait la porte des Enfers et du palais de Pluton. Il caressait les ombres qui entraient, et menaçait de ses aboiements et de ses trois gueules béantes celles qui voulaient en sortir. Hercule l'enchaîna, lorsqu'il retira Alceste des Enfers, et l'arracha du trône de Pluton sous lequel il s'était réfugié.

Cerbère et Pluton.

En Thessalie, et dans différents pays de la Grèce, on montrait des cavernes par où, disait-on, Hercule avait amené sur la terre ce monstre infernal. Mais, selon la croyance ou la légende populaire la plus répandue, c'était par la caverne du cap Ténare, en Laconie, que Cerbère, enchaîné et têtes basses, était venu à la suite de son vainqueur. En ce lieu, et en souvenir de cette victoire, on avait élevé un temple à Hercule, après avoir comblé le souterrain.

Orphée endormit Cerbère au son de sa lyre, lorsqu'il alla chercher Eurydice ; la sibylle de Cumes l'endormit aussi avec une pâte assaisonnée de miel et d'opium, lorsqu'elle conduisit Énée aux Enfers.

Sur les médailles, les monnaies et les vases antiques, Cerbère accompagne toujours Hadès ; mais c'est dans les liens ou entre les mains d'Hercule que les peintres et les sculpteurs l'ont le plus souvent représenté.

## Les Juges des Enfers

Après avoir reçu les honneurs de la sépulture, et franchi le Styx et l'Achéron, les âmes comparaissent devant leurs juges. Là les princes dépouillés de leur puissance, les riches privés de leurs trésors sont mis au rang des humbles et des pauvres : les coupables ne peuvent compter sur aucun appui, aucune protection ; la calomnie ne peut non plus noircir ni même atteindre les gens de bien. Le tribunal est placé dans un endroit appelé le Champ de la Vérité, parce que ni le mensonge ni la médisance n'en peuvent approcher : d'un côté il aboutit au Tartare, de l'autre aux Champs-Élysées.

Les juges sont au nombre de trois : Rhadamanthe, Éaque et Minos. Les deux premiers instruisent la cause, et prononcent ordinairement la sentence ; en cas d'incertitude ou d'indécision, Minos, qui occupe le siège le plus élevé entre les deux autres juges, intervient comme arbitre, et son verdict est sans appel. Peines et récompenses sont proportionnées aux crimes et aux vertus. Il y a des fautes inexpiables qui entraînent des condamnations à perpétuité ; il y a d'autres fautes moins graves qui permettent la délivrance du coupable après expiation.

Si les trois juges des Enfers ont été investis de si importantes fonctions, c'est qu'ils furent sur la terre des modèles d'équité.

Rhadamanthe, fils de Jupiter et d'Europe, était frère de Minos. Venu d'abord en Béotie où il épousa Alcmène, veuve d'Amphitryon, il alla ensuite s'établir en Lycie, et partout il acquit la réputation d'un prince juste, mais sévère ; aussi les jugements qu'il rend aux Enfers sont-ils empreints non seulement de justice, mais d'une rigoureuse sévérité. Il est désigné pour juger particulièrement les habitants de l'Afrique et de l'Asie. Ce fut lui qui apprit à Hercule à tirer de l'arc. Il est ordinairement représenté tenant un sceptre et assis sur un trône près de Saturne, à la porte des Champs-Élysées.

Éaque, fils de Jupiter et d'Égine, naquit dans l'île qui porte le nom de sa mère, et dont il fut roi. Il est chargé aux Enfers de juger les Européens. La peste ayant dépeuplé son petit royaume, il obtint de son père que les fourmis fussent changées en hommes, et appela ses nouveaux sujets Myrmidons (du mot grec *murmex*, fourmi). Il fut le père de Pélée et le grand-père d'Achille.

Minos, frère de Rhadamanthe, et, comme lui, fils de Jupiter et d'Europe, gouverna l'île de Crète avec beaucoup de sagesse et de douceur. Pour donner à ses lois plus d'autorité, il se retirait tous les neuf ans dans un antre où il prétendait que Jupiter les lui dictait. Il fonda en Crète plusieurs villes, entre autres Gnosse et Phestus. Président de la cour infernale, il scrute attentivement la vie des mortels, et soumet toutes leurs actions au plus sévère examen. On le représente avec un sceptre à la main, citant les morts à son tribunal, ou assis au milieu des ombres dont on plaide les causes en sa présence.

## **Les Furies** ou **Euménides,** ou **Érinnyes**

Les Furies ou, par antiphrase, les Euménides, c'est-à-dire en grec les *Bienveillantes*, sont appelées aussi les Érinnyes. Ce sont les divinités infernales chargées d'exécuter sur les coupables la sentence des juges. Elles doivent leur nom à la fureur qu'elles inspirent.

Ministres de la vengeance des dieux, elles ont dû exister dès l'origine du monde : elles sont vieilles comme le crime qu'elles persécutent, comme l'innocence qu'elles s'efforcent de venger. Selon les uns, elles ont été formées dans la mer par le sang de Cælus, lorsque ce dieu antique fut outragé et blessé par Saturne. Selon Hésiode, qui les fait plus jeunes d'une génération, elles naquirent de la Terre qui les avait conçues du sang de Saturne blessé par Jupiter. Ailleurs ce poète les dit filles de la Discorde. Eschyle prétend qu'elles ont été engendrées par la Nuit et l'Achéron. Enfin Sophocle les fait sortir de la Terre et des Ténèbres, et Épiménide les suppose filles de Saturne et d'Évonyme, sœurs de Vénus et des Parques. Leur pouvoir s'exerce non seulement aux Enfers, mais encore sur la terre et même dans le ciel.

Les plus connues des Furies, les plus souvent citées par les poètes sont Tisiphone, Mégère et Alecton.

Tisiphone, vêtue d'une robe ensanglantée, est assise, et veille nuit et jour à la porte du Tartare. Dès que l'arrêt est prononcé aux criminels, elle s'arme de son fouet vengeur, les frappe impitoyablement, et insulte à leurs lamentations ; de la main gauche elle leur présente des serpents horribles, et appelle ses barbares sœurs pour la seconder. C'est elle qui, pour punir les mortels, répandait la peste et les fléaux contagieux ; c'est encore elle qui poursuivit Étéocle et Polynice, et fit naître en eux cette haine insurmontable qui survécut même au trépas. Cette furie avait sur le mont Cithéron un temple environné de cyprès, où Œdipe, aveugle et banni, vint chercher un asile.

Mégère, sa sœur, a pour mission de semer parmi les hommes les querelles et les disputes. C'est elle aussi qui poursuit les coupables avec le plus d'acharnement.

Alecton, la troisième furie, ne laisse aux criminels aucun repos ; elle les tourmente sans relâche. Odieuse à Pluton même, elle ne respire que la vengeance, et il n'est point de forme qu'elle n'emprunte pour trahir ou satisfaire sa rage. Elle est représentée armée de vipères, de torches et de fouets, avec la chevelure entortillée de serpents.

On appelle parfois Érinnyes la première des Furies, et son nom est devenu un terme générique employé pour les désigner toutes ensemble. Les Érinnyes avaient un temple près de l'Aréopage, à Athènes. Ce temple servait d'asile inviolable aux criminels. C'est là que tous ceux qui comparaissaient devant le tribunal de l'Aréopage étaient obligés d'offrir un sacrifice et de jurer sur les autels qu'ils étaient prêts à dire la vérité.

Dans les sacrifices offerts aux Érinnyes, Euménides ou Furies, on employait le narcisse, le safran, le genièvre, l'aubépine, le chardon, le sureau ou l'hièble, et l'on brûlait des bois de cèdre, d'aune et de cyprès. On leur immolait des brebis pleines, des béliers et des tourterelles.

Ces déesses redoutables étaient partout l'objet d'hommages particuliers : c'est avec respect que l'on prononçait leur nom, et c'est à peine si l'on osait jeter les yeux sur leurs statues et les sanctuaires qui leur étaient consacrés.

Quelques auteurs ont confondu Érinnyes avec Némésis et par suite les Érinnyes avec les Némèses. Celles-ci, selon Hésiode, n'étaient qu'au nombre de deux. L'une, la Pudeur, retourna dans le ciel après l'Âge d'or ; l'autre, la véritable Némèse ou Némésis, fille de l'Érèbe et de la Nuit, resta sur la terre et dans les Enfers, pour veiller à la punition des fautes et à l'exécution des règles imprescriptibles de la Justice. Elle avait une inspection spéciale sur les offenses faites aux pères par les enfants. Elle était invoquée dans les traités de paix, et en assurait la stricte observation. C'est elle qui maintenait la foi jurée, vengeait l'infidélité des serments, recevait les vœux secrets, courbait les têtes orgueilleuses, rassurait les humbles, et consolait les amantes abandonnées. Sur une mosaïque d'Herculanum, on voit la malheureuse Ariane consolée par Némésis : le vaisseau de Thésée fend les mers et s'éloigne, tandis que, près d'Ariane, l'Amour se cache et verse des larmes.

En résumé, Furies et Némèses avaient pour devoir le maintien de l'ordre et de l'harmonie dans la famille, la société et le monde moral. Elles inspiraient la crainte des remords, des châtiments inévitables, et par la même faisaient comprendre aux hommes les douceurs d'une honnête conscience et les avantages de la vertu. Ce n'est pas en vain que l'on voyait Némésis, un doigt sur la bouche, et tenant un frein ou un aiguillon ; il était facile d'en déduire qu'elle recommandait la discrétion, la prudence, la modération dans la conduite, en même temps qu'elle excitait au bien.

## **Le dieu Thanatos,** ou **la Mort**

Thanatos, ou la Mort, est un nom grec du masculin. Fils de la Nuit qui l'avait conçu sans le secours d'aucun autre dieu, frère du Sommeil (*Hypnos*), ennemi implacable du genre humain, odieux même aux Immortels, il a fixé son séjour dans le Tartare, selon Hésiode, devant la porte des Enfers, selon d'autres poètes. C'est en ces lieux qu'Hercule l'enchaîna avec des liens de diamant, lorsqu'il vint délivrer Alceste. Thanatos était rarement nommé en Grèce, parce que la superstition craignait de réveiller une idée fâcheuse, en rappelant à l'esprit l'image de notre destruction.

Les Éléens et les Lacédémoniens l'honoraient d'un culte particulier, mais on ne sait rien touchant le culte qu'ils lui rendaient. Les Romains lui élevèrent aussi des autels.

Thanatos avait un cœur de fer et des entrailles d'airain. Les Grecs le représentaient sous la figure d'un enfant noir avec des pieds tordus, et caressé par la Nuit, sa mère. Quelquefois ses pieds, sans être difformes,

Hypnos, frère de Thanatos.

sont seulement croisés, symbole de la gêne où les corps se trouvent dans la tombe.

Cette divinité paraît aussi sur les sculptures anciennes avec un visage défait et amaigri, les yeux fermés, couverte d'un voile, et tenant, comme le Temps, une faux à la main. Cet attribut semble signifier que les hommes sont moissonnés en foule comme les fleurs et les herbes éphémères.

Les sculpteurs et les peintres ont conservé cette faux à la Mort, et se sont plu à lui donner les traits les plus hideux. C'est le plus souvent sous la forme d'un squelette qu'ils la représentent.

Les attributs communs à Thanatos et à la Nuit sont les ailes et le flambeau renversé ; mais Thanatos est encore distingué par une urne et un papillon. L'urne est censée contenir des cendres, et le papillon prenant son essor est l'emblème de l'espoir d'une autre vie.

Hypnos, sur les tombeaux, désigne l'éternel Sommeil.

## Supplices des grands criminels

Les criminels les plus connus par leur genre de supplice aux Enfers sont Tityus, Tantale, Sisyphe et Ixion.

Tityus, fils de la Terre, dont le corps étendu couvrait neuf arpents, avait eu l'insolence de vouloir attenter à l'honneur de Latone, un jour qu'elle traversait les délicieuses campagnes de Panope, en Phocide, pour se rendre à Pytho ou Delphes. Il fut tué par Apollon et par Diane, à coups de flèches, et précipité dans le Tartare : là un insatiable vautour, attaché à sa poitrine, lui dévore le foie et les entrailles qu'il déchire sans cesse, et qui renaissent éternellement pour son supplice.

Tantale, fils de Jupiter et de la nymphe Plota, et roi de Lydie, enleva Ganymède, pour se venger de Tros qui ne l'avait pas invité à la première solennité qu'on fit à Troie. Les anciens ne sont pas plus d'accord sur la nature de son crime que sur celle de son châtiment. Les uns l'accusent d'avoir fait servir aux dieux les membres de son propre fils. D'autres lui reprochent d'avoir révélé les secrets des dieux dont il était le grand-prêtre, c'est-à-dire d'avoir découvert les mystères de leur culte. Selon Pindare, il mérita son supplice parce que, ayant été admis à la table des dieux, il déroba le nectar et l'ambroisie pour en faire part aux mortels ; ou enfin, selon Lucien, parce qu'il avait volé un chien que Jupiter lui avait confié pour garder son temple dans l'île de Crète, et avait répondu au dieu qu'il ignorait ce que l'animal était devenu.

Quant au supplice qu'il endure aux Enfers, Homère, Ovide et Virgile le représentent consumé d'une soif brûlante, au milieu d'un cours d'eau frais et limpide qui sans cesse se dérobe à ses lèvres desséchées, et dévoré par la faim, sous des arbres dont un vent jaloux élève bien haut les fruits chaque fois que sa main tente de les cueillir.

Une autre tradition représente ce criminel au-dessous d'un rocher dont la chute menace à chaque instant sa tête ; mais ce supplice était plutôt, dit-on, celui de Phlégyas, grand-père d'Esculape.

Sisyphe, fils d'Éole et petit-fils d'Hellen, était le frère de ce Salmonée qui, ayant conquis toute l'Élide, fut foudroyé et précipité dans le Tartare par Jupiter, parce que, voulant se faire passer pour un dieu, il imitait le bruit du tonnerre en poussant un chariot sur un pont d'airain, et en lançant sur quelques malheureux des torches allumées. Il régna à Corinthe, après que Médée se fut retirée. On dit qu'il avait enchaîné la Mort, et qu'il la retint jusqu'à ce que Mars la délivrât, à la prière de Pluton, dont l'empire était désert. Homère explique comment Sisyphe avait lié la Mort : c'est parce qu'il évitait la guerre et travaillait même à maintenir la paix entre ses voisins. C'était aussi, dit Homère, le plus sage et le plus prudent des mortels.

Cependant les poètes unanimement le mettent dans les Enfers, et prétendent qu'il est condamné à rouler incessamment une grosse roche jusqu'au haut d'une montagne ; parvenue au sommet, la roche descend aussitôt par son propre poids, et il est obligé sur-le-champ de la remonter par un travail qui ne lui donne aucun relâche.

Comment a-t-il mérité ce supplice ? On allègue plusieurs raisons. Il aurait, comme Tantale, révélé les secrets des dieux. Jupiter ayant enlevé Égine, fille du fleuve Asopus, celui-ci s'adressa à Sisyphe pour savoir ce qu'était devenue sa fille ; Sisyphe, qui avait connaissance de l'enlèvement, promit à Asopus de l'en instruire, à condition qu'il donnerait de l'eau à la citadelle de Corinthe. Sisyphe, à ce prix, révéla son secret et en fut puni dans les Enfers. Selon d'autres, ce fut pour avoir détourné de ses devoirs Tyro, sa nièce, fille de Salmonée. D'autres enfin, sans avoir égard au portrait avantageux qu'Homère fait de Sisyphe, ont dit qu'il exerçait toutes sortes de brigandages dans l'Attique, et qu'il faisait mourir tous les étrangers qui tombaient entre ses mains ; que Thésée, roi d'Athènes, lui fit la guerre, le tua dans un combat, et qu'il est puni pour tous les crimes qu'il commit sur la terre. Ce rocher qu'on lui fait rouler sans cesse peut bien être l'emblème d'un prince ambitieux qui roula longtemps dans sa tête des desseins sans exécution.

Ixion, fils d'Antion, roi des Lapithes, en Thessalie, épousa Clia, fille de Déionée, et refusa les présents qu'il lui avait promis pour épouser sa fille, ce qui obligea Déionée à lui enlever ses chevaux. Ixion, dissimulant son ressentiment, attira chez lui son beau-père, et le fit tomber dans une fosse ardente où il perdit la vie. Ce crime fit horreur ; Ixion ne trouva personne qui voulût l'expier, et fut obligé de fuir tous les regards. Abandonné de tout le monde, il eut recours à Jupiter qui eut pitié de ses remords, le reçut dans le ciel, et l'admit à la table des dieux.

Châtiment d'Ixion.

Ébloui des charmes de Junon, l'ingrat Ixion eut l'insolence de lui déclarer son amour. Offensée de sa témérité, la sévère déesse alla se plaindre à Jupiter qui forma d'une nuée un fantôme semblable à son épouse. Ixion tomba dans le piège, et cette union imaginaire donna le jour aux Centaures, monstres demi-hommes, demi-chevaux.

Jupiter, le regardant comme un fou dont le nectar avait troublé la raison, se contenta de le bannir ; mais, voyant qu'il se vantait de l'avoir déshonoré, il le précipita d'un coup de foudre dans le Tartare, où Mercure, par son ordre, alla l'attacher par les quatre membres à une roue environnée de serpents et qui tourne sans s'arrêter jamais.

## Le Léthé

Après un grand nombre de siècles passés aux Enfers, les âmes des justes et celles des méchants qui avaient expié leurs fautes aspiraient à une vie nouvelle, et obtenaient la faveur de revenir sur la terre habiter un corps et s'associer à sa destinée. Mais, avant de sortir des demeures infernales, elles devaient perdre le souvenir de leur vie antérieure, et à cet effet boire les eaux du Léthé, fleuve de l'Oubli.

La porte du Tartare qui ouvrait sur ce fleuve était opposée à celle qui donnait sur le Cocyte. Là, les âmes pures, subtiles et légères, buvaient avec avidité ces eaux dont la propriété était d'effacer de la mémoire toute trace du passé, ou de n'y laisser du moins que de vagues et obscures réminiscences. Devenues aptes à rentrer dans la vie et à en supporter les épreuves, elles étaient appelées par les dieux à leur nouvelle incarnation.

Le Léthé coulait avec lenteur et silence : c'était, disent les poètes, le *fleuve d'huile* dont le cours paisible ne faisait entendre aucun murmure. Il séparait les Enfers de ce monde extérieur du côté de la Vie, de même que le Styx et l'Achéron les en séparaient du côté de la Mort.

Il est ordinairement représenté sous la figure d'un vieillard qui d'une main tient une urne, et de l'autre la coupe de l'Oubli.

# Temps héroïques
# Croyances populaires

## Les différents âges

Il était de tradition chez les Grecs et les Latins que l'humanité primitive, exempte de vices, eût possédé toutes les joies, tous les plaisirs et toutes les perfections. De là cette conception de l'Âge d'or qui avait commencé sous le règne de Saturne. Mais insensiblement la perversité s'insinua dans le cœur des hommes, et déjà, vers la fin du règne de l'antique Saturne, l'Âge d'or avait fait place à l'Âge d'argent. On était bon et vertueux encore, on comptait beaucoup de gens de bien, mais on s'était relâché des principes rigoureux de la justice ; et la nature, jusqu'alors si généreuse, si prodigue de ses bienfaits, se montra plus parcimonieuse : les campagnes étaient fertiles, les saisons clémentes, mais la terre, qui auparavant ouvrait spontanément son sein et présentait d'elle-même ses produits, dissimula ses trésors et se laissa cultiver.

Le règne de Saturne fini, l'injustice leva la tête sans que la perversité se déclarât encore ouvertement.

L'Âge d'argent était passé ; l'Âge d'airain lui succédait. Tous les biens avaient été communs jusqu'à cette époque ; mais les injustes prétentions, les querelles entre voisins éclatèrent, et firent comprendre la nécessité de recourir à des partages, de fixer des limites aux propriétés, et de promulguer des lois. Il restait cependant quelques vestiges de l'honnêteté première, et les hommes usaient entre eux d'une certaine modération ; aussi, en récompense, la terre fournissait assez de fruits et d'aliments pour les dispenser de dures et ingrates fatigues.

Mais bientôt vint l'Âge de fer : toutes les injustices, tous les crimes débordèrent de toutes parts. Les hommes, les peuples s'armèrent les uns contre les autres ; la méchanceté, le mensonge, la perfidie, la trahison, le libertinage, la violence triomphèrent effrontément ; la sainte Pudeur, l'inviolable Justice, la Bonne Foi, se voyant rebutées et méconnues ici-bas, s'enfuirent au ciel. Alors commença pour l'homme une vie d'épreuves et de misères. Pour arracher ses aliments à la terre, il dut la cultiver péniblement et l'arroser de ses sueurs ; la nature garda pour elle ses richesses et ses secrets, et ce ne fut qu'au prix de longues veilles, de calculs, d'efforts et de patience qu'on put les lui dérober.

## **Deucalion** et **Pyrrha**

Deucalion, fils de Prométhée, était l'époux de Pyrrha, fille de son oncle Épiméthée. Fatigué du séjour sauvage de la Scythie où son père l'avait relégué, il saisit la première occasion, et vint s'établir et régner en Thessalie, près du Parnasse. Ce fut sous son règne qu'arriva le fameux déluge.

Jupiter, voyant croître la malice des hommes, résolut de submerger le genre humain. La surface de la terre fut inondée, hors une seule montagne de la Phocide, où vint s'arrêter la petite barque qui portait Deucalion, le plus juste des hommes, et Pyrrha, la plus vertueuse des femmes. Dès que les eaux se furent retirées, ils allèrent consulter la déesse Thémis qui rendait des oracles au pied du Parnasse, et reçurent cette réponse : « Sortez du temple, voilez-vous le visage ; détachez vos ceintures, et jetez derrière vous les os de votre grand'mère. » Ils ne comprirent pas d'abord le sens de l'oracle, et leur piété fut alarmée d'un ordre qui paraissait cruel. Mais Deucalion, après y avoir bien pensé, comprit que, la terre étant leur mère commune, ses os étaient des pierres. Ils en ramassèrent donc, et, les ayant jetées derrière eux, ils s'aperçurent que celles de Deucalion étaient changées en hommes, et celles de Pyrrha en femmes.

Ainsi fut repeuplée la terre ; mais l'Âge de fer continua avec le genre humain dont la dureté de cœur et l'endurance au travail rappellent cette seconde origine.

Amphictyon, fils de Deucalion et de Pyrrha, partagea avec Hellen, son frère, les États de Deucalion ; il obtint l'Orient et régna aux Thermopyles, où il établit le fameux *conseil des Amphictyons*. Ce conseil formé des délégués de douze villes grecques confédérées se réunissait pour délibérer sur les intérêts communs de la Grèce, deux fois par an.

## LÉGENDES THÉBAINES

### Enlèvement d'Europe

Agénor, fils de Neptune et de l'Océanide Libye, roi de Phénicie, épousa Agriope ou Téléphassa, dont il eut une fille, Europe, et trois fils, Cadmus, Phénix et Cilix. Europe joignait à une incomparable beauté une blancheur si éclatante qu'on la soupçonnait d'avoir dérobé le fard de Junon. Un jour Jupiter, épris d'amour, la voyant jouer sur le bord de la mer avec ses compagnes, se change en taureau, s'approche de la princesse d'un air doux et caressant, se laisse orner de guirlandes, prend des herbes dans sa belle main, la reçoit sur son dos, s'élance dans la mer, et gagne à la nage l'île de Crète.

Elle arriva dans l'île par l'embouchure du fleuve Léthé qui passait à Gortyne. Les Grecs, voyant sur cette rivière des platanes toujours verts, publièrent que ce fut sous ces arbres qu'eurent lieu les entrevues de Jupiter et d'Europe. Aussi a-t-on représenté Europe assez triste, assise sous un platane, au pied duquel est un aigle à qui elle tourne le dos. De ses trois fils,

Minos, Rhadamanthe et Sarpédon, les deux premiers sont juges aux Enfers ; le troisième, ayant voulu ravir le trône à son frère aîné, fut obligé de sortir de Crète, et de s'enfuir en Asie Mineure où il fonda une colonie.

Europe, après sa mort, fut considérée comme une divinité par les Crétois. Ils instituèrent même une fête en son honneur, nommée Hellotie, d'où on appela Europe Hellotès.

Europe sur le taureau.

Dès qu'Agénor eut appris l'enlèvement de sa fille, il la fit chercher de tous côtés, et ordonna à ses enfants de s'embarquer et de ne point revenir sans elle.

Leurs recherches ayant été vaines, ils ne revinrent plus dans ses États.

## Cadmus – Fondation de Thèbes

Cadmus, l'aîné des fils d'Agénor, étant arrivé en Grèce, consulta l'oracle de Delphes pour savoir en quel lieu il pourrait s'établir, et reçut ordre de bâtir une ville à l'endroit où un bœuf le conduirait. Il suivit cet ordre, et rencontra dans la Phocide une génisse qui lui servit de guide, et qui s'arrêta dans l'emplacement où, depuis, fut bâtie la ville de Thèbes, sur le modèle de la Thèbes d'Égypte.

Avant de jeter les fondements de la citadelle, qui de son nom fut appelée la Cadmée, il voulut offrir un sacrifice à Pallas. Dans cette intention, il envoya ses compagnons puiser de l'eau dans un bois voisin consacré à Mars ; mais un dragon, fils de Mars et de Vénus, les dévora. Cadmus vengea leur mort en tuant le monstre, et en sema les dents, d'après le conseil de Minerve. Il en sortit des hommes tout armés qui l'assaillirent d'abord, mais tournèrent bientôt leur fureur contre eux-mêmes, et s'entre-tuèrent, à l'exception de cinq qui l'aidèrent à bâtir sa ville.

Il épousa Harmonie ou Hermione, fille de Mars et de Vénus, ou, selon d'autres, fille de Jupiter et d'Électre, une des Atlantides. Tous les dieux, excepté Junon, avaient assisté à leurs noces, et leur avaient fait beaucoup de présents. Ce fut Harmonie qui porta en Grèce les premières connaissances de l'art qui a gardé son nom. On dit aussi que c'est Cadmus qui apprit aux Grecs l'usage des lettres, ou de l'alphabet, et leur apporta le culte de plusieurs divinités phéniciennes.

Du mariage de Cadmus et d'Harmonie naquirent un fils nommé Polydore, et quatre filles, Ino, Agavé,

Autonoé et Sémélé. Toute cette famille fut extrêmement malheureuse ; d'où l'on a imaginé cette fable : Vulcain, pour se venger de l'infidélité de Vénus, donna à sa fille Harmonie un habit teint de toutes sortes de crimes ; ce qui fit que tous leurs enfants furent des scélérats. Harmonie et Cadmus, après avoir éprouvé beaucoup de malheurs, par eux-mêmes et dans la personne de leurs enfants, furent changés en serpents.

## Antiope

Antiope, fille de Nyctéus, roi de Thèbes, fut célèbre dans toute la Grèce par sa beauté ; on la croyait même fille du fleuve Asopus qui arrose le territoire des Platéens et des Thébains. Elle fut séduite par Jupiter métamorphosé en satyre. Son père, s'en étant aperçu, résolut de la punir cruellement.

Antiope, pour éviter sa colère, s'enfuit à la cour d'Épaphus ou Épopée, roi de Sicyone, qui l'épousa. Nyctéus fit la guerre à ce prince ; mais, ayant été blessé à mort, il chargea Lycus, son frère, de punir la faute de sa fille. La mort d'Épaphus, qui arriva bientôt après, mit fin à la guerre, et livra Antiope à Lycus qui la ramena à Thèbes. Ce fut en y allant qu'elle donna le jour à deux jumeaux, Amphion et Zéthus, sur le mont Cithéron.

Épousée et bientôt répudiée par Lycus, son oncle, Antiope fut en butte à la persécution de Dircé, seconde femme de ce prince. Jetée en prison par cette princesse cruelle et jalouse, elle s'échappa, grâce à l'intervention de Jupiter, et alla rejoindre ses deux enfants. Par le

Taureau Farnèse.

récit de ses souffrances, elle les enflamma du désir de la venger. Ils se rendirent à main armée dans Thèbes, tuèrent Lycus et attachèrent Dircé à la queue d'un taureau indompté qui l'emporta sur des rochers où elle fut mise en pièces. Les dieux, touchés de son malheur, la changèrent en fontaine de son nom. On ajoute que, en punition du meurtre de Dircé, Bacchus, qu'elle honorait d'un culte particulier, frappa Antiope de démence. Hors d'elle-même, elle parcourait toute la Grèce, lorsque Phocas, petit-fils de Sisyphe et roi de Corinthe, l'ayant rencontrée par hasard, la guérit et l'épousa.

## Amphion

Les fils de Jupiter et d'Antiope, Amphion et Zéthus, furent élevés par des bergers sur le Cithéron et les autres montagnes de la Béotie. Leurs inclinations furent différentes : Zéthus s'adonna aux soins des troupeaux, et Amphion rechercha le doux commerce des Muses. Il se passionna pour la musique, et Mercure, dont il fut le disciple, lui donna une lyre merveilleuse.

Après le meurtre de Lycus et de Dircé, il se rendit maître du royaume de Thèbes, avec Zéthus, son frère. Cette ville déjà avait bien une citadelle, la Cadmée, mais elle était dépourvue de remparts. Amphion lui en donna ; et c'est au son de sa lyre qu'il les construisit. Les pierres, sensibles à la douceur de ses accents, venaient d'elles-mêmes se placer les unes sur les autres. « Aux accords d'Amphion, dit Boileau,

les pierres se mouvaient
« Et sur les murs thébains en ordre s'élevaient.
« L'harmonie en naissant produisit ces miracles » :

ingénieux emblème du pouvoir de l'éloquence et de la poésie sur les hommes primitifs, épars dans les bois.

## Niobé

Fille de Tantale et sœur de Pélops, Niobé épousa Amphion, roi de Thèbes, et en eut un grand nombre d'enfants. Homère lui en donne douze, Hésiode vingt et Apollodore quatorze, autant de filles que de garçons. Les noms des garçons étaient Sipylus, Agénor, Phaédimus, Isménus, Ulynitus, Tantalus, Damasichton. Les filles s'appelaient Éthoséa ou Théra, Cléodosa, Astioché, Phthia, Pélopia, Astycratéa, ou Mélibée, Ogygia.

Niobé, mère de tant d'enfants, s'en glorifiait, et méprisait Latone qui n'en avait eu que deux. Elle allait jusqu'à lui en faire des reproches, et à s'opposer au culte religieux qu'on lui rendait, prétendant qu'elle-même méritait, à bien plus juste titre, d'avoir des autels. Latone, offensée de l'orgueil de Niobé, eut recours à ses enfants pour s'en venger. Apollon et Diane voyant un jour, dans les plaines voisines de Thèbes, les fils de Niobé qui y faisaient leurs exercices, les tuèrent à coups de flèches. Au bruit de cette funeste exécution, les sœurs de ces infortunés princes accourent sur les remparts, et, dans le moment même, elles se sentent frappées, et tombent sous les traits invisibles de Diane. Enfin la mère arrive, outrée de douleur et de désespoir ; elle demeure assise auprès du corps de ses chers enfants ; elle les arrose de ses larmes. Sa douleur la rend immobile ; elle ne donne plus aucun signe de vie ; la voilà changée en rocher. Un tourbillon de vent l'emporte en Lydie sur le sommet d'une montagne, où elle continue de répandre des larmes qu'on voit couler d'un bloc de marbre.

Suivant quelques auteurs, Chloris, la plus jeune des enfants de Niobé, échappa seule à la vengeance de Latone, et épousa plus tard Nélée, père de Nestor. Le premier nom de cette orpheline était Mélibée : elle eut le nom de Chloris, « pâle », parce que, ne s'étant jamais remise de la frayeur que lui avait causée la mort tragique de ses frères et sœurs, elle demeura toute sa vie d'une pâleur extrême.

Cette fable est devenue célèbre dans les temps modernes, surtout par le groupe de Niobé et ses enfants, aujourd'hui exposé à Florence, et qui fut découvert à Rome en 1583. Cette œuvre est attribuée à Praxitèle ou à Scopas. Il existe encore trois groupes remarquables de Niobé : à la villa Borghèse, au Vatican et à la villa Albani.

## **Hercule,** en grec **Héraclès**

Homère donne le nom de *héros* aux hommes qui se distinguent par leur force, leur courage et leurs exploits ; Hésiode désigne spécialement par ce mot les enfants d'un dieu et d'une mortelle. Le type d'Hercule répond à la fois à l'une et à l'autre de ces conceptions.

La légende d'Hercule avec des variantes, des amplifications, se retrouve chez presque tous les peuples de l'Antiquité, en Égypte, en Crète, en Phénicie, aux Indes et même en Gaule. Cicéron compte six héros du nom d'Hercule, Varron en compte quarante-trois. Le plus connu, celui qu'honoraient les Grecs et les Romains, et auquel se rapportent presque tous les monuments, est incontestablement l'Hercule Thébain, fils de Jupiter et d'Alcmène, femme d'Amphitryon.

Thébain par sa naissance, il est cependant Argien d'origine. Par Alcmène et Amphitryon, il appartenait à la famille de Persée, et, du nom de son grand-père paternel Alcée, il est très souvent désigné sous celui d'Alcide.

Amphitryon, fils d'Alcée et petit-fils de Persée, ayant tué, par mégarde, Électryon, roi de Mycènes, son oncle, père d'Alcmène, s'éloigna d'Argos, sa patrie, et se retira à Thèbes où il épousa sa cousine. Celle-ci mit à ce mariage une condition, c'est qu'Amphitryon irait venger la mort de son frère tué par les Téléboens, habitants de petites îles de la mer Ionienne, voisines d'Ithaque. Ce fut pendant cette expédition que Jupiter vint trouver Alcmène sous les traits d'Amphitryon, et la rendit mère d'Hercule, nom qui signifie : *Gloire d'Hèra* ou *de Junon*.

En même temps qu'Hercule Alcmène mit au monde Iphiclus. Amphitryon, voulant savoir lequel des deux jumeaux était son fils, dit Apollodore, envoya auprès de leur berceau deux serpents : Iphiclus parut saisi de frayeur et voulut s'enfuir ; quant à Hercule, il étrangla les deux serpents, et montra, dès sa naissance, qu'il était digne d'avoir Jupiter pour père.

Mais la plupart des mythologues disent que ce fut Junon qui, dès les premiers jours d'Hercule, donna des preuves éclatantes de la haine qu'elle lui portait à cause de sa mère, en envoyant deux horribles dragons dans son berceau pour le faire dévorer ; mais l'enfant, sans s'émouvoir, les prit à belles mains et les mit en pièces. La déesse se radoucit, et, à la prière de Pallas, consentit même à lui donner de son lait pour le rendre immortel. C'est alors que le lait de la déesse, attiré fortement par Hercule, rejaillit dans le ciel et forma la Voie lactée.

Le jeune héros eut plusieurs maîtres : il apprit à tirer de l'arc de Rhadamanthe, de Castor à combattre tout armé ; le centaure Chiron fut son maître en astronomie et en médecine ; Linus, fils d'Isménius, petit-fils d'Apollon, lui enseigna à jouer d'un instrument qui se touchait avec l'archet, et, comme Hercule détonnait en touchant, Linus l'en reprit avec quelque sévérité ; Hercule, peu docile, ne put souffrir la réprimande, lui jeta son instrument à la tête, et le tua du coup.

Il devint d'une taille extraordinaire et d'une force de corps incroyable. C'était aussi un grand mangeur et un grand buveur. Un jour, ayant faim, il tua un bœuf et le mangea. Pour boire il avait un gobelet énorme ; il fallait deux hommes pour le porter ; quant à lui, il n'avait besoin que d'une main pour s'en servir lorsqu'il le vidait.

L'apologue de Prodicus, reproduit par Xénophon, mérite d'être ici raconté :

« Hercule, étant devenu grand, se retira en un lieu à l'écart, pour penser à quel genre de vie il se donnerait : alors lui apparurent deux femmes de grande stature, dont l'une fort belle, qui était la *Vertu*, avait un visage majestueux et plein de dignité, la pudeur dans les yeux, la modestie dans tous ses gestes, et la robe blanche. L'autre, qu'on appelle la *Mollesse* ou la *Volupté*, était dans un grand embonpoint et d'une couleur plus relevée : ses regards libres et ses habits magnifiques la faisaient connaître pour ce qu'elle était. Chacune des deux tâcha de le gagner par ses promesses. Il se détermina enfin à suivre le parti de la *Vertu*, qui se prend ici pour la *Valeur*. » On voit, sur une médaille, Hercule assis entre Minerve et Vénus ; l'une, reconnaissable à son casque et à sa pique, est l'image de la Vertu ; l'autre, précédée de Cupidon, est le symbole de la Volupté.

Ayant donc embrassé, de son propre choix, un genre de vie dur et laborieux, il alla se présenter à Eurysthée, roi de Mycènes, sous les ordres de qui il devait entreprendre ses combats et ses travaux, par le sort de sa naissance.

Eurysthée était le fils de Sthénélus et de Micippe, fille de Pélops. Jupiter ayant juré que, de deux garçons qui allaient naître, l'un fils de Sthénélus, l'autre d'Alcmène, celui qui le premier verrait le jour obtiendrait l'empire sur l'autre, Junon, qui était irritée contre Alcmène, se vengea sur son fils, avança la naissance d'Eurysthée, et lui procura la supériorité sur son concurrent. Ce prince politique, jaloux de la réputation d'Hercule, et craignant d'être un jour détrôné, le persécuta sans relâche, et eut soin de lui donner assez d'occupations hors de ses États pour lui ôter le moyen de troubler son gouvernement. Il exerça son grand courage et ses forces dans des entreprises également délicates et dangereuses ; c'est ce qu'on appelle les *Travaux d'Hercule*. Ils sont au nombre de douze.

Le *premier* est le combat contre le lion de Némée.

Dans une forêt voisine de Némée, ville de l'Argolide, était un lion d'une taille énorme qui dévastait le pays. Hercule, à l'âge de seize ans, attaqua ce monstre, épuisa son carquois contre sa peau impénétrable aux traits, et brisa sur lui sa massue de fer. Enfin, après beaucoup d'efforts inutiles, il saisit le lion, le déchira de ses mains, et avec ses ongles lui enleva la peau qui depuis lui servit de bouclier et de vêtement.

Le *second* est le combat contre l'Hydre de Lerne.

Sur le territoire d'Argos se trouvait le lac de Lerne, dont le circuit, dit Pausanias, n'avait guère plus d'un tiers de stade. C'était donc une grande mare profonde, d'environ 62 mètres de tour. Dans cette sorte de cloaque marécageux, vivait une hydre redoutable, monstre à plusieurs têtes. Les uns lui en donnent sept, d'autres neuf, d'autres cinquante. Quand on en coupait une, on en voyait renaître autant qu'il en restait après celle-là, à moins qu'on n'appliquât le feu à la plaie. Le venin de ce monstre était si subtil, qu'une flèche qui en était frottée donnait infailliblement la mort. Cette hydre ravageait les campagnes et les troupeaux.

Pour la combattre, Hercule monta sur son char. Iolas, son neveu, fils d'Iphiclus, lui servit de cocher. Junon, voyant Hercule près de triompher du monstre, avait envoyé au secours de l'hydre un cancre marin, qui le piqua au pied. Hercule l'ayant aussitôt écrasé, la déesse le plaça parmi les astres, où il forme le signe de l'Écrevisse. L'hydre fut tuée ensuite sans obstacle : Hercule lui abattit toutes ses têtes d'un seul coup.

Le *troisième* consistait à tuer le sanglier d'Érymanthe.

Érymanthe est une montagne d'Arcadie, célèbre par un sanglier qui en ravageait les environs. Hercule prit ce terrible animal vivant ; et Eurysthée, voyant le héros porter ce sanglier sur ses épaules, fut saisi de frayeur, et alla se cacher sous une cuve d'airain.

Le *quatrième* lui assura sa victoire sur la biche aux pieds d'airain.

Sur les pentes et dans les vallées du mont Ménale, en Arcadie, se trouvait une biche aux pieds d'airain et aux cornes d'or, si rapide à la course, que personne n'avait pu l'atteindre. Elle donna au héros beaucoup de peine, parce que, sachant qu'elle était consacrée à Diane, il ne voulait pas la percer de ses flèches. Il la poursuivit donc ardemment, et finit par la prendre au moment où elle traversait le Ladon.

Le *cinquième* fut l'extermination des oiseaux du lac Stymphale.

En Arcadie, sur le lac Stymphale, il y avait des oiseaux monstrueux, dont les ailes, la tête et le bec étaient de fer, les ongles crochus et acérés. Ils lançaient des dards de fer contre ceux qui les attaquaient ; le dieu Mars les avait lui-même dressés au combat. Ils étaient en si grand nombre, et d'une grosseur si extraordinaire que, lorsqu'ils volaient, leurs ailes interceptaient la clarté du soleil. Hercule, ayant reçu de Minerve des cymbales d'airain propres à épouvanter ces oiseaux, s'en servit pour les attirer hors du bois où ils se retiraient, et les extermina à coups de flèches.

Dans le *sixième*, il dompta le taureau de l'île de Crète envoyé par Neptune contre Minos, et l'amena à Eurysthée. Celui-ci laissa échapper ce redoutable animal qui alla ravager la plaine de Marathon. Hercule dut entreprendre une nouvelle lutte contre ce taureau, et le mit finalement à mort.

Dans le *septième*, il enleva les cavales de Diomède.

Diomède, roi de Thrace, fils de Mars et de Cyrène, avait des chevaux furieux qui vomissaient feu et flamme. Il les nourrissait, dit-on, de chair humaine et leur donnait à dévorer tous les étrangers qui avaient le malheur de tomber entre ses mains. Hercule prit Diomède, le fit dévorer par ses propres chevaux, les amena ensuite à Eurysthée, et les lâcha sur le mont Olympe où ils furent dévorés par les bêtes sauvages.

Ce fut dans cette expédition qu'Hercule bâtit en Thrace la ville d'Abdère, en mémoire de son ami Abdérus que les chevaux de Diomède avaient dévoré.

Le *huitième* des travaux d'Hercule est sa victoire sur les Amazones.

La nation des Amazones, établie sur les bords et dans le voisinage du Pont-Euxin, en Asie et en Europe, était devenue redoutable. Ces femmes guerrières ne vivaient que de pillage et des produits de leur chasse. Elles étaient vêtues de peaux de bêtes sauvages ; leur vêtement, agrafé sur l'épaule gauche et retombant jusqu'au genou, laissait à découvert toute la partie droite du corps. Leur armure se composait d'un arc, d'un carquois garni de flèches ou javelines, et d'une hache. Leur bouclier avait la forme d'un croissant, et environ un pied et demi de diamètre. En guerre, leur reine portait un corselet formé de petites écailles de fer, attaché avec une ceinture ; toutes portaient un casque orné de plumes, plus ou moins brillantes, insignes de leur rang ou de leur dignité. Souvent elles étaient à cheval ; mais elles combattaient aussi à pied. Avec leur reine Penthésilée, elles étaient allées au secours de Troie ; une de leurs reines, Harpalyce, célèbre par la légèreté de sa course, réduisit en son pouvoir toute la Thrace. Au temps d'Hercule, elles obéissaient à la reine Hippolyte.

Eurysthée ayant commandé au héros de lui apporter la ceinture de cette princesse, Hercule alla chercher ces guerrières, tua Mygdon et Amycus, frères d'Hippolyte, qui lui disputaient le passage, défit les Amazones, et enleva leur reine qu'il fit épouser à son ami Thésée.

Dans le *neuvième* de ses travaux, il nettoya les écuries d'Augias.

Roi d'Élide et fils du Soleil, Augias, un des Argonautes, avait des étables qui contenaient trois mille bœufs, et qui n'avaient point été nettoyées depuis trente ans. Ayant appris l'arrivée d'Hercule dans ses États, il lui proposa de les nettoyer, sous la promesse du dixième de son troupeau. Le héros détourna le fleuve Alphée, et le fit passer à travers les étables. Le fumier emporté, et l'air nettoyé, Hercule se présenta pour recevoir le prix de son travail. Augias hésitant, et n'osant le refuser ouvertement, le renvoya au jugement de son fils Philée. Celui-ci décida en faveur d'Hercule. Son père le chassa de sa présence, et l'obligea de se réfugier dans l'île de Dulichie. Hercule, indigné de ce procédé, pilla la ville d'Élis, tua Augias, rappela Philée, et lui donna les États de son père.

Dans le *dixième*, il combattit Géryon, et emmena ses bœufs. Géryon, fils de Chrysaor et de Callirhoé, était, suivant Hésiode, le plus fort de tous les hommes et roi d'Érythie, contrée d'Espagne, voisine de l'Océan.

Les poètes venus après Hésiode en ont fait un géant à trois corps, qui avait, pour garder ses troupeaux, un chien à deux têtes et un dragon à sept. Hercule le tua avec ses gardiens, et emmena ses bœufs.

Dans le *onzième*, il enleva les pommes d'or du jardin des Hespérides, filles d'Atlas.

Dans le *douzième*, il retira Thésée des Enfers.

On lui attribua bien d'autres actions mémorables ; chaque pays et presque toutes les villes de la Grèce se faisaient honneur d'avoir été le théâtre de quelque fait merveilleux de ce héros. Ainsi il extermina les Centaures, tua Busiris, Antée, Hippocoon, Eurytus, Périclymène, Éryx, Lycus, Cacus, Laomédon, etc. ; il arracha Cerbère des Enfers ; il en retira Alceste ; il délivra Hésione du monstre qui allait la dévorer, et Prométhée de l'aigle qui lui mangeait le foie ; il soulagea Atlas, qui pliait sous le poids du ciel dont ses épaules étaient chargées ; il sépara ces deux montagnes depuis appelées les *Colonnes d'Hercule* ; il combattit contre le fleuve Achéloüs à qui il enleva une de ses cornes ; enfin il alla jusqu'à combattre contre les dieux mêmes.

Homère dit que ce héros, pour se venger des persécutions que Junon lui avait suscitées, tira contre cette déesse une flèche à trois pointes qui la blessa grièvement. Le même poète ajoute que Pluton fut aussi blessé d'un coup de flèche à l'épaule, dans la sombre demeure des morts, et qu'il fut obligé de monter au ciel pour se faire guérir par le médecin des dieux. Un jour qu'il se trouvait incommodé des ardeurs du soleil, il se mit en colère contre cet astre, et tendit son arc pour tirer contre lui. Le Soleil, admirant son grand courage, lui fit présent d'un gobelet d'or sur lequel, dit Phérécide, il s'embarqua. (Le mot grec *Scaphos* signifie à la fois une *barque* ou un *gobelet.*)

Hercule et Cerbère.

Enfin, Hercule s'étant présenté aux jeux Olympiques pour disputer le prix, et personne n'osant concourir avec lui, Jupiter lui-même voulut lutter contre son fils, sous la figure d'un athlète ; et, comme, après un long combat, l'avantage fut égal des deux côtés, le dieu se fit connaître, et félicita son fils sur sa force et sa valeur.

Hercule eut plusieurs femmes : les plus connues sont Mégare, Omphale, Iole, Épicaste, Parthénope, Augé, Astiochée, Astydamie, Déjanire, et la jeune Hébé qu'il épousa dans le ciel, sans compter les cinquante filles de Thespius, roi d'Étolie. Combien d'enfants laissa-t-il après lui ? La Mythologie ne les a pas énumérés. On lui en supposa un grand nombre. Et, dans la suite, beaucoup de grandes familles se firent un honneur de descendre de ce héros.

La mort d'Hercule fut un effet de la vengeance du Centaure Nessus et de la jalousie de Déjanire.

Cette princesse, fille d'Œnée, roi de Calydon en Étolie, fut d'abord fiancée à Achéloüs, ce qui excita une querelle entre ce fleuve et le héros. Achéloüs ayant été vaincu dans un combat singulier, bien qu'il eût pris la forme d'un serpent, Déjanire fut le prix du vainqueur qui l'emmenait dans sa patrie, lorsqu'il fut arrêté par le fleuve Evenus dont les eaux étaient extrêmement grossies. Comme il délibérait s'il retournerait sur ses pas, le Centaure Nessus vint s'offrir de lui-même pour passer Déjanire sur son dos. Hercule, y ayant consenti, traversa le fleuve le premier : arrivé à l'autre bord, il aperçut le Centaure qui, loin de passer Déjanire, se disposait à l'enlever de vive force. Alors le héros, indigné de son audace, lui décocha une flèche trempée dans le sang de l'Hydre de Lerne, et le perça. Nessus, se sentant mourir, donna à Déjanire sa tunique ensanglantée, en lui disant que, si elle pouvait persuader son mari de la porter, ce serait un moyen sûr de se l'attacher pour toujours. La jeune épouse, trop crédule, accepta ce présent, à dessein de s'en servir à l'occasion. Peu de temps après, ayant appris qu'Hercule était retenu en Eubée par les charmes d'Iole, fille d'Eurytus, elle lui envoya la tunique de Nessus par un jeune esclave appelé Lychas, à qui elle recommanda de dire à son mari les choses les plus tendres et les plus touchantes.

Hercule, qui ne soupçonnait rien du dessein de sa femme, reçut avec joie ce fatal présent ; mais il n'en fut pas plutôt revêtu, que le venin dont la tunique était infectée fit sentir son funeste effet. En un instant il se glissa dans les veines, et bientôt pénétra jusqu'à la moelle des os. En vain le héros essaya de se débarrasser de cette tunique ; elle s'était collée sur sa peau et comme incorporée à ses membres. À mesure qu'il la déchirait, il se déchirait aussi la peau et la chair. Dans cet état, il pousse des cris effroyables, et fait les plus terribles imprécations contre sa perfide épouse. Dans sa fureur, il saisit Lychas, et le lance à la mer où il est changé en rocher.

Nessus et Déjanire.

Voyant tous ses membres desséchés et sa fin prochaine, il élève un bûcher sur le mont Œta, y étend sa peau de lion, se couche dessus, met sa massue sous sa tête, et ordonne ensuite à Philoctète, son ami, d'y mettre le feu et de prendre soin de ses cendres.

Dès que le bûcher fut allumé, la foudre, dit-on, vint le frapper, et consuma le tout en un instant, pour purifier ce qu'il y avait de mortel dans Hercule. Jupiter l'enleva alors dans le ciel, et le plaça au rang des demi-dieux.

Quand Déjanire eut appris la mort d'Hercule, elle en conçut tant de regret, qu'elle se tua elle-même.

Les poètes disent que de son sang sortit une plante appelée *nymphée* ou *héracléon*.

Philoctète, ayant élevé un tombeau sur les cendres de son ami, y vit bientôt offrir des sacrifices au nouveau dieu. Les Thébains et les autres peuples de la Grèce, témoins de ses belles actions, lui érigèrent des temples et des autels. Son culte fut porté plus tard à Rome, en Gaule, en Espagne et jusque dans l'île de Taprobane, aujourd'hui Ceylan.

À Rome, Hercule avait plusieurs temples ; à Cadix, il en avait un très célèbre, dans lequel on voyait les fameuses colonnes.

Ce héros a été peint avec une puissante musculature, des épaules carrées, un teint noir ou bronzé, un nez aquilin, de gros yeux, la barbe épaisse, les cheveux crépus et horriblement négligés. Sur les monuments, il paraît ordinairement sous les traits d'un homme robuste, la massue à la main, et portant la dépouille du lion de Némée, quelquefois sur le bras, quelquefois sur la tête. On le trouve aussi représenté tenant l'arc et le carquois ; souvent barbu, il est assez fréquemment sans barbe.

La plus belle de toutes les statues de ce demi-dieu, que l'Antiquité nous ait transmises, est l'*Hercule Farnèse*, chef-d'œuvre de l'art, dû à l'Athénien Glycon, et découvert au seizième siècle à Rome dans les bains de Caracalla. Hercule y est représenté reposant sur sa massue recouverte en partie de la peau du lion, et tient à la main les pommes du jardin des Hespérides.

Le peuplier blanc lui était consacré.

Eurysthée, non content de voir son ennemi mort, voulut exterminer les restes d'un nom si odieux pour

Hercule Farnèse.

lui. Il poursuivit les Héraclides, ou descendants d'Hercule, de climats en climats jusqu'au sein de la Grèce. Ceux-ci s'étant réfugiés à Athènes auprès d'un autel de Jupiter pour contre-balancer Junon qui animait Eurysthée contre eux, Thésée prit leur défense, et refusa de les livrer à leur persécuteur venu les redemander les armes à la main, et qui périt avec toute sa famille dans un combat.

Alcmène eut la douleur de survivre à son fils Hercule ; mais elle eut aussi la cruelle satisfaction de tenir entre ses mains la tête d'Eurysthée et de lui arracher les yeux. Après la mort de son premier époux, elle avait épousé Rhadamanthe qu'elle rejoignit plus tard aux Enfers. On raconte que, pendant que les Héraclides étaient occupés de ses funérailles, Jupiter ordonna à Mercure d'enlever son corps et de le transporter aux Champs-Élysées. À Thèbes, elle était associée à la gloire de son fils, et on lui rendit des honneurs divins.

Tous les cinq ans, les Athéniens célébraient les *Héraclées*, grandes fêtes en l'honneur d'Hercule. Les mêmes fêtes se célébraient aussi à Sicyone où elles duraient deux jours.

On désigne parfois Hercule sous le nom de *héros de Tirynthe*, ville d'Argolide, où, dit-on, il fut élevé.

## Divers personnages ou héros secondaires dont la fable est étroitement liée à celle d'Hercule

### Iphiclus

Iphiclus ou Iphiclès, frère d'Hercule, fils d'Alcmène et d'Amphitryon, fut pendant quelque temps le compagnon du héros. Il fut blessé dès la première expédition de son frère contre Argée, roi des Éléens, et mourut à Phénée en Arcadie. Les Phénéates lui rendaient tous les ans, sur son tombeau, les honneurs héroïques.

### Hyllus

Hyllus, fils d'Hercule et de Déjanire, fut élevé chez Céyx, roi de Trachine en Thessalie, à qui le héros avait confié sa femme et ses enfants, pendant qu'il était occupé à ses fameux travaux. Envoyé par Déjanire à la recherche de son père, il a le chagrin de le rencontrer au moment où il vient de revêtir la tunique de Nessus. Sentant qu'il va succomber, Hercule lui recommande de le placer sur le mont Œta, de le porter sur un bûcher, d'y mettre le feu de ses mains, et enfin d'épouser Iole.

Ce fut Hyllus qui tua Eurysthée dans son combat contre les Héraclides. Mais plus tard, ayant délié Atrée, chef des Pélopides, à la condition que, s'il était vaincu, les Héraclides ne pourraient entrer dans le Péloponnèse que cent ans après sa mort, il périt dans le combat, et ses descendants furent obligés d'observer le traité.

## **Céyx** et **Alcyone**

Céyx, roi de Trachine, fils de Lucifer et ami d'Hercule, périt dans un naufrage, en allant à Claros consulter l'oracle d'Apollon. Son épouse Alcyone, fille d'Éole, de la race de Deucalion, prise de désespoir, se précipita dans la mer. Les dieux récompensèrent leur fidélité conjugale en les métamorphosant tous deux en alcyons, et voulurent que la mer fût tranquille tout le temps que ces oiseaux feraient leurs nids. L'alcyon était consacré à Thétis, parce que, dit-on, cet oiseau couve sur l'eau et parmi les roseaux. On le regardait comme un symbole de paix et de tranquillité. À Rome, les jours où l'on ne plaidait pas s'appelaient communément *jours d'Alcyon*.

## Iolas

Iolas, fils d'Iphiclus et neveu d'Hercule, fut le compagnon de ses travaux, prit part avec lui à l'expédition des Argonautes, épousa Mégare, répudiée par le héros, se mit à la tête des Héraclides avec Hyllus, et l'aida à vaincre Eurysthée. Il conduisit une colonie de Thespiades en Sardaigne, passa en Sicile, et revint en Grèce, où, après sa mort, on lui dédia des monuments héroïques. Hercule avait donné l'exemple, car il avait, en Sicile, dédié un bois à Iolas, et institué des sacrifices en son honneur. Les habitants d'Agyre, en Sicile, lui vouaient leur chevelure.

## Pholus

Hercule, allant à la chasse du sanglier d'Érymanthe, logea chez le Centaure Pholus, qui le reçut très bien, et le traita de même. Au milieu du festin, Hercule voulut entamer un muid de vin qui appartenait aux autres Centaures, mais que Bacchus ne leur avait donné qu'à la condition d'en régaler Hercule quand il passerait chez eux ; ceux-ci le lui refusèrent, et une lutte vive s'engagea. Le héros les écarta à coups de flèches, et en tua plusieurs de sa massue. Pholus ne prit aucune part à ce combat, il se borna à rendre aux morts les devoirs de la sépulture ; mais par malheur, une flèche qu'il arracha du corps d'un de ces Centaures le blessa à la main, et quelques jours après il mourut de sa blessure. Hercule lui fit de magnifiques funérailles, et l'enterra sur la montagne appelée depuis Pholoé, du nom de Pholus.

## Busiris

Busiris, roi ou plutôt tyran d'Espagne, était fameux par ses cruautés. Il immolait à Jupiter tous les étrangers qui avaient le malheur d'aborder dans ses États. On dit que, ayant entendu vanter la sagesse et la beauté des filles d'Atlas, il les fit enlever par des pirates ; mais Hercule poursuivit les ravisseurs, les tua tous, délivra les Atlantides, et alla en Espagne tuer Busiris. – D'autres prétendent que ce tyran était roi d'Égypte.

## Antée

Antée, géant, fils de Neptune et de la Terre, à qui la fable donne soixante-quatre coudées de hauteur, arrêtait tous les passants dans les sables de la Libye, les forçait à lutter contre lui, et les écrasait de son poids, parce qu'il avait fait vœu d'élever un temple à Neptune avec des crânes d'hommes.

Hercule, qu'il avait provoqué, le terrassa trois fois, mais en vain, car la Terre, sa mère, lui rendait des forces nouvelles chaque fois qu'il la touchait. Le héros s'en aperçut ; alors il le souleva en l'air, et l'étouffa dans ses bras. Cet Antée avait bâti la ville de Tingis (aujourd'hui Tanger) sur le détroit de Gibraltar, où il fut enterré.

## Hippocoon

Hippocoon, fils d'Œbalus, roi de Sparte, et de Gorgophone, fille de Persée, disputa la couronne à son frère Tyndare, et le chassa de son royaume. Hercule intervint, tua Hippocoon et rétablit Tyndare sur le trône.

## Eurytus

Eurytus, roi d'Œchalie, ville de l'Étolie septentrionale, était célèbre par son adresse à tirer de l'arc. Il avait promis sa fille Iole à celui qui le surpasserait. Hercule le vainquit. Mais Eurytus refusa de tenir sa promesse et fut tué par le héros.

## Éryx

Éryx, fils de Vénus et de Butés, fut roi d'un canton de Sicile, appelé Érycie. Fier de sa force prodigieuse et de sa réputation au pugilat, il défiait au combat ceux qui se présentaient chez lui, et tuait le vaincu. Il osa même s'attaquer à Hercule, qui venait d'arriver en Sicile. Le prix du combat fut d'un côté les bœufs de Géryon, et de l'autre le royaume d'Éryx, qui fut d'abord choqué de la comparaison, mais qui accepta l'offre, lorsqu'il sut qu'Hercule perdrait, avec ses bœufs, l'espérance de l'immortalité. Il fut vaincu, et enterré dans le temple dédié à Vénus.

## **Achénon** et **Passalus**

Achénon et Passalus, son frère, étaient deux Cercopes, c'est-à-dire originaires de Pithécuse, île voisine de la Sicile, dont les habitants, à cause de leur insolence et de leur méchanceté, avaient été changés en singes par Jupiter. Le mot *cercops*, en grec, désigne une sorte de singe.

Ces deux frères, par leur malice, ne démentaient pas leur origine. Querelleurs incorrigibles, ils provoquaient quiconque se trouvait sur leur passage. Sennon, leur mère, les avertit de prendre garde de tomber entre les mains du Mélampyge, c'est-à-dire de l'homme aux cuisses noires.

Un jour ils rencontrèrent Hercule endormi sous un arbre, et l'insultèrent. Hercule les lia par les pieds, les attacha à sa massue, la tête en bas, et les porta sur son épaule, comme les chasseurs portent le gibier. Ce fut en cette plaisante posture qu'ils dirent : « Voilà le Mélampyge que nous devions craindre. » Hercule se mit à rire, et leur rendit la liberté.

C'est ce qui a donné lieu au proverbe grec : « Prends garde au Mélampyge. »

## Cacus

Cacus ou en grec Cacos, *Méchant*, fils de Vulcain, demi-homme et demi-satyre, était d'une taille colossale, et vomissait des tourbillons de flamme et de fumée. Des têtes sanglantes étaient sans cesse suspendues à la porte de sa caverne située en Italie, dans le Latium, au pied du mont Aventin.

Hercule, après la défaite de Géryon, conduisit ses troupeaux de bœufs sur les bords du Tibre, et s'endormit pendant qu'ils paissaient. Cacus en vola quatre paires, et, pour n'être pas trahi par les traces de leurs pas, les traîna dans son antre à reculons, par la queue. Le héros se disposait à quitter ces pâturages, lorsque les bœufs qui lui restaient se mirent à mugir ; les vaches enfermées dans l'antre répondirent par des beuglements. Hercule, furieux, court vers la caverne ; mais l'ouverture en était fermée avec un rocher énorme que tenaient suspendu des chaînes forgées par Vulcain. Il ébranle les rochers, se fraye un passage, s'élance dans la caverne à travers les tourbillons de flamme et de fumée que le monstre vomit ; il le saisit, l'étreint de ses mains robustes, et l'étrangle. Ovide le lui fait tuer à coups de massue.

En mémoire de cette victoire, les habitants du voisinage célébrèrent, tous les ans, une fête en l'honneur d'Hercule. – Des pierres gravées antiques représentent Cacus dans l'instant du vol ; et, sur le revers d'une médaille d'Antonin le Pieux, on voit ce monstre renversé, sans vie, aux pieds du héros, autour duquel se presse un peuple reconnaissant. Dans les plafonds peints à Bologne, au palais Zampiéri, par les Carrache, Cacus a une tête de bête sur un corps humain.

## **Laomédon** et **Hésione**

Laomédon, fils d'Ilus, et père de Priam, régna à Troie vingt-neuf ans. Il fit entourer sa capitale de si fortes murailles, qu'on attribua cet ouvrage à Apollon. Les fortes digues qu'il fit faire aussi contre les vagues de la mer passèrent pour l'ouvrage de Neptune. Plus tard des inondations renversèrent en partie ces digues, et l'on publia que Neptune, frustré de la récompense promise, s'était vengé par là de la perfidie du roi. Apollon, de son côté, se vengea par la peste. On recourut à l'oracle pour faire cesser ces deux fléaux, et la réponse fut que le dieu de la mer ne serait apaisé que lorsque les Troyens auraient exposé à un monstre marin celui de leurs enfants que le sort aurait désigné. Ce fut Hésione, fille de Laomédon, que le sort désigna.

Le roi fut obligé de livrer sa fille, qui venait d'être enchaînée sur le bord de la mer, lorsque Hercule descendit à terre avec les autres Argonautes. Dès que cette jeune princesse lui eut appris son infortune, il rompit les chaînes qui la tenaient attachée, et, entrant dans la ville, il promit au roi de tuer le monstre. Charmé de cette offre généreuse, Laomédon lui promit, de son côté, pour sa récompense, ses chevaux invincibles, et si légers qu'ils couraient sur les eaux.

Hercule ayant achevé cet exploit, on donna à Hésione la liberté de suivre son libérateur, ou de demeurer dans sa patrie et dans sa famille. Hésione préféra son bienfaiteur à ses parents et à ses concitoyens, et consentit à suivre les étrangers. Mais Hercule laissa en garde à Laomédon Hésione et les chevaux qu'il lui avait promis, à condition qu'il les lui rendrait à son retour de la Colchide.

Après l'expédition des Argonautes, Hercule envoya son ami Télamon à Troie sommer le roi de tenir sa parole ; mais Laomédon fit mettre en prison le député et dresser des embûches aux autres Argonautes. Hercule vint assiéger la ville, la saccagea, tua Laomédon, enleva Hésione, et la fit épouser à Télamon.

L'enlèvement d'Hésione par les Grecs fut dans la suite la cause ou le prétexte de l'enlèvement d'Hélène par un prince troyen.

## Alceste

Alceste, fille de Pélias et d'Anaxabie, étant recherchée en mariage par un grand nombre de prétendants, son père dit qu'il ne la donnerait qu'à celui qui pourrait atteler à son char des bêtes féroces de différente espèce.

Admète, roi de Thessalie, eut recours à Apollon. Ce dieu, reconnaissant de l'accueil qu'il avait reçu de ce roi, lui donna un lion et un sanglier apprivoisés qui traînèrent le char de la princesse. Alceste, accusée d'avoir eu part au meurtre de Pélias, fut poursuivie par Acaste, son frère, qui déclara la guerre à Admète, le fit prisonnier, et allait venger sur lui le crime des filles de Pélias, lorsque la généreuse Alceste alla s'offrir volontairement au vainqueur pour sauver son époux.

Acaste emmenait déjà à Iolchos la reine de Thessalie, dans le dessein de l'immoler aux mânes de son père, lorsque Hercule, à la prière d'Admète, ayant poursuivi Acaste, l'atteignit au-delà du fleuve Achéron, et lui enleva Alceste, pour la rendre à son mari.

De là la fable qui représente Alceste mourant effectivement pour son mari, et Hercule combattant la Mort, et la liant avec des chaînes de diamant jusqu'à ce qu'elle eût consenti à rendre Alceste à la lumière. Cette tradition a été adoptée par Euripide dans sa tragédie d'*Alceste*.

## Mégare

Mégare, fille de Créon, roi de Thèbes, et femme d'Hercule, avait été accordée à ce héros en récompense du secours qu'il avait porté à Créon contre Erginus, roi d'Orchomène. Pendant la descente d'Hercule aux Enfers, Lycus voulut s'emparer de Thèbes, et forcer Mégare à l'épouser. Hercule revint à propos, tua Lycus et rétablit Créon. Junon, indignée de la mort de Lycus, inspira à Hercule une violente fureur dans un accès de laquelle il tua Mégare et les enfants qu'il avait eus d'elle.

Suivant une autre tradition, il ne tua que ses enfants, répudia, dans la suite, Mégare dont la vue lui rappelait sans cesse le souvenir de sa fureur, et la fit épouser à son neveu Iolas. – La démence du héros a fourni à Euripide le sujet de sa tragédie *Hercule furieux*.

## Omphale

Omphale était reine de Lydie, dans l'Asie Mineure. Hercule, en voyageant, s'arrêta chez cette princesse, et fut si épris de sa beauté, qu'il oublia sa valeur et ses exploits pour se livrer aux plaisirs de l'amour. « Tandis qu'Omphale, dit agréablement Lucien, couverte de la peau du lion de Némée, tenait la massue, Hercule, habillé en femme, vêtu d'une robe de pourpre, travaillait à des ouvrages de laine, et souffrait qu'Omphale lui donnât quelquefois de petits soufflets avec sa pantoufle. » On le trouve ainsi représenté sur d'anciens monuments. Hercule eut d'Omphale un fils nommé Agésilas, d'où l'on fait descendre Crésus. – Malis fut aussi aimée d'Hercule durant l'esclavage de ce héros à la cour d'Omphale. C'était une des suivantes de cette princesse.

## Iole

Iole, fille d'Eurytus, roi d'Œchalie, pressée par Hercule qui ravageait les États de son père, se précipita du haut des remparts : mais le vent, enflant sa robe, la soutint dans l'air et la descendit sans qu'elle eût aucun mal. Selon d'autres, Eurytus refusa sa fille au héros, ce qui fut cause de sa perte et de celle de son fils Iphitus. Ce fut l'amour d'Hercule pour Iole qui causa la jalousie de Déjanire et l'envoi de la fatale tunique de Nessus.

## Autres femmes d'Hercule

Épicaste, fille d'Égée, eut d'Hercule une fille nommée Thessala.

Parthénope, fille de Stymphale, eut de lui un fils, Éverrès.

Augé, femme d'Hercule et fille d'Aléus, roi d'Arcadie, fut la mère de Télèphe dont les malheurs firent le sujet de plusieurs tragédies sur le théâtre ancien.

Astyachée, fille de Philanthe, ayant été faite captive par Hercule dans la ville d'Éphine en Élide, eut de lui un fils nommé Tlépolème.

Astydamie, fille d'Amyntor, roi des Dolopes et mère de Lépréas, fut aimée d'Hercule et réconcilia son fils avec lui. Elle eut de ce héros un autre fils nommé, selon les uns, Tlépolème, et, selon d'autres, Étésipe. – Lépréas, fils d'Astydamie et de Glaucon, avait comploté, avec Augias, roi des Éléens, de lier Hercule, lorsqu'il demanderait la récompense de son travail, selon la promesse faite par ce roi. Depuis ce temps, Hercule cherchait l'occasion de se venger.

Grâce à Astydamie les deux ennemis se réconcilièrent ; mais ensuite Lépréas disputa contre Hercule à qui lancerait mieux le disque, puiserait plus d'eau en un certain temps, aurait plus tôt mangé un taureau d'égal poids et boirait le plus. Hercule fut toujours vainqueur. Enfin Lépréas, dans un accès de colère et d'ivresse, ayant défié Hercule au combat, fut tué par le héros.

## Les Labdacides

### Œdipe

Labdacus, roi de Thèbes, était fils de Polydore et petit-fils de Cadmus et d'Harmonie. Il épousa Nyctis et fut le père de Laïus qui lui succéda. De celui-ci et de Jocaste, fille de Ménécée, prince de la famille royale de Thèbes, naquit Œdipe.

Laïus, en se mariant, eut la curiosité de demander à Delphes si son mariage serait heureux. L'oracle lui répondit que l'enfant qui en devait naître lui donnerait la mort. Jocaste ayant donné le jour à un fils, Laïus inquiet fit exposer l'enfant sur le mont Cithéron. Le serviteur qu'il chargea de cette commission lui perça les pieds et le suspendit à un arbre ; de là son nom d'Œdipe (Rac. *oidein*, être enflé ; *pous*, pied). Par hasard, Phorbas, berger de Polybe, roi de Corinthe, conduisit en ce lieu son troupeau, accourut aux cris de l'enfant, le détacha et l'emporta. La reine de Corinthe voulut le voir, et, comme elle n'avait point d'enfant, elle l'adopta et prit soin de son éducation.

Œdipe, devenu grand, consulta l'oracle sur sa destinée, et reçut cette réponse : « Œdipe sera le meurtrier de son père et l'époux de sa mère : il mettra au jour une race détestable. » Frappé de cette horrible prédiction, et pour éviter de l'accomplir, il s'exila de Corinthe, et, réglant son voyage sur les astres, prit la route de la Phocide.

S'étant trouvé dans un chemin étroit qui menait à Delphes, il rencontra Laïus monté sur son char et escorté seulement de cinq personnes, qui ordonna d'un ton de hauteur à Œdipe de lui laisser le passage libre ; ils en vinrent aux mains sans se connaître, et Laïus fut tué.

Œdipe, arrivé à Thèbes, trouva la ville désolée par le Sphinx. Ce monstre, issu d'Échidna et de Typhon, avait été envoyé par Junon irritée contre les Thébains. Il avait la tête et la poitrine d'une jeune fille, les griffes d'un lion, le corps d'un chien, la queue d'un dragon, et des ailes comme un oiseau. Il exerçait ses ravages aux portes de Thèbes, sur le mont Phicée, d'où, se jetant sur les passants, il leur proposait des énigmes difficiles, et mettait en pièces ceux qui ne pouvaient les expliquer.

Voici l'énigme qu'il proposait ordinairement : « Quel est l'animal qui a quatre pieds le matin, deux sur le midi, et trois le soir ? » Sa destinée portait qu'il perdrait la vie, dès qu'on aurait deviné son énigme. Déjà beaucoup de personnes avaient été victimes du monstre, et la ville se trouvait dans de grandes alarmes.

Créon, frère de Jocaste, qui avait pris le gouvernement après la mort de Laïus, fit publier dans toute la

Grèce qu'il donnerait la main de sa sœur et sa couronne à celui qui affranchirait Thèbes du honteux tribut qu'elle payait au monstre. Œdipe se présenta pour expliquer l'énigme et fut assez heureux pour la deviner. Il dit que cet animal était l'homme, qui, dans son enfance, qu'on doit regarder comme le matin de la vie, se traîne souvent sur les pieds et sur les mains ; vers le midi, c'est-à-dire dans la force de l'âge, il n'a besoin que de ses deux jambes ; mais le soir, c'est-à-dire dans la vieillesse, il a besoin d'un bâton, comme d'une troisième jambe, pour se soutenir. Le Sphinx, outré de dépit de se voir deviné, se jeta dans un précipice et se cassa la tête contre les rochers.

Jocaste, prix de la victoire, devint alors la femme d'Œdipe, et lui donna deux fils, Étéocle et Polynice, et deux filles, Antigone et Ismène.

Plusieurs années après, le royaume fut désolé par une peste cruelle. L'oracle, refuge ordinaire des malheureux, est de nouveau consulté, et déclare que les Thébains sont punis pour n'avoir pas vengé la mort de leur roi, et pour n'en avoir pas recherché les auteurs. Œdipe fait faire des perquisitions pour découvrir le meurtrier : il parvient par degrés à dévoiler le mystère de sa naissance, et à se reconnaître parricide et incestueux. Jocaste, au désespoir, monte au plus haut de son palais, y attache son bandeau royal, dont elle fait un fatal lacet et se donne ainsi la mort. Œdipe s'arrache les yeux avec l'agrafe de son manteau, et, chassé par ses fils, il s'éloigne de Thèbes, sous la conduite d'Antigone, sa fille, qui ne l'abandonne pas dans son malheur.

Œdipe à Colone.

Il s'arrête près d'un bourg de l'Attique, nommé Colone, dans un bois consacré aux Euménides. Quelques Athéniens, saisis d'effroi à la vue d'un homme arrêté dans ce lieu où il n'est permis à aucun profane de mettre le pied, veulent employer la violence pour l'en faire sortir. Antigone intercède pour son père et pour elle, et obtient d'être conduite à Athènes, où Thésée les reçoit favorablement et leur offre son pouvoir pour appui, et ses États pour retraite. Œdipe se rappelle un oracle d'Apollon qui lui prédit qu'il mourrait à Colone, et que son tombeau serait un gage de la victoire pour les Athéniens sur tous leurs ennemis.

Créon, frère de Jocaste, vient à la tête des Thébains supplier Œdipe de revenir à Thèbes. L'infortuné prince, qui soupçonne Créon de vouloir lui ôter la protection des Athéniens, et le reléguer dans une terre inconnue, rejette ses offres. Délivré de l'importunité des Thébains par Thésée, il entend un coup de tonnerre, le regarde comme un présage de sa mort prochaine, et marche sans guide vers le lieu où il doit expirer.

Arrivé près d'un précipice, dans un carrefour, il s'assied sur un siège de pierre, met bas ses vêtements de deuil, et, après s'être purifié, se revêt d'une robe telle qu'on en donnait aux morts, fait appeler Thésée, et lui recommande ses deux filles Antigone et Ismène qu'il fait éloigner. Ensuite la terre tremble et s'entrouvre doucement pour recevoir Œdipe sans violence et sans douleur, en présence de Thésée, qui seul a le secret du genre de sa mort et du lieu de son tombeau. Quoique la volonté, qui fait le crime, n'eût eu aucune part aux horreurs de sa vie, les poètes ne laissent pas de le placer dans le Tartare avec tous les fameux criminels.

Telle est l'histoire de ce prince, suivant les poètes tragiques, et surtout suivant Sophocle qui, pour mieux inspirer la terreur et la pitié, a ajouté plusieurs circonstances à la légende traditionnelle. Car, selon Homère, Œdipe épousa bien sa mère, mais n'en eut point d'enfants parce que Jocaste se tua aussitôt après s'être reconnue incestueuse. Œdipe, après la mort de Jocaste, épousa Eurygamée, eut d'elle quatre enfants, régna à Thèbes avec elle, et y finit ses jours. Il est vrai qu'on montrait son tombeau à Athènes, mais il fallait que ses ossements y eussent été portés de Thèbes.

## **Étéocle** et **Polynice**

Étéocle, fils aîné d'Œdipe et de Jocaste, après la déposition, la retraite ou la mort de son père, convint avec son frère Polynice qu'ils régneraient alternativement chacun son année, et que, pour éviter toute contestation, celui qui ne serait point sur le trône s'absenterait de Thèbes. Étéocle régna le premier, mais, l'année révolue, il refusa de céder le trône à son frère. Frustré dans ses espérances, Polynice eut recours aux Argiens dont Adraste, son beau-père, était roi.

Celui-ci, pour venger son gendre, et le rétablir dans ses droits, lève une armée formidable qui marche contre Thèbes. Cette guerre fut appelée l'*Entreprise des sept chefs*, parce que l'armée était commandée par sept princes, savoir : Polynice, Tydée, Amphiaraüs, Capanée, Parthénopée, Hippomédon et Adraste. La lutte fut acharnée ; tous les chefs, excepté Adraste, périrent sous les murs de Thèbes. Les deux frères ennemis, Étéocle et Polynice, pour épargner le sang des peuples, demandèrent à terminer leur querelle par un combat singulier, et, en présence des deux armées, ils s'entre-tuèrent mutuellement.

On ajoute que leur division avait été si grande pendant leur vie, et leur haine si irréconciliable, qu'elle persista même après leur mort. On crut avoir remarqué que les flammes du bûcher sur lequel on faisait brûler leurs corps se séparèrent, et que le même phénomène se produisait dans les sacrifices qu'on leur offrait en commun ; car, malgré leurs dissensions et leur méchanceté, on ne laissa pas de leur rendre les honneurs héroïques dans la Grèce.

Virgile, avec plus de justice, les place dans le Tartare, avec Tantale, Sisyphe, Atrée, Thyeste, et tous les fameux scélérats de l'Antiquité.

Créon, qui succéda à la couronne, fit rendre les honneurs de la sépulture aux cendres d'Étéocle comme ayant combattu contre les ennemis de la patrie, et ordonna que celles de Polynice seraient jetées au vent, pour avoir attiré sur sa patrie une armée étrangère.

D'après une autre tradition, suivie par plusieurs poètes tragiques, le corps de Polynice resta étendu dans la plaine sous les murs de Thèbes, et défense fut faite par Créon de lui rendre les moindres honneurs, sous peine de mort.

Dix ans plus tard, les fils des chefs grecs tués devant Thèbes entreprirent une nouvelle guerre pour les venger. Ce fut la guerre dite des *Épigones* ou des *Descendants*.

La ville fut ravagée, et les Épigones firent un grand nombre de prisonniers qu'ils emmenèrent avec eux.

Au nombre de ces captifs était le devin thébain Tirésias qui, dit-on, vécut sept générations d'hommes. Ce devin, vieux et aveugle, avait prédit à Jocaste et à Œdipe tous les malheurs qui les frappèrent, eux et leurs enfants.

## Antigone

Antigone, fille d'Œdipe et de Jocaste, fut à la fois un modèle de piété filiale et de dévouement fraternel. Après avoir servi de guide à son père aveugle et assisté à ses derniers moments, elle revint à Thèbes, et fut témoin de la lutte si triste et si acharnée entre Étéocle et Polynice. Après la mort de ces deux princes, Créon, leur oncle, devenu roi, défendit expressément d'enterrer le corps de Polynice, mort les armes à la main contre son pays. Antigone résolut d'enfreindre cet ordre pour accomplir un devoir qu'elle considérait comme sacré. Elle s'efforça d'obtenir l'assentiment et le concours de sa sœur Ismène. Mais celle-ci, d'un caractère faible, tremblant devant le pouvoir du roi, n'eut pas le courage de s'associer à son noble et pieux dessein. Elle chercha même à détourner Antigone d'une entreprise si périlleuse et si téméraire.

Mais Antigone, ayant des sentiments bien élevés au-dessus des appréhensions pusillanimes d'Ismène, sortit de Thèbes pendant la nuit, et, bravant la surveillance de Créon, rendit à son frère Polynice les derniers devoirs. En ce moment elle est surprise et arrêtée par un garde qui la conduit au roi, et celui-ci la condamne impitoyablement à mort. Elle écoute avec fermeté sa condamnation, et répond fièrement au tyran qu'« il vaut mieux obéir aux dieux qu'aux hommes ».

On conduit cette courageuse princesse dans un antre qui doit être refermé sur elle et où elle doit mourir de faim. Pendant qu'elle marche au supplice, elle ne peut se défendre de s'apitoyer elle-même sur son sort. Hémon, le fils de Créon, qui l'aime, qui a rêvé de devenir son époux, est impuissant à la délivrer et se tue de désespoir. On ajoute qu'Antigone, pour se soustraire à la mort affreuse à laquelle Créon l'avait condamnée, s'étrangla dans son obscur cachot.

## Tirésias

Tirésias, l'un des plus célèbres devins de la Mythologie, était fils d'Évère et de la nymphe Chariclo. Il rapportait son origine à Udée, l'un des héros qui étaient nés des dents du serpent, semées en terre par Cadmus. C'est à Thèbes surtout qu'il rendait des oracles. Non seulement il connaissait le passé, le présent et l'avenir, mais il interprétait encore le vol et même le langage des oiseaux.

Jupiter lui accorda, dit-on, une vie sept fois plus longue que celle des autres hommes. Il prédit aux Thébains et aux rois de Thèbes leur destinée ; enfin, même aux Enfers, après sa mort, Pluton, par une faveur particulière, lui laissa le pouvoir de rendre des oracles. Ainsi, dans Homère, Circé conseille à Ulysse de descendre aux Enfers consulter Tirésias ; et le héros, après avoir appris du devin ce qu'il désirait, promet de l'honorer comme un dieu, dès qu'il sera de retour à Ithaque.

Cependant Tirésias était aveugle, et les mythologues donnent plusieurs causes à cette triste infirmité. Selon les uns, les dieux l'avaient rendu aveugle, parce qu'ils lui en voulaient de révéler aux mortels des secrets qu'ils auraient voulu garder pour eux ; selon d'autres, cette cécité avait une bien plus extraordinaire origine.

Un jour Tirésias ayant rencontré, sur le mont Cyllène, deux serpents entrelacés, les sépara avec son bâton ; et aussitôt il devint femme ; au bout d'un certain temps, il rencontra les deux mêmes serpents encore entrelacés, et il reprit sa première forme. Or, comme il avait connu les deux sexes, il fut choisi pour juge d'un différend qui s'éleva plus tard entre Jupiter et Junon. Tirésias prononça contre la déesse qui en fut si irritée, qu'elle le priva de la vue ; mais il en fut dédommagé par le don de prophétie qu'il reçut de Jupiter. Du reste, Minerve lui donna un bâton avec lequel il se conduisait aussi facilement que s'il avait eu d'excellents yeux.

Tirésias trouva la mort au pied du mont Tilphuse, en Béotie : il y avait là une fontaine dont l'eau fut mortelle pour lui. Il fut enterré près de cette fontaine et, à Thèbes, on lui rendit des honneurs divins.

## Amphiaraüs

Un autre devin fameux, dont la légende est étroitement liée à la Guerre des Sept contre Thèbes, c'est Amphiaraüs, fils d'Apollon et d'Hypermnestre, arrière-petit-fils de Mélampus. Pour un service important rendu aux femmes du pays, il avait reçu une portion du royaume d'Argos. Ce partage donna lieu à de longues querelles entre ce devin et Adraste, héritier présomptif du royaume.

Celui-ci, n'étant pas en état de tenir tête aux partisans d'Amphiaraüs qui avait usurpé la couronne en tuant Talaüs, père d'Adraste, fut obligé de quitter sa patrie. Enfin le mariage de l'usurpateur avec Ériphile, sœur d'Adraste, apaisa les dissensions, et rétablit Adraste sur le trône.

Ayant prévu, par son art divinatoire, qu'il devait périr dans la guerre de Thèbes, Amphiaraüs se cacha ; mais sa femme Ériphile, séduite par le don d'un collier, révéla le lieu de sa retraite à Polynice. Obligé de partir, Amphiaraüs chargea son fils Alcméon du soin de sa vengeance.

Devant Thèbes, la veille de sa mort, comme il était à table avec les chefs de l'armée, un aigle fondit sur sa lance, l'enleva, puis la laissa tomber dans un endroit où elle se convertit en laurier. Le lendemain, la terre s'ouvrit sous son char, et l'engloutit avec ses chevaux. Selon d'autres, ce fut Jupiter lui-même qui, d'un coup de foudre, le précipita lui et son char dans les entrailles de la terre, ou qui le rendit immortel. Apollodore est le seul qui le mette au rang des Argonautes. Il eut de sa femme Ériphile, outre Alcméon, un fils, le devin Amphiloque, et trois filles, Eurydice, Démonasse et Alcmène.

Les Grecs prétendaient qu'il était revenu des Enfers, et montraient même le lieu de sa résurrection. Il reçut les honneurs de la divinité : il avait un temple à Argos, un autre en Attique, où il rendait des oracles. Ceux qui allaient le consulter, après avoir immolé un mouton, en étendaient la peau à terre, et s'endormaient dessus, attendant que le dieu les instruisît en songe de ce qu'ils souhaitaient savoir.

Alcméon, son fils, le vengea impitoyablement en tuant sa mère, Ériphile. Longtemps vagabond et poursuivi par les Furies, à cause de son parricide, il fut enfin admis à l'expiation, à la cour de Phégée, roi d'Arcadie. Ayant épousé Arsinoé, fille de ce prince, il lui donna le fatal collier qui avait causé la mort à sa mère ; puis, infidèle à ses engagements, il contracta un nouveau mariage avec Callirhoé, fille d'Achéloüs. Il reprit même d'Arsinoé le collier pour en faire présent à sa nouvelle épouse, sous prétexte de le consacrer à Apollon pour être délivré des Furies. Les frères de la princesse délaissée vengèrent son outrage par la mort d'Alcméon. Il laissa deux fils qui tuèrent non seulement ses meurtriers, mais même Phégée et Arsinoé. Le collier d'Ériphile, portant malheur, semblait perpétuer les parricides dans la famille d'Alcméon. Le tombeau de ce triste prince, à Psophis, en Arcadie, était entouré de cyprès assez hauts pour ombrager la colline qui commandait à la ville. Ces arbres, appelés Vierges, étaient regardés comme inviolables : il était interdit de les couper.

## Légendes athéniennes

### Cécrops – Fondation d'Athènes

Cécrops, natif de Saïs en Égypte, et premier roi des Athéniens, bâtit, ou, selon d'autres, embellit la ville d'Athènes. Il épousa Agraule, fille d'Actée, et donna le nom de Cécropie à la citadelle qu'il éleva. Il soumit les peuples par la douceur plus que par la force, distribua l'Attique en douze cantons, constitua le tribunal de l'Aréopage, établit le culte de Jupiter comme dieu souverain, abolit l'usage de sacrifier des victimes humaines, et régla par des lois l'institution des mariages. Il fut surnommé *Diphuès*, c'est-à-dire *Biformis*, peut-être parce que, étant Égyptien d'origine, il était aussi Grec par son établissement dans l'Attique.

On le représente comme moitié homme et moitié serpent.

Il laissa trois filles : Aglaure, Hersé et Pandrose.

Hersé, revenant un jour du temple de Minerve, accompagnée des jeunes Athéniennes, attira les regards de Mercure, qui vint la demander en mariage. Aglaure, sa sœur, jalouse de cette préférence, troubla les amours du dieu : celui-ci la frappa de son caducée, et la changea en pierre. Hersé eut un temple à Athènes, et reçut les honneurs héroïques. Aglaure, malgré sa jalouse méchanceté, eut aussi un temple à Salamine, après sa mort, et on établit en son honneur la barbare coutume d'immoler une victime humaine.

On raconte d'une autre manière la fable des filles de Cécrops. Ce fut à ces trois sœurs que Minerve confia la corbeille mystérieuse où était enfermé Érésichton, fils de Vulcain, avec défense de l'ouvrir. La curiosité fut la plus forte ; elles ouvrirent la corbeille, y trouvèrent un monstre, et, agitées par les furies, se précipitèrent du point le plus escarpé de la citadelle d'Athènes.

D'après une autre version, Pandrose, la plus jeune des filles de Cécrops, fut la seule à se conformer aux recommandations de Minerve, et, pour récompenser son obéissance, les Athéniens lui élevèrent, après sa mort, un temple auprès de celui de la déesse, et instituèrent une fête en son honneur. Elle avait eu, dit-on, de Mercure, un fils nommé Céryx qui devint l'ancêtre d'une puissante famille athénienne.

## Pandion

Pandion, fils d'Érichtonius et cinquième roi d'Athènes, fut malheureux père, car ses deux filles, toutes deux fort belles, Philomèle et Progné, furent victimes de la brutalité de son gendre, Térée, roi de Thrace. Celui-ci, mari de Progné, ayant outragé sa belle-sœur Philomèle, lui coupa la langue ; Progné, pour venger sa sœur, servit à Térée, dans un festin, les membres de leur fils, Itys, dont la tête fut jetée sur la table à la fin du repas. À cette vue, Térée, transporté de rage, veut poursuivre les deux sœurs. Mais elles se sauvent métamorphosées, Progné en hirondelle, Philomèle en rossignol. Térée lui-même, changé en épervier, ne peut les atteindre. Quant à Itys, les dieux, ayant eu pitié de son sort, le métamorphosèrent en chardonneret.

## Érechthée

Érechthée, sixième roi d'Athènes, fils de Pandion, passait pour avoir établi le culte de Cérès et les mystères d'Éleusis. La fable lui donne quatre filles, Procris, Créuse, Clithonie et Orithyie, qui s'aimaient si tendrement qu'elles s'engagèrent par serment à ne pas survivre les unes aux autres.

Érechthée, étant en guerre avec les Éleusiens, apprit de l'oracle qu'il serait vainqueur, s'il voulait immoler une de ses filles. Clithonie fut choisie pour victime, et ses sœurs furent fidèles à leur serment. Leur père repoussa Eumolpe, fils de Neptune, mais fut précipité tout vivant dans le sein de la terre que Neptune entrouvrit d'un coup de son trident. Les Athéniens mirent Érechthée au nombre des dieux, et lui bâtirent un temple dans la citadelle.

Selon une autre tradition, Procris devint épouse de Céphale qui la tua à la chasse ; Créuse fut épousée par Xuthus, père adoptif d'Ion ; Clithonie par le prêtre Butès, et Orithvie fut enlevée par Borée.

On connaît la fable de Borée.

Céphale, mari de Procris, était fils d'Éole. Aurore, frappée de sa beauté l'enleva, mais inutilement ; ou, suivant d'autres, en eut Phaéton, et le laissa retourner auprès de Procris qu'il aimait passionnément. Pour éprouver la fidélité de son épouse, il se déguisa en négociant et tenta de la séduire. Il lui offrit de si riches présents qu'elle était sur le point de se rendre à ses sollicitations, lorsque, se faisant reconnaître, il lui reprocha sa faiblesse. Procris, confuse, quitta son mari, et se retira dans les bois.

Son absence ne fit que raviver l'amour de Céphale. Il alla la chercher, se réconcilia avec elle, et reçut de ses mains deux présents qui devaient être funestes à l'un et à l'autre : c'était un chien que Minos lui avait donné, et un javelot qui ne manquait jamais son but. Ces présents augmentèrent la passion de Céphale pour la chasse.

Procris, inquiète de ses absences, et jalouse, s'avisa de le suivre secrètement, et s'embusqua sous un feuillage épais. Son époux, excédé de fatigue, étant venu par hasard se reposer sous un arbre voisin, invoqua, selon sa coutume, la douce haleine du Zéphyr. Sa femme, qui l'entendait, supposant qu'il parlait à une rivale, fit un mouvement qui agita le feuillage : Céphale crut que c'était une bête fauve, lança le javelot qu'il avait reçu d'elle, et la tua.

Il reconnut son erreur, et se perça de désespoir avec le même javelot. Jupiter, touché du malheur des deux époux, les changea en astres.

Butès, fils de Pandion et de Zeuxippe, mari de Clithonie, prêtre de Minerve et de Neptune, obtint après sa mort les honneurs divins : il avait un autel dans le temple d'Érechthée à Athènes.

## Égée

Égée, neuvième roi d'Athènes, fils de Pandion II, père de Thésée, et frère de Nisus, Pallas et Lycus descendait d'Érechthée. Il passe pour avoir introduit à Athènes le culte de Vénus-Uranie. Lorsqu'il envoya Thésée combattre le Minotaure, il lui recommanda de hisser des voiles blanches à son vaisseau, lors de son retour, s'il revenait vainqueur, recommandation que Thésée oublia. Ayant aperçu du haut d'un rocher, où son impatience le conduisait tous les jours, le vaisseau qui revenait avec des voiles noires, il crut que son fils était mort, et, n'écoutant que son désespoir, se précipita dans la mer qui depuis porte son nom.

Les Athéniens, pour consoler son fils, leur libérateur, élevèrent Égée au rang des dieux de la mer, et le déclarèrent fils de Neptune.

## Nisus

Nisus, frère d'Égée, régnait à Nisa, ville voisine d'Athènes. Lorsque Minos, roi de Crète, vint faire la guerre en Attique, il assiégea tout d'abord la première de ces villes. Le sort de Nisus dépendait d'un cheveu de pourpre qu'il portait. Scylla, sa fille, amoureuse de Minos qu'elle avait vu du haut des remparts, coupa ce cheveu fatal à son père pendant qu'il dormait, et l'offrit au prince, objet de son amour. Minos eut horreur d'une action si noire, et, tout en profitant de la trahison, chassa de sa présence la perfide princesse.

De désespoir elle voulut se jeter dans la mer, mais les dieux la changèrent en alouette. Nisus son père, métamorphosé en épervier, ne cesse de la poursuivre dans les airs, et la déchire à coups de bec.

## Thésée

Thésée fut le dixième roi d'Athènes ; il naquit à Trézène, et y fut élevé par les soins de sa mère Éthra, à la cour du sage Pitthée, son grand-père maternel. Les poètes désignent souvent Thésée sous le nom d'*Érechthide*, parce qu'on le regardait comme un des plus illustres descendants d'Érechthée, ou du moins de ses successeurs. On le nomme aussi quelquefois fils de Neptune. En effet, Pitthée, voulant cacher l'alliance qu'il avait faite avec Égée, déclara, quand l'enfant vint au monde, qu'il avait pour père Neptune, la grande divinité des Trézéniens. Dans la suite, Thésée se prévalut au moins une fois de cette naissance.

Thésée, raconte Pausanias, étant allé en Crète, Minos l'outragea, en lui disant qu'il n'était pas fils de Neptune, comme il le prétendait ; que, pour le défier de lui en donner une preuve, il jetterait sa bague dans la mer. Thésée s'y jeta aussitôt après, dit-on, retrouva la bague, et la rapporta, avec une couronne qu'Amphitrite lui avait mise sur la tête.

Cependant ce héros, dans le cours de son existence et de ses exploits, se donna généralement pour fils d'Égée ; et le titre de fils de Neptune ne lui est attribué que par quelques poètes, sans égard à la suite de son histoire.

On rapporte plusieurs traits du courage et de la force dont Thésée fit preuve dès ses premières années. Les Tréméniens contaient qu'Hercule, étant venu voir Pitthée, quitta sa peau de lion pour se mettre à table. Plusieurs enfants de la ville, entre autres Thésée, qui n'avait que sept ans, attirés par la curiosité, étaient accourus chez Pitthée ; mais tous eurent grand'peur de la peau du lion, à l'exception de Thésée, qui, arrachant une hache des mains d'un esclave, et croyant voir un lion, vint pour l'attaquer.

Égée, avant de quitter Trézène, mit sa chaussure et son épée sous une grosse roche, et ordonna à Éthra de ne pas lui envoyer son fils à Athènes, avant qu'il fût en état de lever cette pierre. À peine Thésée eut-il atteint l'âge de seize ans, qu'il la remua, et prit l'espèce de dépôt qu'elle recouvrait, et au moyen duquel il devait se faire reconnaître pour le fils d'Égée.

Il vint à Athènes ; mais, avant de se faire reconnaître pour héritier du trône, il résolut de s'en rendre digne par ses exploits, et d'imiter Hercule, objet de son admiration. Il y avait du reste entre eux des liens de parenté : Pitthée, père d'Éthra, était frère de Lysidice, mère d'Alcmène.

Il commença par purger l'Attique des brigands qui l'infestaient, et en particulier de Sinnis ou Cercyon. Ce brigand, doué d'une force extraordinaire, obligeait les passants à lutter contre lui, et exterminait ceux qu'il avait vaincus. Il courbait les plus gros arbres, en rapprochait la cime, y attachait ses victimes, et, les arbres se relevant, celles-ci étaient mises en pièces.

Après s'être purifié à l'autel de Jupiter, sur les bords du Céphise, pour avoir souillé ses mains du sang de tant de criminels, il rentra dans Athènes pour s'y faire reconnaître : il trouva cette ville dans une étrange confusion. L'enchanteresse Médée y gouvernait sous le nom d'Égée ; et, ayant su l'arrivée d'un étranger qui faisait beaucoup parler de lui, elle tâcha de le rendre suspect au roi, et convint même de le faire empoisonner dans un repas, à la table du roi. Mais, au moment où Thésée allait porter à ses lèvres la coupe de poison, Égée reconnut son fils à la garde de son épée, et chassa Médée dont il découvrit les mauvais desseins.

Cependant les Pallantides, ou fils de Pallas, frère d'Égée, voyant Thésée reconnu, ne purent cacher leur ressentiment, et conspirèrent contre Égée dont ils se croyaient les seuls héritiers. La conspiration fut découverte, et dissipée par la mort de Pallas et de ses enfants qui tombèrent sous les coups de Thésée. Ces meurtres, quoique nécessaires, obligèrent le héros à se bannir d'Athènes pour un an, et, après ce temps, il fut absous au tribunal des juges qui s'assemblaient dans le temple d'Apollon Delphien.

Quelque temps après, Thésée se proposa de délivrer sa patrie du honteux tribut qu'elle payait à Minos, roi de Crète.

Androgée, fils de Minos, venu pour assister aux Panathénées, combattit avec tant d'adresse et de bonheur qu'il obtint tous les prix. La jeunesse de Mégare et d'Athènes, blessée de ses succès, ou les Athéniens eux-mêmes, inquiets de ses liaisons avec les Pallantides, lui ôtèrent la vie. Pour venger ce meurtre, Minos assiégea, prit Athènes et Mégare, et imposa aux vaincus les plus dures conditions. Les Athéniens furent obligés d'envoyer tous les sept ans, en Crète, sept jeunes garçons et autant de jeunes filles, désignés par le sort, pour servir de pâture au Minotaure dans le fameux labyrinthe. Le tribut avait été payé trois fois quand Thésée s'offrit pour délivrer ses concitoyens.

Avant de partir, il s'efforça de se rendre les dieux favorables par un grand nombre de sacrifices. Il consulta aussi l'oracle de Delphes, qui lui promit un heureux succès dans son expédition, si l'Amour lui servait de guide. En effet, Ariane, fille de Minos, éprise d'amour pour le héros, lui facilita son entreprise. Elle lui donna un peloton de fil à la faveur duquel il put sortir du labyrinthe où il tua le Minotaure.

En quittant la Crète, Thésée emmena sa libératrice, mais la délaissa dans l'île de Naxos, où Bacchus la consola et l'épousa.

À son retour à Athènes, il apprit la mort de son père Égée, lui fit rendre les derniers devoirs, et fit exécuter le vœu qu'il avait fait à Apollon, en partant, d'envoyer tous les ans à Délos offrir des sacrifices en actions de grâces. En conséquence, on ne manqua jamais d'y envoyer des députés couronnés de branches d'olivier. Pour cette députation, ou *théorie*, on se servait même du vaisseau qu'avait monté Thésée, et qu'on entretenait avec soin, afin qu'il fût toujours prêt à servir : ce qui a fait dire aux poètes qu'il était immortel.

Paisible possesseur du trône des Athéniens, il réunit en une cité les habitants de l'Attique jusqu'alors dispersés dans différentes bourgades, institua un gouvernement, promulgua des lois, et, laissant le peuple sous la conduite de sa législation, reprit le cours de ses

Ariane.

aventures et de ses exploits. Il se trouva à la guerre des Centaures, à la conquête de la Toison d'Or, à la chasse de Calydon, et, selon quelques-uns, aux deux guerres de Thèbes.

Il alla vers la Thrace chercher les Amazones, et, comme Hercule, il eut la gloire de les combattre et de les vaincre. Il épousa leur reine Hippolyte ou Antiope, faite prisonnière, dont il eut un fils, le malheureux Hippolyte.

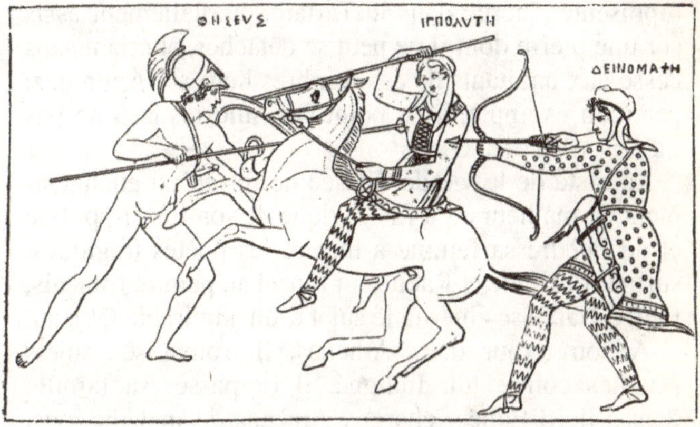


Thésée et les Amazones.

On dit que, âgé de plus de cinquante ans, il lui prit envie d'enlever la belle Hélène alors à peine sortie de l'enfance. Mais les Tyndarides ses frères la reprirent et enlevèrent à leur tour la mère de Thésée, Éthra, qu'ils firent esclave d'Hélène.

Enfin, s'étant engagé, avec Pirithoüs son ami, à enlever la femme d'Aïdonée, roi d'Épire, ou, selon la fable, Proserpine, femme de Pluton, il fut retenu prisonnier jusqu'à ce qu'Hercule vint l'en délivrer : c'est la descente de Thésée aux Enfers.

La fable dit que ces deux héros étant descendus aux Enfers, et fatigués de la longue route qu'ils avaient dû parcourir pour y arriver, s'assirent sur une pierre où ils demeurèrent pour ainsi dire collés, sans pouvoir s'en relever. Il n'y eut qu'Hercule qui obtint de Pluton la délivrance de Thésée.

C'est à cette fable que Virgile fait allusion, quand il représente Thésée dans le Tartare, éternellement assis sur une pierre dont il ne peut se détacher, et criant sans cesse aux habitants de ces sombres lieux : « Apprenez, par mon exemple, à ne point être injustes et à ne pas mépriser les dieux. »

Le reste de la vie de Thésée ne fut qu'un enchaînement de malheurs. La fin tragique de son fils Hippolyte et de Phèdre sa femme a inspiré les poètes tragiques, surtout Euripide et Racine, et fourni au peintre français, Pierre-Narcisse Guérin, le sujet d'un admirable tableau.

À son retour dans Athènes, il trouva ses sujets révoltés contre lui. Indigné, il fit passer sa famille dans l'île d'Eubée, chargea Athènes de malédictions, et se retira dans l'île de Scyros, pour y achever ses jours en paix dans une vie privée. Mais Lycomède, roi de Scyros, jaloux de sa réputation, ou excité par ses ennemis, le fit précipiter du haut d'un rocher, où il l'avait attiré sous prétexte de lui montrer la campagne.

Il avait eu trois femmes : Antiope, la mère d'Hippolyte ; Ariane, fille de Minos, dont il eut Œnopion et Staphylus ; et Phèdre qui laissa un fils nommé Démophoon.

Les Athéniens, plusieurs siècles plus tard, tâchèrent de réparer leur ingratitude envers Thésée. Sur un conseil de l'oracle d'Apollon, ils allèrent chercher ses cendres à Scyros, les rapportèrent solennellement à Athènes, et les placèrent dans un superbe tombeau au milieu de la ville. Ensuite on lui bâtit un temple où il reçut des sacrifices.

## Pirithoüs

Pirithoüs, fils d'Ixion, était roi des Lapithes, peuples de Thessalie, fameux non seulement par leur habileté à manier les chevaux, mais encore par leurs guerres contre les Centaures, habitants de la même contrée. Ce roi, ayant demandé et obtenu la main d'Hippodamie, fille d'Adraste, roi d'Argos, invita les Centaures à la solennité du mariage. Ceux-ci, échauffés par le vin, insultèrent les femmes ; l'un d'eux, Euryte, voulut même enlever la jeune épouse. Mais Hercule, Thésée et les Lapithes s'y opposèrent. Ils en tuèrent un grand nombre, et mirent les autres en fuite. Ceux-ci se retirèrent, dit-on, aux îles des Sirènes où ils moururent tous.

Cependant Pirithoüs, frappé du récit des grandes actions de Thésée, voulut mesurer ses forces avec lui, et chercha l'occasion de lui faire querelle : mais, quand ces deux héros furent en présence, une secrète et mutuelle admiration s'empara de leur esprit ; leur cœur se découvrit sans feinte ; ils s'embrassèrent au lieu de se battre, et se jurèrent une amitié éternelle.

Pirithoüs devint le fidèle compagnon de voyage de Thésée. Ayant formé ensemble le projet d'enlever la jeune et belle Hélène, et en étant venus à bout, ils la tirèrent au sort, à condition que celui à qui elle resterait serait obligé de procurer une autre femme à son ami. Hélène échut à Thésée qui s'engagea à descendre aux Enfers avec son ami pour enlever Proserpine. Mais là, Cerbère se jeta sur Pirithoüs et l'étrangla. On sait ce qui advint à Thésée et à qui il fut redevable de sa délivrance.

## Hippolyte

Hippolyte, fils de Thésée et de la reine des Amazones, Hippolyte ou Antiope, était élevé à Trézène sous les yeux du sage Pitthée, son aïeul. Le jeune prince, uniquement occupé de l'étude et de la sagesse, et des amusements de la chasse, s'attira l'indignation de Vénus qui, pour se venger de ses dédains, inspira à Phèdre une violente passion. La reine fit un voyage à Trézène, sous prétexte d'y faire élever un temple à Vénus, et, en réalité, pour voir le jeune prince, et lui déclarer son amour.

Dédaignée et furieuse, elle accuse Hippolyte dans une lettre, et se donne la mort. Thésée, de retour, abusé par cet écrit imposteur, livre son fils à la vengeance de Neptune, qui lui a promis d'exaucer trois de ses vœux. Le malheureux père n'est que trop écouté ; un monstre affreux, suscité par les dieux des mers, effarouche les chevaux ; Hippolyte est renversé de son char, et périt victime des fureurs d'une marâtre et de la crédulité d'un père.

Suivant Ovide, Esculape lui rend la vie, et Diane se couvre d'un nuage pour le faire sortir des Enfers. Les

Tréséniens lui rendirent les honneurs divins dans un temple que Diomède lui fit élever.

## Phèdre

Phèdre, fille de Pasiphaé et de Minos, roi de Crète, sœur d'Ariane et de Deucalion, deuxième du nom, épousa Thésée, roi d'Athènes, ou, selon d'autres, fut enlevée par lui. Son amour coupable pour Hippolyte causa à la fois sa perte et celle du jeune héros. Méprisée de lui et d'elle-même, elle se pendit de désespoir. Elle eut sa sépulture à Trézène près d'un myrte dont les feuilles étaient toutes criblées : ce myrte, disait-on, n'était pas venu ainsi ; mais dans le temps que Phèdre était possédée de sa passion, ne trouvant aucun soulagement, elle trompait son ennui, elle s'amusait à percer les feuilles de ce myrte avec une aiguille à cheveux.

Cette fable et la précédente ont inspiré à Euripide et à Racine deux tragédies célèbres. Dans la pièce grecque (*Hippolyte porte-couronne*), Hippolyte est le principal personnage ; dans le poète français tout l'intérêt se concentre sur l'épouse de Thésée, sur « Phèdre, malgré soi, perfide, incestueuse ».

## Minos

Minos, deuxième du nom, fils de Lycaste et petit-fils du premier Minos, le juge aux Enfers, se rendit redoutable à ses voisins, soumit plusieurs îles voisines, et se rendit le maître de la mer. Ses deux frères ayant voulu lui disputer la couronne, il pria les dieux de lui donner une marque de leur approbation ; et Neptune, l'exauçant, fit sortir de la mer un taureau d'une blancheur éclatante. C'est à ce dernier Minos qu'il faut rapporter les fables de Pasiphaé, du Minotaure, de la guerre contre les Athéniens, et de Dédale. Il périt, en poursuivant cet artiste jusqu'en Sicile où le roi Cocalus le fit étouffer dans un bain. Son corps rendu à ses soldats fut enterré par eux en Sicile ; et, afin de cacher ou de faire respecter ses restes, ils élevèrent un temple à Vénus à l'endroit même de sa sépulture. Plus tard, quand on construisit les murs d'Agrigente, on découvrit son tombeau, et ses cendres recueillies furent solennellement portées en Crète.

## Pasiphaé

Pasiphaé, fille du Soleil et de Crète, ou, selon d'autres, de Perséis, épousa le deuxième Minos dont elle eut plusieurs enfants, entre autres un fils appelé Deucalion, un autre Androgée, et trois filles : Astrée, Ariane et Phèdre.

Vénus, pour se venger du Soleil, qui avait éclairé de trop près son intrigue avec Mars, inspira à sa fille un amour désordonné pour un taureau blanc que Neptune avait fait sortir de la mer. Selon d'autres mythologues, cette passion fut un effet de la vengeance de Neptune contre Minos, qui, ayant coutume de lui sacrifier tous les ans le plus beau de ses taureaux, en trouva un si beau, qu'il voulut le conserver, et en immola un de moindre valeur. Neptune, irrité, rendit Pasiphaé amoureuse du taureau conservé. Dédale, alors au service de

Minos, fabriqua, pour favoriser Pasiphaé, une vache d'airain.

Cette fable a son explication dans la haine des Grecs, et en particulier des Athéniens, pour Minos. Elle a pour origine vraisemblable une équivoque du mot *Taurus*, nom d'un amiral crétois dont la reine, négligée par Minos, amoureux de Procris, ou durant une longue maladie de ce prince, était devenue follement éprise. Dédale fut probablement le confident de cette intrigue. Pasiphaé eut deux jumeaux, dont l'un ressemblait à Minos, l'autre à Taurus, ce qui donna lieu à la fable du Minotaure, monstre moitié taureau, moitié homme.

## **Dédale** et **Icare**

Dédale, fils d'Hymétion, petit-fils d'Eumolpe, et arrière-petit-fils d'Érechthée, roi d'Athènes, disciple de Mercure, artiste incomparable, architecte, statuaire, inventeur de la cognée, du niveau, du vilebrequin, etc., substitua l'usage des voiles à celui des rames, et fit des statues qui d'elles-mêmes se mettaient en marche et paraissaient animées. Ayant tué son neveu dont il était jaloux, il fut condamné à mort par l'Aréopage. Il s'enfuit alors d'Athènes et se réfugia en Crète, à la cour de Minos.

Là il construisit le fameux labyrinthe, enclos rempli de bois et de bâtiments disposés de manière que, quand on y était une fois entré, on n'en pouvait trouver l'issue. Dédale fut la première victime de son invention. Minos, irrité contre lui parce qu'il avait favorisé les amours de Pasiphaé, l'y fit enfermer avec son fils Icare et le Minotaure.

Dédale et Icare.

Alors Dédale fabriqua des ailes artificielles qu'il adapta avec de la cire à ses épaules et à celles de son fils, à qui il recommanda de ne pas s'approcher trop du soleil. Puis ils prirent ensemble leur essor, et partirent à travers les airs. Icare, oubliant ses instructions, s'éleva trop haut : le soleil fit fondre la cire de ses ailes, et il tomba et se noya dans la mer Égée qui, de cette chute, prit le nom d'Icarienne.

Le malheureux père continua sa route, et aborda en Sicile, auprès du roi Cocalus, qui d'abord lui donna un asile, et finit par le faire étouffer dans une étuve, comme Minos lui-même, pour prévenir l'effet des menaces du roi de Crète. Selon d'autres, il aurait abordé en Égypte où il aurait enrichi Memphis de quelques chefs-d'œuvre de ses mains. Après sa mort, les habitants de cette ville l'honorèrent comme un dieu.

D'après Virgile, Dédale fit sa première descente en Italie, à Cumes, colonie de Chalcis, ville d'Eubée. Là il consacra ses deux ailes à Apollon, et lui éleva un temple magnifique sur la porte duquel il grava ou sculpta toute l'histoire de Minos et de sa famille. Deux fois il tenta d'y représenter aussi la chute d'Icare, deux fois ses mains défaillirent, au souvenir de sa douleur.

## **Démophoon** et **Phyllis**

Démophoon, fils de Thésée et de Phèdre, accompagna, comme un simple particulier, Elpénor à la guerre de Troie. Après la prise de la ville, il retrouva auprès d'Hélène sa grand'mère Éthra, mère de Thésée, et la ramena avec lui.

À son retour, il s'arrêta à Daulis, ville de Phocide, où il fut bien accueilli par la jeune reine, Phyllis, qui venait de succéder à Lycurgue son père. Il se fit aimer de cette princesse. Après quelques mois de la plus tendre union, le prince obligé de retourner à Athènes pour les affaires du royaume, promit à Phyllis de revenir bientôt, mais laissa passer le jour fixé pour son retour. Se croyant délaissée, elle s'abandonna au désespoir, et, dans un accès de délire, se jeta dans la mer.

On ajoute que les dieux, prenant en pitié cette reine si jeune et si tendre, la changèrent en amandier. Quelques jours plus tard, Démophoon étant revenu, l'amandier fleurit, comme si Phyllis eût été sensible au retour de celui qu'elle avait si ardemment aimé.

Dans une certaine saison, les feuilles de cet arbre paraissaient humides, et l'on disait alors qu'elles étaient trempées des larmes de Phyllis.

Démophoon, paisible héritier du trône d'Athènes, après la mort de l'usurpateur Mnesthée, accorda généreusement l'hospitalité aux Héraclides persécutés par Eurysthée, et fit même périr leur ennemi. Il accueillit également bien chez lui Oreste, après le meurtre d'Égisthe et de Clytemnestre.

Cependant il eut un scrupule, et ne voulut pas admettre tout d'abord ce parricide à sa table. Il s'avisa de le faire servir séparément ; et, pour adoucir cette espèce d'affront, il ordonna qu'on servît à chaque convive une coupe particulière, contre l'usage d'alors. En mémoire de cet événement, les Athéniens instituèrent une fête où, dans les repas, il y avait autant de coupes que de convives. Elle s'appelait la fête des Coupes.

# Légendes étoliennes

## Méléagre

Méléagre était fils d'Œnée, roi de Calydon en Étolie, et d'Althée, fille de Thespius (ou Thestius). Sa mère ayant fait consulter l'oracle sur la destinée de son enfant qui venait de naître, il lui fut répondu que son fils ne vivrait qu'autant de temps qu'il en faudrait pour consumer le tison qui brûlait alors dans son foyer. Althée s'empressa de retirer ce tison, l'éteignit et le conserva avec grand soin.

Le roi Œnée, dans un sacrifice qu'il fit aux dieux, ayant oublié Diane, cette déesse en fut si irritée, qu'elle envoya un monstrueux sanglier ravager les campagnes de Calydon. Le roi rassembla tous les jeunes princes du pays pour l'en délivrer, et à leur tête il mit son fils Méléagre. Celui-ci avait déjà pris part à l'expédition des Argonautes sous la conduite de son oncle Léodacus, frère d'Œnée, et, avec ses chasseurs et ses chiens, il fut bientôt vainqueur, et tua le sanglier si redoutable. Mais Atalante, fille de Jasius, roi d'Arcadie et de Clymène, qui avait pris part à cette chasse, avait

Méléagre.

porté le premier coup au sanglier. Par cette action hardie, elle mérita l'admiration et l'amour de Méléagre qui voulut lui offrir la hure de ce monstre. Les deux oncles maternels du jeune prince s'y opposèrent, prétendant que cet honneur leur était dû.

Alors une guerre éclate entre les Étoliens et les Curètes commandés par les mécontents. Les Étoliens, quoique inférieurs en nombre, sont vainqueurs, tant que Méléagre est à leur tête ; mais Méléagre les abandonne, outré de ce qu'Althée, sa mère, au désespoir de la mort de ses deux frères, qu'il avait tués dans le combat, le dévouait aux Furies. La fortune change, les Curètes reprennent l'avantage. Méléagre, cédant aux supplications de son épouse Cléopâtre, reprend les armes, repousse définitivement l'ennemi, mais les Furies, appelées par les imprécations d'une mère, abrègent ses jours. Tel est le récit d'Homère.

D'après d'autres poètes, Althée, mère de Méléagre, ayant appris la mort de ses deux frères tués par son fils, n'écouta que sa fureur : elle jeta immédiatement au feu le tison auquel les Parques avaient uni la destinée de Méléagre. Aussitôt le prince se sent dévoré par un feu secret, languit, se consume avec le tison, et rend le dernier soupir.

Cléopâtre ne peut survivre à la perte de son mari ; et Althée, qui a été cause de sa mort, se pend de désespoir.

La mort de Méléagre est représentée sur plusieurs bas-reliefs antiques. Charles Lebrun a traité ce sujet ; son tableau fait partie de la collection du musée du Louvre.

## Tydée

Tydée fils d'Œnée, roi de Calydon, et d'Eurybée, ou d'Althée, fut banni de sa patrie pour avoir tué par mégarde son frère Mélanippus. Il se retira à Argos auprès d'Adraste, qui lui donna en mariage sa fille Déiphile dont naquit Diomède. Cette alliance l'engagea dans la querelle de Polynice, qui était, comme lui, gendre d'Adraste. Il fut un des chefs de l'armée des Argiens contre Thèbes. Adraste, avant de se mettre en campagne, envoya Tydée vers Étéocle, pour tâcher d'accommoder les deux frères. Pendant le séjour qu'il fit dans Thèbes, il prit part à divers jeux et combats qui s'y donnaient pour exercer la jeunesse : il vainquit sans peine les Thébains et gagna tous les prix, car Minerve lui prêtait son secours, dit Homère. Ceux-ci, en étant indignés, dressèrent des embûches à Tydée, et envoyèrent sur le chemin d'Argos cinquante hommes bien armés qui se jetèrent lâchement sur lui. Tydée, assisté d'un petit nombre d'amis, se défendit avec tant de courage qu'il tua tous les Thébains, sauf un seul qu'il chargea de porter à Thèbes la nouvelle de leur défaite.

Euripide dit que Tydée savait moins manier la parole que les armes ; habile dans les ruses de guerre, il était inférieur à son frère Méléagre dans les autres connaissances ; mais il l'égalait dans l'art militaire, et sa science consistait dans ses armes. Avide de gloire, plein d'ardeur et de courage, ses exploits faisaient son éloquence.

Après beaucoup d'actions de valeur, il fut tué devant Thèbes, comme la plupart des généraux. Homère dit qu'il périt par son imprudence.

Mais Apollodore raconte que Tydée, ayant été blessé par le Thébain Mélanippus, fils d'Astacus, devint si furieux qu'il déchira à belles dents la tête de son ennemi. Minerve, qui avait voulu le secourir, fut si offensée de cette action barbare, qu'elle l'abandonna et le laissa périr.

## Légendes thessaliennes

### Le Centaure Chiron

Le Centaure Chiron habitait le mont Pélion, en Thessalie. On l'appelle parfois le *Sage*, à cause de sa science et de son habileté. Il naquit des amours de Saturne, métamorphosé en cheval, avec l'Océanide Philyre. Celle-ci eut tant de regret d'avoir mis ce monstre au monde, qu'elle demanda aux dieux de la métamorphoser : elle fut changée en tilleul.

Dès que le centaure fut grand, il se retira sur les montagnes et dans les forêts, où, chassant avec Diane, il acquit la connaissance de la botanique et de l'astronomie. Il apprit surtout les vertus des plantes médicinales, et enseigna la médecine et la chirurgie à un grand nombre de héros. Son nom même, dérivé du grec *cheir* (main), dénotait son habileté. Sa grotte, située au pied du mont Pélion, en Thessalie, devint, pour ainsi dire, l'école de toute la Grèce héroïque. Il eut pour disciples Esculape, Nestor, Amphiaraüs, Pélée, Télamon, Méléagre, Thésée, Hippolyte, Ulysse, Diomède, Castor et Pollux, Jason, Phénix, etc., et surtout Achille, dont il prit, comme aïeul maternel, un soin particulier.

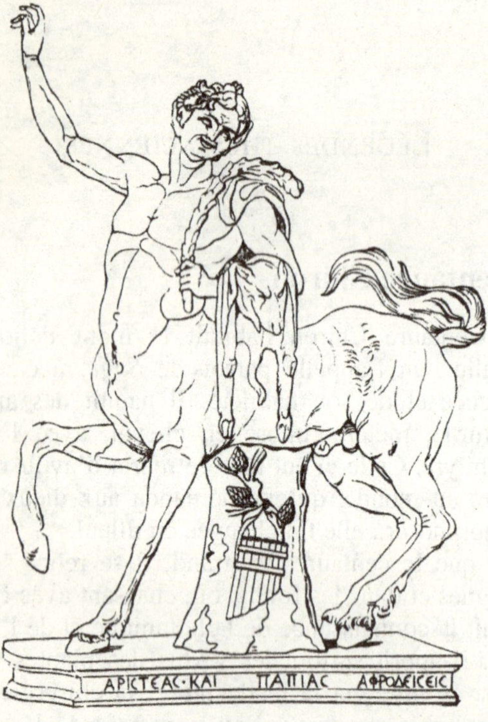


Centaure.

Ce fut lui qui dressa le calendrier dont se servirent les Argonautes dans leur expédition. C'est à son école qu'Hercule apprit la médecine, la musique et la justice. Il porta le talent de la musique jusqu'à guérir les maladies par les accords seuls de sa lyre, et la connaissance des corps célestes jusqu'à savoir en détourner ou en prévenir les influences funestes à l'humanité.

Il eut une longue existence et une robuste vieillesse : on le fait vivre avant et après l'expédition des Argonautes, à laquelle prirent part deux de ses petits-fils. Dans la guerre qu'Hercule fit aux Centaures, ceux-ci, espérant désarmer la fureur du héros par la présence de son ancien maître, se retirèrent à Malée, où Chiron vivait dans la retraite ; mais Hercule ne laissa pas de les y attaquer, et une de ses flèches, trempée dans le sang de l'Hydre de Lerne, ayant manqué sa destination, alla frapper Chiron au genou. Hercule, désespéré, accourut promptement, et appliqua un remède que son ancien maître lui avait appris ; mais le mal était incurable ; et le malheureux centaure, souffrant d'horribles douleurs, pria Jupiter de terminer ses jours. Le père des dieux, touché de sa prière, fit passer à Prométhée l'immortalité que Chiron devait à sa qualité de fils de Saturne, et plaça le centaure dans le Zodiaque où il forma la constellation du Sagittaire.

Un des restes les plus précieux de la peinture antique est le tableau trouvé à Herculanum, où Chiron est représenté donnant une leçon de musique à Achille.

## Pélée

Pélée, père d'Achille, était fils d'Éaque, roi d'Égine, et de la nymphe Endéis, fille de Chiron. Ayant été condamné à un exil perpétuel avec son frère Télamon, pour avoir tué leur frère Phocus, quoique par mégarde, il alla chercher une retraite à Phthie en Thessalie, où il épousa Antigone, fille du roi Eurytion, qui lui apporta en dot la troisième partie de son royaume.

Pélée, invité à la fameuse chasse de Calydon, y alla avec son beau-frère, qu'il eut le malheur de tuer en lançant son javelot contre un sanglier, autre meurtre involontaire qui l'obligea encore à s'exiler. Il se rendit à Iolchos, capitale de la Thessalie, auprès du roi Acaste, qui lui fit la cérémonie de l'expiation.

Mais une nouvelle aventure vint encore troubler son repos en cette cour.

Il inspira de l'amour à la reine qui, le trouvant insensible, l'accusa auprès d'Acaste d'avoir voulu la séduire. Acaste le fit conduire sur le mont Pélion, lié et garrotté, et ordonna qu'on l'y laissât ainsi exposé à la merci des bêtes sauvages. Pélée trouva le moyen de rompre ses chaînes, et, avec le secours de quelques amis, Jason, Castor et Pollux, il rentra de force dans Iolchos, et y tua la reine.

Sur la fausse nouvelle qu'il allait épouser Stérope, fille d'Acaste, sa femme Antigone se tua de désespoir.

Pélée épousa, en secondes noces, Thétis, fille de Nérée et de Doris, sœur de Nicomède, roi de Scyros, la plus belle des Néréides. Cette nymphe, peu contente d'avoir un mortel pour époux, après avoir vu Jupiter, Neptune et Apollon rechercher son amour, prit, comme un autre Protée, différentes formes pour se dérober à Pélée. Mais ce prince, par les conseils de Chiron, l'attacha, et la retint dans des chaînes. Les noces se firent sur le mont Pélion avec beaucoup de magnificence, et tous les dieux y furent invités, excepté la déesse Discorde. De Pélée et de Thétis naquirent plusieurs enfants qui périrent en bas âge, et enfin Achille.

Pélée envoya son fils et son petit-fils, Pyrrhus ou Néoptolème, à la tête des Myrmidons, au siège de Troie. Il voua au fleuve Sperchius la chevelure d'Achille, s'il revenait sain et sauf dans sa patrie. Il eut la douleur d'apprendre la mort de ce vaillant héros, et survécut de plusieurs années à la guerre de Troie.

Dans l'*Andromaque* d'Euripide, le vieux Pélée paraît dans le temps que Ménélas et Hermione, sa fille, se préparent à faire mourir Andromaque : il la délivre de leurs mains après une vive contestation, dans laquelle les deux princes en viennent aux invectives. Bientôt après, il apprend la mort tragique de son petit-fils, Pyrrhus ; il se désespère, et voudrait qu'il eût été enseveli sous les ruines de Troie. Thétis vient le consoler, et lui promet la divinité. Pour cela, elle lui ordonne de se retirer dans une grotte des îles Fortunées, où il recevra Achille déifié. Elle lui promet que là elle viendra le prendre avec cinquante Néréides pour l'enlever, comme son époux, dans le palais de Nérée, en lui donnant la qualité de demi-dieu.

Les habitants de Pella, en Macédoine, offraient des sacrifices à Pélée. On prétend que même, à une époque reculée, on lui immolait tous les ans une victime humaine.

## Athamas

Athamas, fils d'Éole, arrière-petit-fils de Deucalion, était roi de Thèbes ou d'Orchomène en Béotie. De Néphélé, sa première femme, naquirent un fils et une fille, Phryxus et Hellé. Bacchus ayant inspiré ses fureurs à Néphélé, elle s'enfuit dans les forêts. Athamas, après l'avoir cherchée inutilement, épousa Ino, ou Leucothoé, fille de Cadmus, dont les mauvais traitements forcèrent Phryxus et Hellé à prendre la fuite. Rendu furieux par Tisiphone que Junon avait suscitée contre lui, il courut en forcené dans son palais, criant qu'il voyait une lionne et deux lionceaux, et arracha des bras d'Ino son fils Léarque qu'il écrasa contre la muraille.

## Phryxus et Hellé

Phryxus et Hellé, sa sœur, enfants d'Athamas et de Néphélé, vivaient à Thèbes ou à Orchomène, dans le palais de leur père, en butte à la haine et aux persécutions d'Ino, deuxième femme d'Athamas. Cette haine avait pour cause l'amour coupable d'Ino dédaignée par Phryxus.

Une famine affligeant le royaume, on consulta l'oracle sur les moyens de la faire cesser. L'oracle répondit que les dieux exigeaient le sacrifice de deux princes. Phryxus et Hellé furent destinés pour servir de victimes ; mais, ayant été informés de ce dessein, ils résolurent de s'enfuir loin de la Grèce, dès que l'occasion s'en présenterait.

Déjà on les menait au sacrifice quand Néphélé, leur mère, métamorphosée en brouillard, vint à leur secours. Elle les enveloppa, les dérobant à tous les yeux, et leur donna un bélier à la toison d'or sur lequel ils montèrent, et qui devait les transporter d'Europe en Asie.

Ils franchissaient ainsi le détroit séparant la Thrace de la Troade, quand Hellé, effrayée par le bruit des vagues, tomba à la mer qui, pour cette raison même, s'est appelée Hellespont, c'est-à-dire *mer d'Hellé*.

Après avoir vainement essayé de sauver sa sœur, Phryxus continua sa course. Accablé de lassitude, il fit aborder son bélier à un cap habité par des barbares voisins de la Colchide. Les habitants se disposaient à le massacrer, lorsque le bélier le réveilla en le secouant, et lui apprit, avec une voix humaine, le danger auquel il était exposé. Phryxus remonta sur le bélier et se rendit dans la Colchide, Mingrélie actuelle, province d'Asie, qui confine à la mer Noire. Il y fut accueilli par le roi Éétes, fils du Soleil et de Persa, frère de Circé et de Pasiphaé, père d'Absyrthe et de Médée ; il sacrifia le bélier, selon les uns à Jupiter, selon les autres au dieu Mars, et en suspendit la toison sur un hêtre, dans un champ consacré à Mars. On commit pour la garder un dragon qui veillait jour et nuit ; et, pour plus de sûreté, on environna le champ de taureaux furieux, qui avaient les pieds d'airain, et qui jetaient des flammes par les narines.

Éétes ayant fait assassiner Phryxus, tous les princes de la Grèce, informés de cette barbarie et des précautions prises pour garder la précieuse toison, résolurent la perte du meurtrier, et formèrent le dessein de reconquérir la Toison d'Or, ce qui fut exécuté par Jason accompagné des Argonautes.

## Les Argonautes

Les Argonautes sont ainsi nommés du vaisseau *Argo*, sur lequel ils s'embarquèrent pour aller en Colchide conquérir la Toison d'Or. Ce célèbre navire, qui transporta l'élite de la jeunesse grecque, s'appela *Argo*, soit à cause de sa légèreté, le mot grec *argos* signifiant *agile*, soit à cause d'Argus qui en avait donné le dessin, ou des Argiens qui s'y embarquèrent en plus grand nombre. Minerve avait présidé à sa construction. Le bois en fut coupé sur le mont Pélion, ce qui valut au vaisseau le surnom de *Pélias* ou *Péliaca*. Le mât fut fait d'un chêne de la forêt de Dodone, ce qui fit dire que le navire *Argo* rendait des oracles, et lui fit donner les épithètes de *disert* et de *sacré*.

On croit que les Argonautes étaient au nombre de cinquante-deux, non compris les gens de leur suite ; Jason, promoteur de l'entreprise, en fut aussi reconnu le chef.

On nomme ensuite Hercule ; Acaste, fils de Pélias ; Eurythe, fameux centaure ; Ménœtius, père de Patrocle ; Admète, roi de Thessalie ; Æthalidès, fils de Mercure ; Amphiaraüs ; Amphidamas et Céphée, Arcadiens, fils d'Aléus ; Amphion, fils d'Hypérasius, roi de Pallène, en Arcadie ; Typhis, de Béotie, pilote du vaisseau ; Ancée, fils de Neptune ; Ancée, fils de Lycurgue roi des Tégéates, en Arcadie ; Argus, fils de Phryxus ; Castor et Pollux ; Astérion, de la race des Éolides ; Astérius, frère de Nestor ; Augée ou Augias, fils de Phorbas, roi d'Élide ; Iolas, compagnon des travaux d'Hercule ; Calaïs et Zéthée, enfants de Borée ; Cénée, fils d'Élatus ; Clytus et Iphitus, fils d'Euryte, roi d'Œchalie ; Eumédon, fils de Bacchus et d'Ariane ; Deucalion, fils du premier Minos ; Échion, fils de Mercure, qui servit d'espion pendant le voyage ; Ergynus et Euphéus, fils de Neptune, qui exercèrent aussi les fonctions de pilotes ; Glaucus, fils de Sisyphe ; Idas et Lyncée, fils d'Apharée ; Idmon, fameux devin, fils d'Apollon ; Iolas cousin d'Hercule ; Iphiclus, fils de Thestius ; Iphiclus, père de Protésilas ; Laerte, père d'Ulysse ; Lyncus, fils d'Épitus, qui avait la vue si perçante ; Méléagre, fils d'Œnée, roi de Calydon ; Tydée, père de Diomède ; Mopsus, célèbre devin ; Butés, Athénien ; Nauplius, fils de Neptune et d'Amymone ; Nélée et Périclymène son fils ; Oïlée, père d'Ajax ; Pélée, père d'Achille ; Philammon, fils d'Apollon et de Chioné ; Thésée et son ami Pirithoüs, et enfin le poète Orphée.

Construction du vaisseau *Argo*.

Les Argonautes s'embarquèrent au cap de Magnésie, en Thessalie, abordèrent d'abord dans l'île de Lemnos, alors habitée par une colonie de femmes, sinon par les Amazones ; de là en Samothrace, où ils consultèrent le roi Phinée, fils d'Agénor, qui leur promit, s'ils voulaient le délivrer des Harpyes, de les faire arriver sains et saufs en Colchide ; entrèrent dans l'Hellespont ; côtoyèrent l'Asie Mineure ; débouchèrent dans le Pont-Euxin par le détroit des Symplégades ou des îles Cyanées.

Ces îles, ou plutôt ces écueils situés à l'entrée du Pont-Euxin ne laissent entre eux qu'un espace de vingt stades. Les flots de la mer viennent s'y briser avec fracas, et les embruns forment comme un brouillard qui obscurcit le ciel. Effrayés à la vue de ce détroit, les Argonautes ne tentèrent le passage qu'après avoir fait des sacrifices à Junon et à Neptune. Ces terribles écueils étaient, croyait-on, mobiles, se rapprochaient les uns des autres et engloutissaient les vaisseaux qui essayaient de passer. Neptune alors les empêcha de heurter le navire *Argo*, et les fixa pour toujours.

Continuant leur course, les Argonautes suivirent la côte d'Asie, parvinrent à Æa, capitale de la Colchide, et exécutèrent leur entreprise. La Toison d'Or enlevée par le secours de Médée, ils partirent pour la Grèce, et furent poursuivis par Éétes, traversèrent le Pont-Euxin, entrèrent dans l'Adriatique par un bras du Danube, et arrivèrent dans la mer de Sardaigne par l'Éridan et le Rhône. Téthys et ses nymphes dirigèrent le vaisseau grec à travers le détroit de Charybde et de Scylla ; et, lorsqu'ils passèrent en vue de l'île habitée par les Sirènes, les accords de la lyre d'Orphée les préservèrent de leurs enchantements.

À Corfou, autrefois *Phæacia*, ils rencontrèrent la flotte de la Colchide qui, les ayant poursuivis à travers les Symplégades, vint sommer Alcinous, roi de l'île, de lui livrer Médée. Ce prince y consentit, si elle n'était point encore unie avec Jason : ce qui détermina le mariage. Ils remirent à la voile, furent jetés sur les écueils d'Égypte ; et, tirés de ce mauvais pas par la protection des dieux tutélaires du pays, ils portèrent le vaisseau sur leurs épaules jusqu'au lac de Tritonis en Libye.

De nouveau ils prirent la mer, et leur voyage fut interrompu par le monstre Talus, géant aux pieds d'airain, lequel désolait la Crète. Ce géant invulnérable, excepté au-dessus de la cheville, s'opposa au débarquement des Argonautes, en lançant dans la baie des rocs couronnés de forêts pour en défendre l'entrée. Médée, par ses enchantements, lui fit rompre une veine au-dessus de la cheville, pendant qu'il errait sur le rivage, et lui donna la mort.

Enfin ils débarquèrent à Égine, et arrivèrent en Thessalie. Jason, leur chef, consacra le navire *Argo* à Neptune, ou, suivant d'autres, à Minerve, dans l'isthme de Corinthe, d'où il fut bientôt transporté dans le ciel, pour y devenir une de ses constellations.

## **Jason** et **Médée**

Jason était fils d'Éson, le petit-fils d'Éole, et d'Alcimède. Son père, roi d'Iolchos, en Thessalie, ayant été détrôné par Pélias, son frère de mère, l'oracle prédit que l'usurpateur serait chassé par un fils d'Éson. Aussi, dès que le prince fut né, son père fit courir le bruit que l'enfant était malade. Peu de jours après, il publia sa mort, et fit tous les apprêts des funérailles, pendant que sa mère le porta secrètement sur le mont Pélion, où le centaure Chiron lui enseigna toutes les sciences dont il faisait profession. Il lui enseigna surtout la médecine, ce qui fit donner au jeune prince le nom de Jason (d'un mot grec qui signifie *guérir*), au lieu de celui de Palamède qu'il avait reçu en naissant.

Jason, à l'âge de vingt ans, voulant quitter sa retraite, alla consulter l'oracle, qui lui ordonna de se vêtir à la manière des Magnésiens, de joindre à cet habillement une peau de léopard, semblable à celle que portait Chiron, de se munir de deux lances, et d'aller dans cet équipage à la cour d'Iolchos : ce qu'il exécuta.

En son chemin il se trouva arrêté par le fleuve ou le torrent Anaure qui était débordé. Une vieille femme qu'il rencontra sur le bord lui offrit de le porter sur ses épaules. C'était Junon que quelques auteurs font éprise de sa beauté ; d'autres prétendent que Junon n'avait de l'affection pour Jason que parce qu'elle voyait en lui le héros qui devait la venger un jour de Pélias qu'elle haïssait. On ajoute une circonstance au passage du fleuve : c'est que Jason, dans le trajet, perdit un de ses souliers. Cette particularité minutieuse acquiert un peu plus d'intérêt, parce que l'oracle, qui avait prédit à Pélias qu'un prince du sang des Éolides le détrônerait, avait ajouté qu'il se donnât de garde d'un homme qui paraîtrait devant lui un pied nu et l'autre chaussé.

Jason, arrivé à Iolchos, attire l'attention de tout le peuple par sa bonne mine et par la singularité de son équipage, se fait connaître pour fils d'Éson, et redemande hardiment à son oncle la couronne qu'il a usurpée. Pélias, haï de ses sujets, et ayant remarqué l'intérêt que le jeune prince inspirait, n'ose rien entreprendre contre lui ; et, sans le refuser ouvertement, il cherche à éluder la demande de son neveu, et à l'éloigner lui-même, en lui proposant une expédition glorieuse, mais pleine de dangers. Fatigué par des songes effrayants, il a fait consulter l'oracle d'Apollon, et il a appris qu'il faut apaiser les mânes de Phryxus, descendant d'Éole, cruellement massacré dans la Colchide, et les ramener en Grèce ; mais son grand âge est un obstacle à un si long voyage. Jason est dans la fleur de la jeunesse. Son devoir et la gloire l'y appellent ; et Pélias jure par Jupiter, auteur de leur race, qu'à son retour il lui rendra le trône qui lui appartient. À ce récit et à ces exhortations il ajoute que Phryxus, obligé de s'éloigner de Thèbes, a emporté avec lui une toison précieuse dont la conquête doit le combler à la fois de richesse et d'honneur.

Jason était dans l'âge où l'on aime la gloire ; il saisit avidement l'occasion d'en acquérir. Son expédition est annoncée dans toute la Grèce ; l'élite des héros et des princes se rend de tous côtés à Iolchos pour y prendre part. Jason choisit cinquante-deux, d'autres disent cinquante-quatre des plus fameux ; Hercule même se joint à eux, et défère à Jason l'honneur d'être leur chef, comme à celui que cette expédition regardait de plus près, étant proche parent de Phryxus.

Lorsque tout fut prêt pour le voyage, Jason, avant de mettre à la voile, offre un sacrifice solennel au dieu Éole, auteur de sa race, et à toutes les divinités qu'il croit pouvoir être favorables à son entreprise. Jupiter promit, par la voix de son tonnerre, son secours à cette troupe de héros. La navigation fut longue et périlleuse.

À Lemnos, où l'on s'arrêta, on perdit deux années, pendant que Jason restait sous le charme de la reine Hypsipyle, pour laquelle il s'était épris d'amour. Enfin les Argonautes arrivent à Æa, capitale de la Colchide, et Jason se dispose à surmonter tous les obstacles pour obtenir la Toison d'Or. Junon et Minerve, qui chérissaient le héros, rendent la fille du roi Éétes, Médée, amoureuse du jeune prince. Elle possède l'art des enchantements, et promet son secours à Jason, s'il veut lui donner sa foi. Après des serments mutuels devant le temple d'Hécate, ils se séparent, et Médée va préparer tout ce qui lui est nécessaire pour sauver son amant.

Voici quelles étaient les conditions auxquelles Éétes consentait à remettre la Toison d'Or au pouvoir de Jason : il devait d'abord mettre sous le joug deux taureaux, présent de Vulcain, qui avaient les pieds et les cornes d'airain, et qui vomissaient des tourbillons de flamme ; les attacher à une charrue de diamant, et leur faire défricher quatre arpents d'un champ consacré à Mars, pour y semer les dents d'un dragon d'où devaient naître des hommes armés qu'il fallait exterminer jusqu'au dernier ; enfin tuer le monstre qui veillait sans cesse à la conservation de ce précieux dépôt, et exécuter tous ces travaux en un seul jour.

Sûr du secours de Médée, Jason accepte tout, apprivoise les taureaux, les met sous le joug, laboure le champ, y sème les dents du dragon, lance une pierre au milieu des combattants que la terre a engendrés, les met si fort en fureur qu'ils s'entre-tuent, assoupit le monstre avec les herbes enchantées et un breuvage magique, lui ôte la vie et enlève la précieuse Toison.

Les Argonautes s'éloignent avec leur conquête, et Jason, qui avec eux s'enfuit, emmène Médée. Poursuivis dans leur fuite, les deux amants égorgent Absyrthe, frère de Médée, et sèment ses membres épars pour retarder les pas du roi Éétes. Circé les épie, sans les connaître, les reconnaît et les chasse. Ils arrivent à la cour d'Alcinoüs, roi des Phéaciens, où leur mariage se célèbre. De là les Argonautes terminent leur expédition, se dispersent, et les époux se rendent à Iolchos avec la gloire d'avoir réussi dans une entreprise où Jason devait naturellement périr. Éson, père du héros, était vieux ; Médée le rajeunit.

Cependant Pélias ne se pressait pas de tenir sa promesse, et retenait le trône qu'il avait usurpé. Médée trouva encore le moyen de débarrasser son époux, en faisant égorger Pélias par ses propres filles, sous couleur de le rajeunir. D'abord elle prit un vieux bélier en leur présence, le coupa en morceaux, le jeta dans une chaudière, le fit bouillir avec certaines herbes, le retira, et le fit voir transformé en jeune agneau. Elle proposa de faire la même expérience sur la personne du roi ; mais la perfide le laissa dans la chaudière d'eau bouillante jusqu'à ce que le feu l'eût entièrement consumé, de sorte que ses filles ne purent pas même lui donner la sépulture. Ces malheureuses, qu'on nomme Astéropie et Antinoé, s'enfuirent en Arcadie où elles finirent leurs jours dans les larmes et les regrets. Ce crime ne rendit pas à Jason sa couronne. Acaste, fils de Pélias, s'en empara, et contraignit son rival d'abandonner la Thessalie et de se retirer à Corinthe avec Médée.

Ils trouvèrent dans cette ville des amis et une fortune tranquille, et y vécurent dix ans dans la plus parfaite union, dont deux enfants furent le lien, jusqu'à ce qu'elle fût troublée par l'infidélité de Jason. Ce prince, oubliant les obligations qu'il avait à son épouse, et les serments qu'il lui avait faits, devint amoureux de Glaucé ou Créuse, fille de Créon, roi de Corinthe, l'épousa, et répudia Médée.

La vengeance suivit de près l'injure ; la rivale, le roi son père, et les deux enfants de Jason et de Médée en furent les victimes. – Suivant de vieilles poésies, ce n'était pas à Corinthe, mais à Corcyre que Jason s'était retiré.

Après la retraite de Médée et la mort du roi de Corinthe, son protecteur, Jason mena une vie errante, sans avoir d'établissement fixe. Médée lui avait prédit que, après avoir vécu pour sentir tout le poids de son infortune, il périrait accablé sous les débris du vaisseau des Argonautes : ce qui lui arriva en effet. Un jour qu'il se reposait sur le bord de la mer, à l'abri de ce vaisseau tiré à sec, une poutre détachée lui fracassa la tête.

Après l'infidélité de Jason, Médée sortit de Corinthe sur un char traîné par des dragons, et alla se réfugier chez Hercule qui lui avait promis autrefois de la secourir, si Jason lui manquait de foi. Arrivée à Thèbes, elle trouva qu'Hercule était devenu furieux ; elle le guérit par ses remèdes. Mais, voyant qu'elle ne pouvait attendre aucun secours de lui dans l'état où il était, elle se retira à Athènes auprès du roi Égée qui non seulement lui donna asile dans ses États, mais l'épousa même dans l'espérance de se créer une florissante famille. Sur ces entrefaites, Thésée étant revenu à Athènes pour se faire reconnaître par son père, Médée chercha à faire périr par le poison cet héritier du trône.

Voyant qu'on la regardait partout avec méfiance comme une empoisonneuse, elle s'enfuit d'Athènes et choisit la Phénicie pour sa retraite. Ensuite elle passa dans l'Asie supérieure où elle épousa un roi puissant et en eut un fils appelé Midas. Ce fils, devenu roi à son tour, donna à ses sujets le nom de Mèdes.

Plusieurs auteurs représentent Médée sous des couleurs différentes. Cette fille d'Éétes et d'Hécate, disent-ils, était une princesse vertueuse ; sa grande faute fut son amour pour Jason qui l'abandonna lâchement, malgré les gages qu'il avait de sa tendresse, pour épouser la fille de Créon ; mais elle n'employait les secrets, que sa mère lui avait appris, que pour le bien de ceux qui venaient la consulter. En Colchide, elle ne s'était occupée que de sauver la vie aux étrangers que le roi voulait faire périr ; et elle ne s'était enfuie que parce qu'elle avait horreur des cruautés de son père. Reine abandonnée, obligée d'errer de cour en cour, de passer les mers pour chercher un asile dans des contrées lointaines, elle ne fut coupable que par une sorte de fatalité, par le concours des dieux, surtout de Vénus qui persécuta sans relâche toute la race du Soleil qui avait découvert son intrigue avec Mars.

Les aventures des Argonautes ont fourni la matière de deux poèmes, l'un grec, d'Apollonius de Rhodes, l'autre latin, de Valérius Flaccus ; celles de Jason et de Médée ont inspiré les poètes tragiques, entre autres Euripide et Corneille.

## Hypsipyle

Hypsipyle était fille de Thoas, roi de l'île de Lemnos, et de Myrina. Les femmes de Lemnos ayant manqué de respect à Vénus et négligé ses autels, cette déesse, pour les en punir, les rendit odieuses et insupportables à leurs maris qui les délaissèrent. Offensées de cet affront, elles formèrent entre elles un complot contre tous les hommes de leur île, et les égorgèrent pendant une nuit. Il n'y eut qu'Hypsipyle qui conservât la vie à son père. Elle le fit se sauver secrètement dans l'île de Chio. Après ce massacre des hommes, elle fut élue reine de Lemnos.

Vers cette époque, les Argonautes, faisant route vers la Colchide, s'attardèrent dans cette île. Jason, leur chef, s'éprit d'un vif amour pour cette reine, et ne la quitta qu'après lui avoir promis de revenir vers elle, dès qu'il aurait conquis la Toison d'Or. Mais, séduit par Médée, Jason ne se souvint plus d'Hypsipyle, et cette princesse resta inconsolable de tant d'ingratitude.

Bientôt elle eut un autre chagrin. Les Lemniennes, ayant appris que le roi Thoas, épargné par sa fille, régnait dans l'île de Chio, obligèrent Hypsipyle à déposer la couronne et à s'enfuir. Elle s'était cachée au bord de la mer ; mais là elle fut prise par des pirates, et ensuite vendue à Lycurgue, roi de Némée, en Argolide, qui la fit nourrice de son fils Archémore.

Un jour, ayant laissé son nourrisson au pied d'un arbre, sur une touffe d'ache, pour aller montrer une fontaine à des étrangers, elle le trouva, à son retour, tué par un serpent. Lycurgue voulut la faire mourir, mais les étrangers, qui n'étaient autres qu'Adraste, roi d'Argos, et les princes argiens, prirent sa défense, et lui sauvèrent la vie.

On fit à l'enfant de pompeuses funérailles.

En mémoire de cet accident, la fontaine prit le nom d'*Archémore*, et l'on institua, disent certains auteurs, les jeux Néméens, qui se célébraient de trois ans en trois ans, et dans lesquels les vainqueurs se couronnaient d'ache et prenaient le deuil.

On sait que, selon d'autres, ces jeux se célébraient en l'honneur d'Hercule, vainqueur du lion de Némée. Sur l'origine de ces jeux et, en général, de tous les jeux de la Grèce, la tradition est incertaine.

## Orphée

Orphée était fils d'Œagre, roi de Thrace, et de la muse Calliope, ou, selon d'autres, fils d'Apollon et de Clio, père de Musée, et disciple de Linus. Musicien habile, il avait cultivé surtout la cythare qu'il avait reçue en présent d'Apollon ou de Mercure ; il avait même ajouté deux cordes aux sept qu'avait cet instrument. Ses accords étaient si mélodieux, qu'il charmait jusqu'aux êtres insensibles. Les bêtes féroces accouraient à ses pieds déposer leur férocité ; les oiseaux venaient se percher sur les arbres d'alentour ; les vents mêmes tournaient leur haleine de son côté ; les fleuves suspendaient leur cours, et les arbres formaient des chœurs de danse : allégories ou exagérations poétiques qui expriment ou la perfection de ses talents, ou l'art merveilleux qu'il sut employer pour adoucir les mœurs féroces des Thraces et les faire passer de la vie sauvage aux douceurs de la vie civilisée.

Sa réputation de sage et de poète inspiré des dieux était répandue dans tout le monde ancien dès le temps des Argonautes, qui se firent un honneur de l'associer à leur expédition. Son père Œagre l'avait initié aux mystères de Bacchus, et il s'attacha à étudier l'origine, l'histoire et les attributs de toutes les divinités ; il devint même une sorte de pontife qualifié pour rendre aux dieux les honneurs qu'ils préféraient. Non content de pénétrer les mystères de la religion grecque, il entreprit de longs voyages, et séjourna quelque temps en Éygpte pour se faire instruire dans les croyances et les pratiques religieuses des différents peuples.

Orphée charme les animaux.

C'est lui, dit-on, qui, à son retour d'Égypte, porta en Grèce l'expiation des crimes, le culte de Bacchus, d'Hécate Chthonia ou Terrestre, et de Cérès, ainsi que les mystères nommés orphiques. Pour lui, il s'abstenait de manger de la chair, et avait en horreur l'usage des œufs, persuadé que l'œuf était le principe de tous les êtres, axiome de cosmogonie qu'il avait puisé chez les Égyptiens.

Sa descente aux Enfers est célèbre. Sa fiancée Eurydice qu'il aimait passionnément étant morte le jour de leur hymen, il se mit en devoir d'aller la chercher jusque chez les morts. Il prit sa lyre, descendit par le

Ténare sur les rives du Styx, charma par la douceur de son chant les divinités infernales, les rendit sensibles à ses douleurs, et obtint d'elles le retour de sa fiancée à la vie. Pluton et Proserpine y mirent toutefois une condition, c'est qu'il ne la regarderait pas avant d'avoir franchi les limites des Enfers. Orphée s'acheminait vers la sortie des demeures infernales par un sentier en pente, Eurydice marchait derrière lui ; déjà ils touchaient presque aux portes du jour, quand, impatient de revoir celle qui le suivait, et oubliant la défense qui lui en était faite, le malheureux amant se retourna. Il vit Eurydice, mais pour la dernière fois : elle échappa à ses étreintes, et retomba dans les abîmes pour toujours.

Les dieux ne lui permirent pas de tenter une nouvelle descente aux Enfers, et il se retira en Thrace où il ne cessait de pleurer et de chanter son malheur en s'accompagnant de la lyre. En vain les femmes de Thrace cherchèrent à le consoler ; fidèle à l'amour d'Eurydice, il repoussa ou dédaigna toute consolation. Enfin on raconte que, dans la célébration de leurs orgies, les Thraciennes le mirent en pièces et jetèrent sa tête dans l'Hèbre, fleuve de leur pays. Même alors, dit la fable, quand les eaux du fleuve entraînaient cette tête dans leur rapide courant, les lèvres d'Orphée appelaient Eurydice, et ce nom était répété par l'écho sur les deux rivages.

Ovide ajoute que la tête d'Orphée, emportée par le fleuve jusque dans la mer, s'arrêta près de l'île de Lesbos, et que sa bouche faisait entendre des sons tristes et lugubres. Un serpent voulut la mordre ; mais, dans le moment où il ouvrait la gueule, Apollon le changea en rocher, et le laissa dans l'attitude d'un serpent prêt à mordre.

Le crime des femmes de Thrace étant resté impuni, le ciel frappa de peste leur pays ; et l'oracle consulté répondit que, pour faire cesser ce fléau, il fallait trouver la tête d'Orphée et lui rendre les honneurs funèbres. Enfin un pêcheur la retrouva vers l'embouchure du fleuve Mélès, en Ionie, sans aucune altération, mais ayant conservé sa fraîcheur et sa beauté. Dans la suite, on y bâtit un temple où Orphée fut honoré comme un dieu ; mais l'entrée de ce temple fut toujours interdite aux femmes.

Les habitants de Dium, ville de Macédoine, prétendaient que la scène du meurtre d'Orphée s'était passée dans leurs parages, et ils montraient près de leur ville son tombeau.

On attribue à Orphée un certain nombre d'hymnes et de poésies dont il n'est assurément pas l'auteur. Les Lycomides, famille athénienne, les savaient par cœur, et les chantaient en célébrant les mystères. Il fut, dit-on, l'inventeur du vers hexamètre.

On le représente ordinairement avec une lyre, et entouré d'animaux féroces qu'ont attirés ses accords mélodieux.

## Légendes argiennes

### Bellérophon

Bellérophon était fils de Glaucus, roi d'Éphyre ou de Corinthe, et d'Éprymède, fille de Sisyphe. Son véritable nom, Hipponoüs (rac. *hippos*, cheval, *nous*, intelligence), lui avait été donné parce que, le premier, il enseigna l'art de dresser le cheval et de le mener avec le secours de la bride. Selon certains mythologues, le nom sous lequel il est connu lui venait de Belléros qu'il avait tué (rac. *phoneus* ou *phoneutès*, meurtrier).

Ayant donc eu le malheur de tuer à la chasse son frère Belléros ou Pyrène, il alla se réfugier à la cour de Prœtus ou Proclus, roi d'Argos. Antée ou Sténobée, femme de ce prince, s'étant éprise du jeune héros, et l'ayant trouvé insensible, l'accusa, devant son mari, d'avoir voulu la séduire. Le roi, pour ne point violer les droits de l'hospitalité, l'envoya en Lycie, avec des lettres adressées à Iobate, roi de cette contrée et père de Sténobée, par lesquelles il l'informait de l'injure qu'il avait reçue, et le priait d'en tirer vengeance.

Le roi Iobate lui fit un accueil hospitalier ; les neuf premiers jours de son arrivée se passèrent en fêtes et en festins ; enfin le dixième, le roi de Lycie, ayant décacheté les lettres dont son hôte était porteur, lui ordonna d'aller combattre la Chimère, monstre né de Typhon et d'Échidna et élevé par Amisodar. Elle avait la tête d'un lion, la queue d'un dragon, et le corps d'une chèvre ; sa gueule béante vomissait des tourbillons de flamme et de feu. Bellérophon la vainquit et l'extermina.

On lui suscita une infinité d'ennemis dont il triompha, ainsi que de tous les dangers. Il vainquit le peuple des Solymes, les Amazones et les Lyciens. Ce fut alors que Iobate, reconnaissant l'innocence de Bellérophon et la protection spéciale dont le ciel l'honorait, lui donna sa fille en mariage, et le déclara son successeur.

Sur la fin de sa vie, s'étant attiré la haine des dieux, il se livra à la mélancolie la plus sombre, errant seul dans les déserts et évitant la rencontre des hommes. C'est du moins le récit d'Homère.

On raconte différemment l'histoire de ce héros. Minerve, dit-on, lui donna le cheval Pégase pour combattre la Chimère. Le prince monté sur ce coursier ailé, et le cœur enflé par ses succès, ayant voulu s'élever jusqu'aux cieux, un taon, envoyé par Jupiter, piqua le cheval et fit culbuter le cavalier qui se tua en tombant.

On ajoute que Bellérophon, mécontent d'Iobate qui l'avait exposé à tant de dangers, pria Neptune, son aïeul, de le venger. À sa prière, les flots de la mer le suivirent et inondèrent le pays. Les Lyciens, alarmés, le supplièrent d'apaiser Neptune, mais en vain. Les femmes lyciennes seules réussirent à le fléchir. Alors il se tourna vers la mer, et en fit retirer les flots.

Bellérophon se trouve avec Pégase sur les monnaies antiques. Dans le faubourg de Corinthe, il y avait un bois de cyprès, nommé le Cranée, dont une partie était consacrée à ce héros. C'est là que les Corinthiens allaient solennellement lui rendre leurs hommages. Mais ils l'honoraient aussi sur les bords de leur fontaine de Pyrène, en mémoire du cheval ailé, Pégase, qui buvait à cette source fraîche quand Bellérophon se saisit de lui par surprise, et monta dessus pour aller combattre la terrible Chimère.

## Io

Suivant Ovide, Io était fille du fleuve Inachus ; selon d'autres, d'Inachus, premier roi d'Argos, ou même de Triopas, sixième successeur d'Inachus. Jupiter devint amoureux de cette princesse ; et, pour éviter la fureur de Junon, jalouse de cette intrigue, il la couvrit d'un nuage, et la changea en vache. Junon soupçonnant un mystère, fut frappée de la beauté de cet animal, et le demanda à Jupiter. Le dieu n'ayant osé le lui refuser de peur d'augmenter ses soupçons, elle le donna en garde à Argus aux cent yeux. Après que Mercure eut tué ce vigilant gardien et délivré Io, Junon irritée envoya une Furie, d'autres disent un taon, persécuter cette malheureuse princesse. Io fut si agitée, qu'elle traversa la mer à la nage, alla dans l'Illyrie, passa le mont Hémus, arriva en Scythie et dans le pays des Cimmériens ; et, après avoir erré dans d'autres contrées, elle s'arrêta sur les bords du Nil où, Jupiter ayant apaisé Junon, sa première forme lui fut rendue.

C'est là qu'elle mit au monde Épaphus, et elle y mourut peu de temps après.

Quant à Épaphus, dès sa naissance il fut enlevé par la jalouse Junon qui le donna à garder aux Curètes ; ce qui étant venu à la connaissance de Jupiter fut cause qu'il les tua tous.

## **Prœtus** et **les Prœtides**

Prœtus, frère d'Acrisius, détrôné par son frère, se réfugia à la cour d'Iobate, roi de Lycie, son beau-père, qui lui donna des secours avec lesquels il remonta sur le trône d'Argos. Ce prince avait épousé Sthénobée. Il fut tué par Persée, pour avoir usurpé le trône d'Argos sur Acrisius ; mais Mégapenthe son fils vengea sa mort sur Persée.

Les Prœtides, ou filles de Prœtus, ayant osé comparer leur beauté à celle de Junon, en furent punies par une folie qui leur fit croire qu'elles étaient changées en vaches, et elles parcouraient les campagnes en poussant des beuglements ; Mélampe, fils d'Amithaon et neveu de Jason, médecin très habile, les guérit avec de l'ellébore noir, appelé plus tard de son nom *Mélampodion*, et épousa l'une d'elles. Les trois Prœtides se nommaient Iphianasse, Iphione et Lysippe. Cette cure eut lieu sur la place publique où Prœtus, leur père, fit bâtir un temple dédié à la Persuasion, preuve que les discours de Mélampe avaient eu au moins autant de part à leur guérison que les secours de la médecine. – L'ellébore, plante qui abonde sur l'Hélicon, était préparé surtout à Anticyre, ville de Phocide. Sur Mélampe on raconte une singulière histoire. Un jour, comme il s'était endormi, des serpents apprivoisés vinrent, pendant son sommeil, lui nettoyer les oreilles avec leurs langues, et, à son réveil, il ne fut pas peu étonné d'entendre et de comprendre le langage de tous les animaux.

## Persée, fils de Danaé

Danaé, fille d'Acrisius, roi d'Argos, fut enfermée fort jeune dans une tour d'airain par son père, sur la foi d'un oracle qui lui annonçait que son petit-fils devait un jour lui ravir la couronne et la vie ; mais Jupiter se changea en pluie d'or, et, s'étant introduit dans la tour, rendit Danaé mère de Persée. Acrisius, ayant appris la naissance de l'enfant, fit exposer la mère et son fils sur la mer dans une méchante barque ou dans un coffre que les flots jetèrent heureusement sur les côtes de l'île de Sériphe. Un pêcheur, qui l'aperçut, ouvrit le coffre, trouva les deux infortunés encore vivants, et les conduisit sur-le-champ au roi Polydecte qui les reçut favorablement, et prit soin de l'éducation du jeune prince.

Mais dans la suite Polydecte, devenu amoureux de Danaé et voulant l'épouser, chercha à éloigner son fils. C'est pourquoi il lui ordonna d'aller combattre les Gorgones, et de lui apporter la tête de Méduse. Persée, aimé des dieux, reçut pour le succès de cette expédition, de Minerve son bouclier et son miroir, de Pluton son casque, et de Mercure ses ailes et ses talonnières. Grâce à son armure divine et aussi à sa vaillance, il vainquit les Gorgones, et coupa la tête de Méduse.

De crainte d'être pétrifié par les yeux de Méduse, il disposa devant lui le miroir de la déesse, et sa main, conduite par Minerve, fit tomber la tête de la Gorgone qu'il porta depuis avec lui dans toutes ses expéditions. Il s'en servit pour pétrifier ses ennemis.

Du sang qui sortit de la plaie de Méduse, quand sa tête fut coupée, naquirent Pégase et Chrysaor ; et, lorsque Persée eut pris son vol par-dessus la Libye, toutes les gouttes de sang qui découlèrent de cette fatale tête se changèrent en autant de serpents.

Dès que Pégase, cheval ailé, eut vu la lumière, il s'envola au séjour des immortels, dans le palais même de Jupiter dont il porta la foudre et les éclairs. Il fut dompté par Minerve. Depuis lors, il obéit à cette déesse qui parfois le met au service de ses favoris.

Chrysaor, au moment de sa naissance, tenait une épée d'or à la main, ce qui lui a valu son nom (rac. *Chrysos*, or, et *aor*, épée). Il épousa Callirhoé, fille de l'Océan et de Téthys, et de leur union naquirent Échidna, moitié serpent et moitié nymphe, la Chimère, autre monstre, et le géant Géryon. C'est à cette monstrueuse famille qu'appartenaient Typhon, autre géant, le chien Cerbère, le Sphinx, l'Hydre de Lerne, etc.

Persée, monté sur Pégase que Minerve lui avait prêté, se transporta à travers les airs dans la Mauritanie, où régnait le célèbre Atlas. Ce prince, qui avait été averti par un oracle de se tenir en garde contre un fils de Jupiter, refusa à ce héros les droits de l'hospitalité. Mais il en fut puni sur l'heure : la tête de Méduse, que Persée lui montra, le pétrifia et le changea en cette chaîne de montagnes qui porte aujourd'hui son nom.

On lui attribue comme à Hercule l'honneur d'avoir enlevé les pommes d'or du jardin des Hespérides.

De la Mauritanie il passa en Éthiopie. Là Andromède, fille du roi Céphée et de Cassiopée, avait eu la témérité de disputer le prix de la beauté à Junon et aux Néréides. Neptune, pour venger la déesse, suscita un monstre marin qui désolait le pays. L'oracle d'Ammon, consulté sur les moyens d'apaiser les dieux, répondit qu'il fallait exposer Andromède à la fureur du monstre. La jeune princesse fut liée sur un rocher par les Néréides ; et le monstre, sortant de la mer, était prêt à la dévorer, lorsque Persée, monté sur Pégase, tua ou pétrifia le monstre, brisa les chaînes d'Andromède, la rendit à son père, et devint son époux. Cependant la cérémonie de leurs noces fut troublée par la jalousie de Phinée, frère de Céphée. Ce prince, à qui Andromède avait été promise en mariage, rassembla tous ses amis, entra avec eux dans la salle du festin, et y porta le carnage et l'horreur. Persée aurait succombé sous le nombre, s'il n'eût eu recours à la tête de Méduse dont la vue pétrifia Phinée et ses compagnons.

Il revint ensuite en Grèce avec la jeune princesse. Quoiqu'il eût à se plaindre de son grand-père Acrisius qui avait voulu le faire périr dès sa naissance, il ne laissa pas de le rétablir sur le trône d'Argos, d'où Prœtus l'avait chassé, et il tua l'usurpateur. Mais, bientôt après, il eut le malheur de tuer lui-même Acrisius, d'un coup de palet, dans les jeux qu'on célébrait pour les funérailles de Polydecte. Il eut tant de douleur de cet accident, qu'il abandonna le séjour d'Argos, et s'en alla bâtir une nouvelle ville dont il fit la capitale de ses États, et qui fut nommée Mycènes, à cinquante stades au nord d'Argos.

On dit qu'il fut aussi cause de la mort de Polydecte. Un jour que celui-ci voulut dans un festin faire outrage à Danaé, Persée ne trouva pas de plus court moyen de défendre sa mère que de présenter la tête de Méduse au roi qui fut pétrifié.

En se retirant à Mycènes, il avait cédé généreusement le trône d'Argos à Mégapenthe, fils de Prœtus, espérant ainsi faire la paix avec lui. Mais ce prince fut insensible à ses bienfaits ; il lui dressa des embûches, et le fit périr par ressentiment de ce qu'il avait tué Prœtus son père.

Honoré à Argos, à Mycènes, à Sériphe, en Égypte même, où il eut un temple, ce héros fut placé dans le ciel parmi les constellations septentrionales, avec Andromède, son épouse, Cassiopée et Céphée.

## Danaüs et les Danaïdes

Danaüs, prince égyptien, ayant tenté de ravir la couronne à son frère Égyptus, fut contraint de s'enfuir d'Égypte. Il se réfugia dans le Péloponnèse, chassa d'Argos le roi Sthénélus, fils de Persée et d'Andromède, et s'empara de son royaume. Danaüs avait cinquante filles, et son frère Égyptus cinquante fils. Celui-ci, jaloux de la puissance de son frère, et craignant de la voir grandir encore si, par le mariage de ses filles il contractait de nombreuses alliances avec les princes de la Grèce, voulut donner pour épouses à ses fils leurs cousines germaines. Il les envoya donc à Argos, à la tête d'une armée, pour appuyer sa demande.

Danaüs, trop faible pour leur résister, consentit au mariage de ses cinquante filles avec ses cinquante neveux, mais sous condition secrète que les Danaïdes, armées d'un poignard caché sous leurs robes, massacreraient leurs maris la première nuit de leurs noces. Ce projet s'exécuta, et la seule Hypermnestre épargna Lyncée son époux.

Jupiter, pour punir ces filles cruelles, les condamna à remplir éternellement dans le Tartare un tonneau percé.

Hypermnestre, qui avait eu horreur d'exécuter l'ordre de son père, bien qu'elle en eût fait le serment, fut jetée en prison par Danaüs qui voulait la faire mourir comme coupable de trahison. Il la cita en justice, mais elle fut absoute par les Argiens. En mémoire de ce jugement, elle consacra à Vénus une statue sous le nom de *Nicéphore* (qui donne la victoire). Plus tard, Lyncée devint le successeur de Danaüs.

Tel est le fond de la légende des Danaïdes, mais il s'en faut de beaucoup que les poètes soient unanimes à l'accepter. D'après une croyance ancienne, Argos était en quelque sorte la mère-patrie des rois d'Égypte, puisque la maison de Danaüs était issue d'Io, qui était Argienne. S'étant sauvées d'Égypte avec leur père pour se dérober au mariage que désirait Égyptus, elles furent favorablement accueillies par Pélasgus, roi d'Argos. Cette arrivée des Danaïdes à Argos fait le sujet de la tragédie d'Eschyle, intitulée *Les Suppliantes*.

D'après Strabon, le châtiment fabuleux infligé aux Danaïdes dans les Enfers n'est qu'une allégorie purement historique. Ces princesses, venues d'Égypte à Argos, y apportèrent l'usage de canaliser l'eau des rivières et des fontaines, comme dans leur pays. On creusa un grand nombre de citernes ou de puits, et, grâce à l'invention des pompes, qui leur est attribuée, les Argiens eurent des sources intarissables, versées, pour ainsi dire, par les Danaïdes.

# Les Pélopides

## Pélops

Pélops, fils de Tantale, roi de Lydie, ayant été obligé de sortir de son pays à cause de la guerre que Tros lui avait déclarée pour venger la mort de Ganymède son fils, ou, selon d'autres, à cause des tremblements de terre dont le pays était affligé, se retira en Grèce, auprès d'Œnomaüs, roi de Pise, qui le reçut avec bonté.

Ce roi, père d'Hippodamie, avait promis de ne donner sa fille en mariage qu'à celui des prétendants qui le vaincrait à la course des chars. Le vaincu devait payer de sa mort sa défaite. Possédant un char et des chevaux rapides, conduits par Myrtile, le plus habile des écuyers, Œnomaüs ne doutait pas de rester toujours le vainqueur. S'il mettait une condition si dure au mariage de sa fille, c'est qu'un oracle lui avait annoncé que son gendre serait cause de sa mort ; et il voulait se défaire de tous les prétendants. Armé de toutes pièces, il montait sur son char, laissait son concurrent partir, et, comme il l'emportait toujours sur lui en vitesse, il le poursuivait et le perçait de sa lance ou de son épée, sans lui permettre d'atteindre le but.

Mort d'Œnomaüs.

Déjà treize prétendants avaient été vaincus et tués par Œnomaüs, quand Pélops se présenta pour concourir. Grâce à la complicité de l'écuyer Myrtile qui scia en partie l'essieu du char d'Œnomaüs avant la course, il n'eut aucune peine à remporter la victoire. Le char se brisa bientôt, Œnomaüs se tua dans sa chute, et Pélops resta victorieux, possesseur d'Hippodamie et roi de Pise.

À cette ville il joignit celle d'Olympie et plusieurs autres territoires dont il agrandit ses États auxquels il donna le nom de *Péloponnèse* (île, en réalité presqu'île, de Pélops).

Ovide rapporte sur Pélops la fable suivante : « Les dieux, dit-il, étant allés loger chez Tantale, ce prince, pour éprouver leur divinité, leur fit servir le corps de son fils, mêlé avec d'autres viandes. Cérès, un peu plus gourmande que les autres, en avait déjà mangé une épaule, lorsque Jupiter découvrit le crime, rendit la à Pélops, lui remit une épaule d'ivoire à la place de u'il avait perdue, et précipita son père au fond re. »

## **Atrée** et **Thyeste**

Atrée, fils aîné de Pélops et d'Hippodamie, succéda à Eurysthée, roi d'Argos, dont il avait épousé la fille Érope. Thyeste, son frère, dévoré par une ambition que secondait un naturel féroce et porté au crime, ne put consentir à ce que les États de Pélops devinssent le partage d'Atrée.

Le bonheur de l'empire et la prospérité de la famille étaient attachés à la possession d'un bélier qui avait une toison d'or, et que Mercure avait donné à Pélops ; Thyeste, par ses artifices parvint à l'enlever. À cette injure, il avait ajouté le plus sanglant outrage, en corrompant Érope, femme d'Atrée.

Il se déroba, par la fuite, à la fureur de son frère ; mais il ne put emmener ses enfants, et il avait tout à craindre pour eux. Il fit faire, par ses amis, des propositions pour obtenir son retour, et Atrée, ayant feint de s'y prêter pour rendre sa vengeance plus cruelle et plus éclatante, Thyeste revint auprès de lui, et fut trompé par les apparences d'une vraie réconciliation.

Atrée avait ordonné un repas solennel où les deux frères devaient se jurer une amitié réciproprе ; mais ce prince, ayant fait égorger les enfants de Thyeste, les fit couper par morceaux, et on les servit à leur propre père. Lorsque, à la fin du repas, on fit aux dieux les libations ordinaires, les deux frères se promirent, en prenant le ciel à témoin, l'oubli de tout le passé, et alors, Thyeste ayant demandé à voir ses enfants pour les embrasser, Atrée fit apporter dans un bassin leurs têtes, leurs pieds et leurs mains. On dit que le soleil se cacha pour ne point éclairer une action si barbare.

Thyeste, transporté de rage, ne respirant que la vengeance, trouva dans un fils qui lui restait un instrument propre à le bien servir. Ce fils, fruit d'un amour coupable, avait été d'abord abandonné, puis reconnu par Thyeste, et s'appelait Égisthe. Il ne démentait point son origine par sa férocité. S'étant chargé de faire mourir Atrée, il choisit le temps d'un sacrifice pour l'assassiner. Après ce meurtre, Thyeste monta sur le trône d'Argos.

Ses neveux, Agamemnon et Ménélas, enfants de Plisthène, autre fils de Pélops, étaient élevés par les soins et à la cour d'Atrée. Ils se retirèrent chez Œnée, roi d'Œchalie, qui les maria aux deux filles de Tyndare, roi de Sparte, Clytemnestre et Hélène, sœurs de Castor et Pollux. Avec le secours de leur beau-père, ils marchèrent contre Thyeste ; mais il ne les attendit pas : pour se soustraire à un juste châtiment, il se sauva dans l'île de Cythère.

## LES TYNDARIDES

### **Tyndare** et **Léda**

Tyndare, fils d'Œbalus, roi de Sparte, et de Gorgophone, fille de Persée et d'Andromède, devait naturellement succéder à son père ; mais Hippocoon son frère lui disputa la couronne, et l'obligea à se retirer en Messénie jusqu'à ce qu'il fût rétabli sur le trône par Hercule. Il épousa Léda, fille de Thestius, roi d'Étolie. Cette princesse, aimée de Jupiter qui, pour réussir dans ses amours, prit la forme d'un cygne, eut quatre enfants, renfermés, dit la fable, dans deux œufs divins. L'un de ces œufs contenait Pollux et Hélène, considérés comme issus de Jupiter et par conséquent immortels ; dans l'autre se trouvaient Castor et Clytemnestre, tous deux mortels, comme étant issus de Tyndare.

D'après une autre tradition, Léda n'était qu'un surnom de Némésis, l'implacable déesse de la vengeance et du châtiment. En donnant à Hélène cette déesse pour mère, les poètes voulurent sans doute exprimer et les chagrins que sa beauté lui causa et la vengeance cruelle qu'elle attira sur les Troyens et la famille de Priam.

## **Castor** et **Pollux**

Castor et Pollux sont souvent désignés sous la dénomination commune de Dioscures, c'est-à-dire Fils de Jupiter (rac. *kouroi* jeunes hommes, *dios* de Zeus). Dès qu'ils furent nés, Mercure les transporta à Pallène pour y être nourris et élevés. Les deux frères se lièrent d'une étroite amitié, et leur premier exploit fut de purger l'Archipel des pirates qui l'infestaient, ce qui les fit mettre au rang des dieux marins, et par la suite invoquer dans les tempêtes.

Ils suivirent Jason dans la Colchide, et eurent beaucoup de part à la conquête de la Toison d'Or. De retour dans leur patrie, ils reprirent leur sœur Hélène, enlevée par Thésée, en s'emparant de la ville d'Aphidna, et épargnèrent les habitants, à l'exception d'Éthra, mère de ce héros, laquelle ils emmenèrent en captivité.

Cependant l'amour les fit tomber dans la même faute qu'ils avaient voulu punir dans la personne de Thésée. Leucippe, frère de Tyndare, et Arsinoé avaient deux filles d'une rare beauté, nommées Phœbé et Ilaïre, fiancées à Lyncée et à Idas. Les deux frères se réunirent pour les enlever. Les prétendants poursuivirent et atteignirent les ravisseurs près du mont Taygète. Il s'ensuivit un combat opiniâtre où Castor fut tué par Lyncée, lequel à son tour tomba sous les coups de Pollux, blessé lui-même par Idas.

Pollux, affligé de la mort de son frère, pria Jupiter de le rendre immortel. Cette prière ne pouvait être entièrement exaucée ; l'immortalité fut partagée entre eux de sorte qu'ils vivaient et mouraient alternativement ; chacun d'eux tour à tour passait six mois aux Enfers, six mois dans l'Olympe, et ainsi ils ne se trouvaient jamais ensemble dans la compagnie des dieux.

Cette fiction est fondée sur ce que les deux princes ayant, après leur mort, formé dans le ciel le signe des Gémeaux, l'une des deux principales étoiles qui le composent se cache sous l'horizon, lorsque l'autre paraît.

Les Dioscures étaient deux robustes athlètes ; cependant Pollux l'emportait sur son frère au pugilat ; Castor excellait dans l'art de dompter les chevaux. Pollux vainquit au combat du ceste Amycus, roi de Bébrycie et fils de Neptune, le plus redouté des athlètes, au temps des Argonautes.

Les Dioscures à cheval.

Ils furent comptés au nombre des grands dieux de la Grèce. On leur éleva un temple à Sparte, lieu de leur naissance et de leur sépulture, et à Athènes qu'ils avaient sauvée du pillage.

Ces feux qui parfois brillent au bout des mâts par les temps d'orage, et que les marins appellent feux Saint-Elme, s'appelaient feux de Castor et de Pollux, parce que durant l'expédition des Argonautes, un jour d'orage, on vit des feux voltiger autour de la tête des Tyndarides.

Les Romains avaient ces deux divinités en grande vénération, et juraient, les hommes par le nom de

Pollux (*Edepol*), les femmes par celui de Castor (*Ecastor*). Les histoires grecque et romaine sont remplies d'apparitions miraculeuses de ces deux frères. Les Athéniens crurent les voir combattre avec eux contre les Perses, à Marathon ; les Romains ne doutèrent pas de les avoir eus pour auxiliaires au lac Régille contre les Latins. À Rome, on éleva même un temple en reconnaissance de cette heureuse intervention. Dans les sacrifices, on leur immolait des agneaux blancs.

Sur les monuments et sur les médailles, les Dioscures sont ordinairement ensemble sous la figure de robustes adolescents d'une irréprochable beauté. Ils sont assez souvent coiffés d'un bonnet ou d'un casque en forme de demi-coque d'œuf, rappelant leur origine. On les représente tantôt à pied, avec une pique à la main, et tenant un cheval par la bride, tantôt montés sur des chevaux blancs.

## Hélène

Hélène, fille de Jupiter et de Léda, la femme de Tyndare, et sœur de Pollux, Castor et Clytemnestre, fut cause de tant de malheurs par sa fatale beauté, que beaucoup de poètes, ainsi qu'on l'a dit plus haut, n'ont voulu voir en elle que la fille de la terrible et implacable Némésis, et ainsi Léda n'aurait été que sa nourrice, sa mère par adoption. Quoi qu'il en soit, dès ses premières années, sa beauté fit tant de bruit que Thésée l'enleva du temple de Diane où elle dansait. Délivrée par ses frères, elle fut ramenée à Sparte et recherchée en mariage par un grand nombre de princes. Tyndare, craignant d'irriter ceux qu'il refuserait, suivit le conseil d'Ulysse, et fit jurer à tous les prétendants que, lorsque son choix serait tombé sur l'un d'eux, ils se réuniraient tous pour le défendre contre quiconque voudrait la lui disputer. Alors il se détermina en faveur de Ménélas.

Les premières années de cette union furent heureuses ; mais durant une absence de Ménélas, le Troyen Pâris, fils de Priam, vint en Grèce, sous prétexte de faire un sacrifice à Apollon Daphnéen, se fit aimer d'Hélène, l'enleva, et attira sur sa patrie cette guerre longue et sanglante qui fait le sujet de *l'Iliade*.

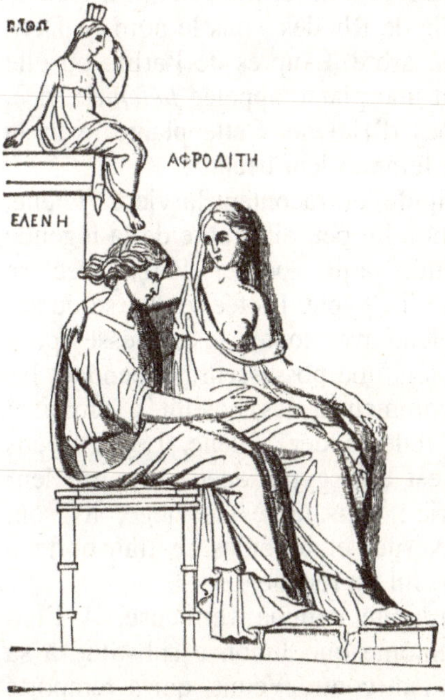

Aphrodite et Hélène.

Cet événement n'éteignit pas la passion de Ménélas, puisque, après la ruine de Troie, cette perfide lui ayant livré Déiphobe, fils de Priam, qu'elle avait épousé après la mort de Pâris, il massacra indignement ce héros, se réconcilia avec elle, et la ramena à Sparte. Il eut d'elle une fille, Hermione.

Après la mort de Ménélas, Mégapenthe et Nicostrate, ses fils naturels, la chassèrent, et la forcèrent de se retirer à Rhodes. Là, Polyxo, femme de Tlépolème, pour venger la mort de son mari tué au siège de Troie, lui envoya, au moment où elle prenait un bain, deux femmes qui la pendirent à un arbre. Plus tard Hélène fut adorée, dans l'île de Rhodes, sous le nom de Dendritis (rac. *dendron*, arbre). Auprès de l'arbre où elle fut pendue poussait une plante appelée *hélénion*, née, disait-on, des larmes d'Hélène. Cette plante avait la vertu de rendre aux femmes leur beauté.

Hérodote et Euripide, en racontant la vie d'Hélène, ont suivi une tradition un peu différente de la légende ordinaire. Le premier fait aborder Pâris avec sa conquête sur la côte d'Égypte. Protée le chasse de ses États, et retient Hélène avec toutes ses richesses pour les restituer à leur légitime possesseur. Cependant les Grecs, avant de commencer les hostilités, envoient des ambassadeurs redemander Hélène. Les Troyens répondent qu'elle est en Égypte : cette réponse leur paraît une moquerie ; mais, après le siège, ils sont convaincus de la vérité, et Ménélas se transporte à Memphis où Hélène lui est rendue.

Euripide la représente comme vertueuse. À l'entendre, c'est un fantôme que Junon a substitué à sa place, par ressentiment contre Vénus, qui a remporté sur elle le prix de beauté. La véritable Hélène, enlevée par elle, pendant qu'elle cueillait des roses, est transportée dans l'île de Pharos. Lorsque, après la ruine de Troie, la tempête jette Ménélas en Égypte, le fantôme disparaît, en rendant témoignage à l'innocence d'Hélène, et Ménélas rentre à Sparte avec sa vertueuse épouse.

## Clytemnestre

Clytemnestre, sœur d'Hélène, fille de Jupiter ou de Tyndare et de Léda, épousa en premières noces un fils de Thyeste, Tantale, dont elle eut un fils. Agamemnon tua le père et le fils, et enleva Clytemnestre contre son gré. Castor et Pollux, pour venger cet affront, lui déclarèrent la guerre ; mais Tyndare, qui avait conseillé l'enlèvement, réconcilia les Dioscures avec Agamemnon devenu son gendre.

Celui-ci, avant de partir pour le siège de Troie, confia le soin de son épouse et de ses États à Égisthe, mais chargea en même temps un poète et musicien affidé de surveiller la conduite de son lieutenant et de sa femme. Tous deux furent infidèles : Égisthe s'éprit d'amour pour Clytemnestre, et concerta avec elle la mort de son mari. Lorsque Agamemnon fut de retour, l'épouse adultère le fit assassiner. Après ce meurtre, et celui de Cassandre et de ses enfants, Clytemnestre épousa publiquement Égisthe, son complice, et lui mit la couronne sur la tête.

Après quelques années de tranquillité, Égisthe et Clytemnestre furent tués à leur tour par Oreste, fils de Clytemnestre et d'Agamemnon.

Dans *Électre*, de Sophocle, Clytemnestre prend pour prétexte de l'assassinat de son mari la mort d'Iphigénie à laquelle Agamemnon avait consenti.

Le meurtre d'Agamemnon a inspiré, outre Sophocle et Euripide, Alfiéri, Lemercier, Soumet et aussi le célèbre peintre Guérin dont le tableau est au musée du Louvre. Cette composition si dramatique est considérée comme un des plus beaux ouvrages de l'École française.

## Les Atrides

### Agamemnon

Agamemnon, roi d'Argos et de Mycènes, petit-fils de Pélops, était, comme son frère Ménélas, fils de Plisthène. Mais, tous deux ayant été élevés par leur oncle Atrée, Homère et d'autres poètes les désignent sous le nom d'Atrides. Il eut de Clytemnestre, sa femme, quatre filles, Iphigénie, Électre, Iphianasse, Chrysothémis, avec un fils qui fut Oreste.

La guerre de Troie ayant été résolue, il fut élu généralissime de l'armée des Grecs. La flotte qui devait transporter l'armée en Asie était réunie dans le port d'Aulis, mais retenue par les vents contraires. Afin d'obtenir les vents favorables, Agamemnon, incité par l'oracle de Calchas, sacrifia à Diane sa fille Iphigénie. Peut-être ne fut-elle pas réellement sacrifiée : on raconte en effet que Diane, apaisée par la soumission du roi, enleva cette princesse, et substitua une biche qui fut immolée à sa place.

Sous les murs de Troie, il eut une violente querelle avec Achille auquel il fut obligé de rendre la jeune captive Briséis qu'il lui avait enlevée.

Après le siège de Troie, il aima éperdument la prophétesse Cassandre, fille de Priam, sa prisonnière, et l'amena dans Argos. Elle lui avait prédit qu'il périrait, s'il retournait dans sa patrie ; mais le sort des prophéties de Cassandre était de ne rencontrer qu'incrédulité. Il n'eut garde d'y ajouter foi, et cependant tomba bientôt victime des intrigues de Clytemnestre et d'Égisthe. Ce fils de Thyeste crut en outre venger son père en tuant Agamemnon.

Du temps de Pausanias, on montrait encore à Mycènes les tombeaux d'Agamemnon, d'Eurymédon, conducteur de son char, et de tous ceux que ce prince avait ramenés de Troie, et qui périrent avec lui.

## Ménélas

Ménélas, frère d'Agamemnon, et mari d'Hélène, régnait à Sparte où il avait succédé à Tyndare, son beau-père. Déshonoré par le Troyen Pâris, et outré de la fuite d'Hélène, il en instruisit tous les princes de la Grèce, qui s'étaient engagés par les serments les plus solennels à prêter leur secours à l'époux d'Hélène, si on venait lui enlever son épouse. Ce fut donc à son instigation que les Grecs prirent les armes et firent le siège de Troie.

Déjà ce siège durait depuis longtemps : un jour, Grecs et Troyens étant en présence, Pâris et Ménélas proposent de se battre en combat singulier et de vider eux seuls la querelle. Les deux adversaires entrent en lice : Ménélas a l'avantage, mais Vénus, voyant son favori près de succomber, le dérobe aux coups de son ennemi, et l'emporte dans la ville, c'est-à-dire que Pâris prend la fuite. En vain Ménélas crie à la perfidie, de loin un Troyen lui tire une flèche dont il est blessé légèrement, et les hostilités recommencent.

Après la prise de Troie, Ménélas, réconcilié avec Hélène, ne rentra dans Sparte qu'au bout de huit ans. Il fut, dit-on, retenu sur la côte d'Égypte par les dieux auxquels il n'avait pas offert les hécatombes qu'il leur devait.

On lui reproche d'avoir extorqué d'Agamemnon le sacrifice d'Iphigénie, d'avoir servi la jalousie d'Hermione, sa fille, en voulant faire périr Andromaque et Pyrrhus, et de n'avoir pas énergiquement secouru son neveu Oreste.

## **Oreste** et **Pylade**

Oreste, fils d'Agamemnon et de Clytemnestre, était encore fort jeune lorsque son père, au retour de Troie, fut assassiné par Clytemnestre et par Égisthe, son complice. Électre, sa sœur, vint à bout de le soustraire à la fureur de ces meurtriers, en le faisant retirer chez son oncle Strophius, roi de Phocide, époux d'Anaxabie, sœur d'Agamemnon. Ce fut là qu'Oreste contracta avec son cousin Pylade, fils de ce prince, cette amitié qui les rendit inséparables.

Oreste, devenu grand, forma le dessein de venger la mort de son père, quitta la cour de Strophius avec Pylade, entra secrètement dans Mycènes, et se cacha chez Électre.

On convint d'abord de faire courir dans la ville le bruit de la mort d'Oreste. Égisthe et Clytemnestre en conçurent tant de joie, qu'ils se rendirent aussitôt dans le temple d'Apollon pour en rendre grâces aux dieux. Oreste y pénétra avec quelques soldats, dispersa les gardes, et tua, de sa main, sa mère et l'usurpateur.

Dès ce moment, les Furies ou Érinnyes commencèrent à le tourmenter. Il alla d'abord à Athènes, où l'Aréopage l'acquitta ou, pour employer l'expression consacrée, l'expia de son crime. Les voix des juges s'étant trouvées égales de part et d'autres, Minerve elle-même donna la sienne en sa faveur. Ce prince, en reconnaissance de ce bienfait, fit élever un autel à cette déesse, sous le nom de Minerve Guerrière.

Non content de ce jugement, Oreste alla chez les Trézéniens, pour se soumettre à l'expiation, et il fut contraint de loger dans un lieu séparé, personne n'osant le recevoir. Enfin, touchés de ses malheurs, les habitants de Trézène l'expièrent. Longtemps on montra dans cette ville la pierre sur laquelle s'étaient assis les neuf juges qui procédèrent à cette expiation, on la nommait la Pierre Sacrée.

Oreste fut ensuite rétabli dans ses États par Démophoon, roi d'Athènes. Cependant les Furies vengeresses ne cessaient de le tourmenter. Afin de goûter quelque repos, il consulta l'oracle de Delphes, où il apprit que, pour être délivré des Furies, il devait aller en Tauride enlever la statue de Diane et Iphigénie sa sœur, que Diane elle-même avait subrepticement emportée dans cette contrée le jour de son sacrifice, et dont elle avait fait sa prêtresse.

Oreste s'y rendit avec Pylade ; mais, ayant été pris, il fut sur le point d'être immolé à la déesse, suivant la coutume du pays. Une loi barbare, édictée par le roi

Thoas, prescrivait d'immoler à Diane tous les étrangers qui aborderaient sur ces côtes. La prêtresse offrit de renvoyer sain et sauf l'un des deux compagnons, un seul suffisant pour satisfaire à la loi : Pylade fut celui qu'elle voulut retenir. Ce fut alors qu'on vit ce généreux combat d'amitié qui a été si célébré par les anciens, et dans lequel Oreste et Pylade offraient leur vie l'un pour l'autre.

Sur ces entrefaites, Oreste est reconnu par sa sœur qui fait adroitement suspendre le sacrifice, en prétendant que les étrangers se sont rendus coupables d'un meurtre et qu'on ne peut les immoler qu'après une expiation. La cérémonie devant se faire sur mer, on embarque la statue de Diane. Iphigénie, en qualité de prêtresse, monte à bord du navire, et s'éloigne de la Tauride avec son frère et Pylade. Certains auteurs racontent que, avant de s'éloigner, Oreste avait tué Thoas, roi du pays.

De retour à Mycènes, Oreste fit épouser Électre à Pylade. Il songea aussi à recouvrer Hermione, fille de son oncle Ménélas et d'Hélène, qui lui avait été promise, et que Pyrrhus, fils d'Achille et roi d'Épire, lui avait enlevée. Ayant appris que son rival était allé à Delphes, il ne manqua pas de s'y rendre avec Pylade, et causa par ses insinuations la mort de ce prince, que massacrèrent les Delphiens. Oreste épousa ensuite Hermione et vécut depuis assez paisiblement dans ses États ; mais, ayant un jour passé en Arcadie, il y fut mordu par un serpent et y mourut. Il était alors dans un âge très avancé, et avait joint au royaume de Mycènes celui de Sparte après la mort de Ménélas.

Suivant une autre légende, Oreste épousa aussi Érigone, fille d'Égisthe et de Clytemnestre, et en eut un fils nommé Penthile qui succéda à son père sur le trône de Mycènes. Quant à Érigone, après la mort de son mari, elle se fit prêtresse et se consacra au culte de Diane.

## Autres héros grecs de la guerre de Troie

### Achille

Achille, l'Éacide ou petit-fils d'Éaque, fils de Thétis et de Pélée, roi de la Phthiotide, naquit à Larisse, ville de Thessalie, sise sur les bords du Pénée. À sa naissance, Thétis, sa mère, l'avait plongé dans l'eau du Styx, et l'avait rendu invulnérable, excepté au talon par où elle le tenait. Elle se chargea elle-même de sa première éducation, et lui donna pour gouverneur et père nourricier Phénix, fils d'Amyntor, prince des Dolopes, réfugié à la cour de Pélée. Ensuite il eut pour maître le centaure Chiron qui, en ornant sa belle intelligence des connaissances les plus utiles, ne négligea pas de développer et de fortifier son corps. Il le nourrissait, dit-on, de cervelles de lion et de tigre, afin de lui communiquer un courage et des forces irrésistibles.

Dans son enfance, sa mère lui ayant proposé d'opter entre une carrière longue et obscure, et une vie courte, mais glorieuse, il préféra la dernière. Cependant Thétis, instruite par les oracles qu'on ne prendrait jamais Troie sans lui, mais qu'il périrait sous ses murs, l'envoya en habits de jeune fille, et sous le nom de Pyrrha, à la cour de Lycomède, roi de Scyros. À la faveur de ce déguisement, il se fit connaître de Déidamie, fille de Lycomède, l'épousa secrètement, et en eut un fils nommé Pyrrhus.

Lorsque les princes grecs se rassemblèrent pour aller au siège de Troie, Calchas leur prédit que cette ville ne pourrait être prise sans le secours d'Achille, et leur indiqua le lieu de sa retraite. Ulysse s'y rendit, déguisé en marchand, et présenta aux femmes de la cour des bijoux et des armes. Achille se trahit lui-même en préférant les armes aux bijoux. Ulysse l'emmena au siège de Troie, et c'est alors que Thétis donna à son fils cette armure impénétrable, ouvrage de Vulcain.

Achille devint bientôt le premier héros de la Grèce et la terreur des ennemis. Pendant qu'Agamemnon rassemblait ses troupes, le fils de Thétis prit plusieurs villes de la Troade et de la Cilicie, entre autres Thèbes, patrie d'Andromaque. Mais dans le cours du siège, Achille ayant été d'avis de rendre la jeune Chryséis à son père, prêtre d'Apollon, et de faire cesser par là la peste qui désolait le camp des Grecs, Agamemnon offensé lui enleva une autre captive, Hippodamie, surnommée Briséis ou fille de Brisès. Cette insulte l'irrita au point qu'il se retira dans sa tente, et cessa de combattre.

Sa retraite assura la victoire aux Troyens ; mais Patrocle son ami, qui avait emprunté ses armes, ayant été vaincu et dépouillé par Hector, il demanda une nouvelle armure à sa mère, retourna au combat, et vengea la mort de son ami par celle d'Hector qu'il attacha à son char et traîna ainsi plusieurs fois autour des murailles de Troie et du tombeau de Patrocle ; il le rendit ensuite aux larmes de Priam son père.

Achille reconnu par les Grecs.

Après la mort d'Hector, les princes grecs furent appelés chez Agamemnon à un grand festin, dans lequel

ils examinèrent les moyens de se rendre maîtres de Troie. Achille se déclara pour la force ouverte, Ulysse pour la ruse, et l'avis de celui-ci l'emporta.

Suivant Ovide, l'amour causa la mort d'Achille : épris des charmes de Polyxène, fille de Priam, il la demanda en mariage ; et, lorsqu'il était sur le point de l'épouser, au moment où Déiphobe l'embrassait, Pâris le blessa au talon d'un coup de flèche. C'est, dit-on, Apollon lui-même, qui avait dirigé le trait. Cette blessure fut mortelle.

On a observé, avec raison, que la fable qui suppose Achille invulnérable n'était pas reçue du temps d'Homère. Ce poète n'avait garde d'adopter une fiction qui eût déshonoré son héros. Achille, selon lui, fut blessé en combattant, et les Grecs livrèrent autour de son corps un combat sanglant qui dura tout un jour. Thétis, ayant appris la mort de son fils, sortit du sein des eaux, accompagnée d'une troupe de nymphes, pour venir pleurer sur son corps. Les Néréides environnèrent le lit funèbre, en poussant des cris lamentables, et revêtirent le corps d'habits immortels ; les neuf Muses firent entendre tour à tour leurs plaintes lugubres. Durant dix-sept jours, les Grecs pleurèrent avec les déesses ; et le dix-huitième, on mit le corps sur un bûcher. Ses cendres furent enfermées dans une urne d'or, et mêlées avec celles de Patrocle. Après qu'on lui eut élevé un magnifique tombeau sur le rivage de l'Hellespont, au promontoire de Sigée, Thétis fit exécuter des jeux et des combats, par les plus braves de l'armée, autour de son tombeau.

Achille fut révéré comme un demi-dieu. L'oracle de Dodone lui décerna les honneurs divins, et ordonna que des sacrifices annuels fussent offerts sur sa tombe.

Dans les combats héroïques, le char prenait une large part à la lutte, et, par conséquent, l'habileté du cocher contribuait beaucoup à la victoire. Aussi, quand on raconte l'histoire d'Achille, on doit au moins mentionner son cocher, d'ailleurs célèbre, Automédon.

La lance d'Achille avait la vertu de guérir les blessures qu'elle avait faites ; mais il fallait toutefois que le héros y consentît.

## Patrocle

Patrocle, fils de Ménœtius, roi des Locriens, et de Sthénélé, ayant tué le fils d'Amphidamas, dans un emportement de jeunesse causé par le jeu, fut obligé de quitter sa patrie. Il trouva un asile à la cour de Pélée qui le fit élever par Chiron avec son fils Achille ; de là cette amitié si tendre et si constante entre les deux héros.

Sous les murs de Troie, Patrocle, ne pouvant décider son ami à oublier son ressentiment contre les Grecs et à rentrer dans la lutte contre les Troyens, obtient cependant de lui la permission de revêtir son armure et de combattre à sa place. Il prend donc les armes d'Achille, moins sa pique si pesante qu'aucun Grec ne pouvait s'en servir. Il repousse les Troyens, mais il tombe fatalement sous les coups d'Hector favorisé par Apollon.

Ajax et Ménélas font reculer Hector vainqueur, et emportent le corps de leur compagnon d'armes. Achille jure de le venger ; l'ombre de Patrocle lui apparaît et le prie de hâter ses funérailles, afin que les portes des Champs-Élysées lui soient ouvertes. Achille s'empresse de remplir ses intentions, et bientôt après il sacrifie valeureusement Hector aux mânes de son ami.

## Ajax, fils d'Oïlée

Ajax, fils d'Oïlée, roi des Locriens d'Opunte, équipa quarante vaisseaux pour le siège de Troie. C'était un prince brave, intrépide, qui rendit de grands services aux Grecs, mais brutal et cruel. Après la prise de Troie, il outragea Cassandre qui s'était réfugiée dans le temple de Minerve. Cette déesse le punit en submergeant toute sa flotte près des rochers de Capharée, promontoire de l'île d'Eubée. L'intrépide guerrier, échappé au naufrage, se sauva sur un écueil, et dit arrogamment : « J'en échapperai malgré les dieux. » Indignée de son insolence, Pallas-Minerve prit la foudre de Jupiter et l'anéantit sur son rocher.

## Ajax, fils de Télamon, et son frère Teucer

Télamon, frère de Pélée, chassé d'Égine par son père Éaque, à la suite d'un meurtre involontaire, devint roi de Salamine. C'était un ami d'Hercule et l'un des plus vaillants Argonautes. N'ayant pu, à cause de son grand âge, prendre part à la guerre de Troie, il y envoya ses deux fils, Ajax, né de Péribée, princesse de Mégare, et Teucer, issu d'Hésione, sœur de Priam.

Ajax fut, après Achille, le plus vaillant des Grecs, et, comme lui, fier, emporté, invulnérable même, excepté dans un endroit de la poitrine que lui seul connaissait.

Il se montrait hardi, provocateur même vis-à-vis des dieux. Il se distingua au siège de Troie où il commandait les guerriers de Mégare et de Salamine. Il se battit pendant un jour entier contre Hector sans se laisser vaincre.

Achille mort, Ajax et Ulysse se disputèrent ses armes. Ulysse l'emporta ; et Ajax en devint si furieux que, pendant la nuit, il massacra tous les troupeaux du camp, croyant tuer son rival et les capitaines de l'armée. Revenu de son délire, et confus de son égarement, il tourna son épée contre son sein et se donna la mort.

Calchas, consulté si on brûlerait le corps d'Ajax, décida que, étant mort impie, il ne méritait pas les honneurs du bûcher. Cependant les Grecs lui érigèrent un monument sur le promontoire de Rhœtée, dans la Troade. On raconte que l'âme d'Ajax, ayant la liberté de choisir un corps pour revenir habiter la terre, préféra celui du lion à celui de l'homme.

Suivant Ovide, Ajax, après sa mort, fut changé en fleur ; et les deux premières lettres de son nom se trouvaient tracées sur cette fleur que le poète nomme hyacinthe.

Ulysse ayant perdu dans une tempête les armes d'Achille, les flots les portèrent sur le rivage près du tombeau d'Ajax. Les dieux en faisaient ainsi un hommage posthume au héros.

Teucer ne vengea point l'affront fait à son frère Ajax, et ne l'empêcha pas de se tuer. Cette indifférence le rendit odieux à Télamon qui lui intima l'ordre de ne jamais remettre les pieds dans l'île de Salamine. Il alla donc chercher fortune ailleurs, et, abordant à l'île de

Chypre, il y bâtit une ville à laquelle il donna le nom du royaume de son père. Homère dit que Teucer était le plus adroit archer de l'armée des Grecs.

## **Ulysse**, en grec **Odysseus**

Ulysse, fils de Laerte, ou peut-être de Sisyphe, et d'Anticlée, mari de Pénélope, père de Télémaque, était roi de deux petites îles de la mer Ionienne, Ithaque et Dulichie. C'était un prince éloquent, fin, rusé, artificieux ; il contribua bien autant par ses artifices à la prise de Troie que les autres généraux grecs par leur valeur. Il n'y avait que peu de temps qu'il était marié avec la belle et sage Pénélope, lorsqu'il fut question de la guerre de Troie. L'amour qu'il avait pour sa jeune épouse lui fit chercher plusieurs moyens pour ne pas l'abandonner, et pour s'exempter d'aller à cette guerre.

Il imagina de contrefaire l'insensé ; et, pour faire croire qu'il avait l'esprit aliéné, il s'avisa de labourer le sable sur le bord de la mer, avec deux bêtes de différente espèce, et d'y semer du sel. Mais Palamède, disciple de Chiron et fils de Nauplius, roi de l'île d'Eubée, découvrit la feinte en mettant le petit Télémaque sur la ligne du sillon. Ulysse, ne voulant pas blesser son fils, leva le soc de la charrue, et fit connaître par là que sa folie n'était que simulée.

À son tour Ulysse découvrit Achille qui était déguisé en jeune fille dans l'île de Scyros, et l'emmena combattre devant Troie. Au cours de cette guerre, il enleva le Palladium, statue de Minerve, protectrice de la ville et enfermée dans la citadelle d'Ilion ; il tua Rhésus, roi de Thrace, venu au secours des Troyens, et emmena ses chevaux au camp des Grecs ; il contraignit Philoctète, quoique son ennemi, à le suivre au siège de Troie avec les flèches d'Hercule.

Les Sirènes, près du vaisseau d'Ulysse.

C'était à ces trois conditions seulement que la ville pouvait être prise, selon l'ordre des destins.

Après la mort d'Achille, les armes de ce héros lui furent adjugées, de préférence à Ajax ; mais les débats furent vifs, devant les chefs grecs pris pour juges ; et il ne gagna sa cause que grâce à son éloquence.

À son retour de Troie, Ulysse eut de grandes aventures qui sont le sujet de *l'Odyssée*, d'Homère. Une tempête le jeta d'abord sur les côtes des Ciconiens, peuples de Thrace, où il perdit plusieurs de ses compagnons ; de là il fut porté au rivage des Lotophages en Afrique, où quelques hommes de sa flotte l'abandonnèrent. Les vents le conduisirent ensuite sur les terres des Cyclopes, en Sicile, où il courut les plus grands dangers. De Sicile il alla chez Éole, roi des Vents ; de là chez les Lestrigons, où il vit périr onze de ses vaisseaux ; et, avec le seul qui lui restait, il se rendit dans l'île d'Æa chez Circé, où il demeura un an ; de là il descendit aux Enfers pour y consulter l'âme de Tirésias sur sa destinée. Il échappa aux charmes de Circé et des Sirènes, évita les gouffres de Charybde et de Scylla ; mais une nouvelle tempête fit périr son vaisseau avec tous ses compagnons, et il se sauva seul de l'île de Calypso où il demeura pendant sept années. Embarqué sur un radeau, il fit de nouveau naufrage, et eut bien de la peine à gagner l'île des Phéaciens. Sur le rivage, il fut accueilli par la jeune et belle Nausicaa, fille d'Alcinoüs, roi de cette île. La princesse le conduisit au palais de son père, où il reçut une généreuse et brillante hospitalité. Avec le secours du roi Alcinoüs, il aborda enfin à l'île d'Ithaque, après une absence de vingt ans.

Il descend chez Eumée, son discret et fidèle serviteur. Plusieurs princes de ses voisins, qui le croyaient mort, s'étaient rendus maîtres chez lui, et dissipaient son bien : tous étaient des prétendants à la main de Pénélope. Il se présenta dans son palais sous les traits et le déguisement d'un vieux mendiant. Télémaque fut le premier à qui son père se découvrit, et ensemble ils prirent des mesures pour se défaire de leurs ennemis.

À la porte de son palais, il est reconnu par son chien Argus qu'il avait laissé en partant pour Troie, et qui meurt de joie en revoyant son maître. Il est aussi reconnu par Euryclée, sa vieille nourrice. Celle-ci, en lui lavant les pieds, a aperçu une blessure qu'il avait à la jambe et que lui avait faite autrefois un sanglier.

Pénélope lui apprend qu'elle ne peut plus éluder les poursuites des prétendants, et qu'elle a promis d'épouser celui qui viendrait à bout de tendre l'arc d'Ulysse. Tous en effet avaient accepté la proposition de la reine ; mais ils essayent vainement de tendre l'arc. Ulysse, après eux, demande qu'il lui soit permis d'éprouver ses forces ; il bande l'arc très aisément ; et en même temps il tire sur les poursuivants, qu'il tue l'un après l'autre, aidé de son fils et de deux fidèles domestiques.

Reconnu définitivement par Pénélope, il régna paisiblement dans son île, jusqu'à ce que Télégone, qu'il avait eu de Circé, le tua sans le connaître. Son vieux père, Laerte, avant de mourir, avait eu la consolation de le voir de retour.

La mémoire d'Ulysse a été consacrée par un grand nombre de monuments, de bas-reliefs, de médailles et de camées : on le reconnaît au bonnet pointu qu'on lui donne ordinairement ; on prétend que ce fut le peintre grec Nicomaque qui le lui donna le premier. Souvent il est représenté en compagnie de Minerve.

## **Pénélope**, épouse d'Ulysse

Pénélope, fille d'Icarius, frère de Tyndare, roi de Sparte, fut recherchée en mariage, à cause de sa beauté, par plusieurs princes de la Grèce. Son père, pour éviter les querelles qui auraient pu éclater entre les prétendants, les obligea à en disputer la possession dans des jeux qu'il leur fit célébrer. Ulysse fut vainqueur, et la princesse lui fut accordée.

Pendant les vingt années d'absence d'Ulysse, durant et après la guerre de Troie, Pénélope lui garda une fidélité à l'épreuve de toutes les sollicitations. Sa beauté attira à Ithaque une centaine de prétendants. Elle sut toujours éluder leur poursuite et les déconcerter par de nouvelles ruses. La première fut de s'attacher à faire sur le métier un grand voile, en déclarant aux poursuivants qu'elle ne pouvait contracter un nouveau mariage avant d'avoir achevé ce voile destiné à envelopper le corps de son beau-père Laerte, quand il viendrait à mourir. Ainsi, pendant trois ans, elle allégua cet ingénieux prétexte, sans que sa toile s'achevât jamais ; car elle défaisait la nuit ce qu'elle avait fait le jour : de là est venu le proverbe, « la toile de Pénélope », dont on se sert en parlant des ouvrages auxquels on travaille sans cesse et qu'on ne termine jamais.

Quand on vint dire à Pénélope que son époux était de retour, elle refusa de le croire, craignant qu'on ne voulût la surprendre par des apparences trompeuses ; mais, après qu'elle se fut assurée, par des preuves non équivoques, que c'était réellement Ulysse, elle se livra aux plus grands transports de joie et d'amour.

Après la mort d'Ulysse, elle épousa Télégone, selon les uns ; mais, selon d'autres, elle se retira à Sparte, et finit ses jours à Mantinée. On la cite comme un modèle de fidélité conjugale.

Certains mythologues ont confondu, par erreur, la reine d'Ithaque avec la nymphe Pénélope, mère du dieu Pan.

## **Télémaque**, fils d'Ulysse et de Pénélope

Télémaque, fils d'Ulysse et de Pénélope, était encore au berceau, lorsque son père partit pour la guerre de Troie. Parvenu à l'adolescence, il se mit en devoir d'aller chercher Ulysse dans toute la Grèce.

Par le conseil et sous la conduite de Minerve qui a pris la figure du vénérable Mentor, il s'embarque de nuit pour aller à Pylos, chez Nestor, et à Sparte chez Ménélas. Pendant quatre ans il recherche son père, d'après leurs informations. Au bout de ce laps de temps, que l'auteur du *Télémaque* français a rempli de si instructives aventures, il revint à Ithaque, où il retrouva Ulysse chez le vieux serviteur Eumée. On dit qu'il succéda à son père, épousa Circé, et en eut un fils nommé Latinus.

Quelques auteurs lui donnent pour épouse Nausicaa, fille d'Alcinoüs, roi des Phéaciens.

## **Télégone**, fils d'Ulysse et de Circé

Télégone, fils d'Ulysse et de Circé, naquit dans l'île d'Æa, où Circé faisait son séjour, et où Ulysse s'arrêta quelque temps au cours de ses aventures, après le siège de Troie. Longtemps après, lorsque Télégone fut grand, il s'embarqua pour aller chercher son père. Ayant été jeté sur les côtes d'Ithaque sans la connaître, il alla faire des vivres avec ses compagnons qui se livrèrent au pillage. Ulysse, à la tête des Ithaciens, vint pour repousser ces étrangers : il y eut combat sur le rivage, et Télégone frappa Ulysse d'une lance dont le bout était fait d'une tortue marine, nommée *pastinague*, que l'on croit être venimeuse.

Le roi d'Ithaque, mortellement blessé, se souvint alors d'un oracle qui l'avait averti de se méfier de la main de son fils ; il s'informa qui était l'étranger, et d'où il venait, reconnut Télégone et mourut dans ses bras. Minerve les consola tous les deux, en leur disant que tel était l'ordre du destin : elle ordonna même à Télégone d'épouser Pénélope et de porter à Circé le corps d'Ulysse pour lui faire rendre les honneurs de la sépulture. Du mariage de Pénélope et de Télégone naquit Italus qui, selon certains auteurs, donna son nom à l'Italie.

## Philoctète

Philoctète était fils de Pæan et le fidèle compagnon d'Hercule, qui, en mourant, lui laissa ses redoutables flèches. Il s'était engagé, par serment, à ne jamais découvrir le lieu où il aurait déposé les cendres de ce héros. Mais les Grecs, sur le point de partir pour le siège de Troie, ayant appris de l'oracle de Delphes que, pour se rendre maîtres de cette ville, il fallait qu'ils fussent en possession des flèches d'Hercule, envoyèrent des députés à Philoctète, pour apprendre en quel lieu elles étaient cachées.

Philoctète, qui ne voulait ni violer son serment ni priver les Grecs de l'avantage que ces flèches pouvaient leur procurer, après quelque résistance, montra avec le pied l'endroit où il avait inhumé Hercule, et avoua qu'il avait ses armes en son pouvoir.

Cette indiscrétion lui coûta cher par la suite ; car, dans le temps qu'il allait à Troie, une de ces flèches étant tombée sur le même pied avec lequel il avait montré le lieu de la sépulture d'Hercule, il s'y forma un ulcère qui répandait une odeur si infecte que, à la sollicitation d'Ulysse, on le laissa dans l'île de Lemnos, où il souffrit pendant dix ans tous les maux et toutes les douleurs de l'isolement.

Cependant, après la mort d'Achille, les Grecs, voyant qu'il était impossible de prendre la ville sans les flèches que Philoctète avait emportées avec lui à Lemnos, Ulysse, quoique ennemi mortel de ce héros, se chargea d'aller le chercher et de le ramener ; ce qu'il exécuta en effet, avec le concours de Diomède et de Néoptolème ou Pyrrhus, fils d'Achille.

Philoctète ne fut pas plutôt arrivé dans le camp des Grecs, que Pâris lui fit demander un combat singulier ; le héros y consentit et, avec une de ses flèches, le blessa mortellement.

Comme son ulcère n'était pas encore guéri, Philoctète, après la prise de Troie, n'osa pas retourner dans son pays ; il alla dans la Calabre, où il bâtit la ville de Pétilie, et fut enfin guéri par les soins de Machaon, fils d'Esculape et frère de Podalire. On lui attribue aussi la fondation de Thurium.

Philoctète avait été un des plus fameux Argonautes, il avait donc assisté aux deux plus célèbres expéditions des temps héroïques. Ses malheurs ont inspiré à Sophocle une des plus belles tragédies de l'Antiquité.

## Nestor

Nestor, roi de Pylos, était le plus jeune des douze fils de Nélée. Par Chloris, sa mère, il était petit-fils de Niobé. Ses onze frères, ayant pris part à la guerre de Nélée et d'Augias contre Hercule, furent tués par ce héros ; il n'avait dû alors son salut qu'à son jeune âge. À l'époque de la guerre de Troie, où il conduisit quatre-vingt-dix vaisseaux, il était déjà fort âgé, et il régnait sur la troisième génération.

C'est le cavalier de Gérénie, le vieillard favori d'Homère. Le portrait qu'il en donne est beaucoup plus fini que tous les autres. Il y revient sans cesse ; et, après en avoir tracé soigneusement tous les traits dans les grands tableaux de *l'Iliade*, il y met la dernière main dans *l'Odyssée* : sagesse, équité, respect pour les dieux, politesse, agrément, douceur, éloquence, activité, valeur, il y peint toutes les vertus politiques et guerrières de Nestor. Pour s'en faire une idée complète, il faut, après l'avoir vu dans *l'Iliade*, sage conseiller, vaillant capitaine, vigilant soldat, le voir, dans *l'Odyssée*, heureux et tranquille, menant une vie douce dans sa maison, au milieu de sa famille, environné d'une troupe d'enfants qui l'aiment et le respectent, uniquement occupé des devoirs d'un père et d'un prince, et exerçant l'hospitalité.

Les principales époques de sa vie avant la guerre de Troie sont la guerre des Pyliens contre les Éléens, le combat des Lapithes et des Centaures, la chasse du sanglier de Calydon. Il mourut paisiblement à Pylos. Cependant quelques auteurs le font aller en Italie, après la prise de Troie, et y bâtir Métaponte.

## Diomède

Diomède, fils de Tydée, et petit-fils d'Œnée, roi de Calydon, fut élevé à l'école du centaure Chiron avec plusieurs héros de la Grèce. Il commanda les Étoliens au siège de Troie, et se distingua par tant de belles actions, qu'on le considéra comme le plus brave de l'armée, après Achille et Ajax, fils de Télamon. Homère le représente comme le favori de Pallas-Minerve. Par le secours de cette déesse, il tue plusieurs rois de sa main, et il sort avec gloire de combats singuliers contre Hector, Énée et les autres princes troyens. Avec Ulysse il se saisit des flèches de Philoctète, à Lemnos, et les chevaux de Rhésus, et enlève le Palladium.

Il blesse Mars et Vénus même qui venait secourir son fils Énée, et qui ne le sauva qu'en le couvrant d'un nuage. La déesse en conçut un tel dépit, que, pour s'en venger, elle inspira à sa femme Égialée une violente passion pour un autre. Diomède, instruit de cet affront, n'échappa qu'avec peine aux embûches qu'elle lui tendit à son retour, en se réfugiant dans le temple de Junon, et alla chercher un établissement en Italie. Là, le roi Daunus lui ayant cédé une partie de ses États et donné sa fille en mariage, il fonda la ville d'Arpi ou d'Argyripa.

Après sa mort, il fut honoré comme un dieu et il eut un temple ou un bois sacré sur les bords du Timave.

On dit que, durant sa traversée de Grèce en Italie, plusieurs de ses compagnons, ayant injurié Vénus dont la persécution les forçait de s'expatrier, furent tout à coup changés en oiseaux, prirent leur essor et se mirent à voltiger autour du vaisseau. Pline ajoute que ces oiseaux, nommés *oiseaux de Diomède*, se ressouvenant de leur origine, caressaient les Grecs et fuyaient les étrangers.

## Idoménée

Idoménée, roi de Crète, fils de Deucalion et petit-fils du deuxième Minos, conduisit au siège de Troie les troupes de Crète, avec une flotte de quatre-vingts vaisseaux, et s'y distingua par quelques actions d'éclat. Après la prise de la ville, ce prince, chargé de dépouilles troyennes, retournait en Crète, lorsqu'il fut assailli par une tempête où il pensa périr.

Dans le pressant danger où il se trouva, il fit vœu à Neptune de lui immoler, s'il revenait dans son royaume, le premier être vivant qui se présenterait à lui sur le rivage de Crète. La tempête cessa, et il aborda heureusement au port, où son fils, averti de l'arrivée du roi, fut le premier objet qui parut devant lui.

On peut s'imaginer la surprise et en même temps la douleur d'Idoménée quand il l'aperçut. En vain les sentiments de père combattirent en sa faveur ; un zèle aveugle de superstition l'emporta, et il résolut d'immoler son fils au dieu de la mer. Plusieurs auteurs anciens prétendent que cet horrible sacrifice fut consommé, et plusieurs modernes ont suivi cette tradition. D'autres affirment que le peuple, prenant la défense du jeune prince, le retira des mains d'un père furieux.

Quoi qu'il en soit, les Crétois, saisis d'horreur pour l'action barbare de leur roi, se soulevèrent unanimement contre lui, et l'obligèrent à quitter ses États. Il se retira sur les côtes de la grande Hespérie, c'est-à-dire de l'Italie, où il fonda Salente. Il fit observer dans sa nouvelle ville les sages lois de son ancêtre Minos, et mérita de ses nouveaux sujets les honneurs héroïques après sa mort.

## Protésilas

Protésilas, fils d'Iphiclus, prince de Thessalie, venait d'épouser Laodamie, fille d'Acaste, successeur de Pélias, de la famille de Jason, quand éclata la guerre de Troie. Il quitta sa jeune épouse dès le lendemain de ses noces, pour prendre part à cette expédition. Bien qu'un oracle eût promis la mort au premier guerrier grec qui descendrait sur le rivage ennemi, il se dévoua pour le salut de l'armée. Personne n'osant descendre à terre, il s'élança hors de son navire, et fut tué par Hector.

Laodamie demeura inconsolable. Pour tromper sa douleur, elle fit faire une statue qui lui rappelait son époux. Un jour, Acaste, son père, voulant lui ôter ce triste spectacle, jeta la statue au feu ; Laodamie, s'étant approchée des flammes, s'y jeta et périt.

À leur retour de Troie, les Grecs, pour glorifier le dévouement de Protésilas, instituèrent les Protésilées, fêtes ou jeux qui se célébraient à Phylacé, lieu de la naissance de ce héros.

## Calchas

Calchas, fils de Thestor, un des Argonautes, reçut d'Apollon la science du présent, du passé et de l'avenir. L'armée des Grecs qui se rassemblait pour le siège de Troie le prit pour son grand-prêtre et son devin. Ayant vu monter sur un arbre un serpent qui, après avoir dévoré neuf petits oiseaux dans un nid et leur mère, avait été ensuite changé en pierre, il prédit que le siège durerait dix ans. C'est lui qui, pour obtenir les vents favorables à la flotte retenue dans le port d'Aulis, conseilla le sacrifice d'Iphigénie ; lui encore qui, pour faire cesser la peste, fléau terrible qui décimait l'armée sous les murs de Troie, conseilla au roi Agamemnon de renvoyer Chryséis à son père, Chrysès, prêtre d'Apollon.

Il ne se passait rien d'important qu'on ne prît d'abord son avis. Après la ruine de Troie, il retourna dans sa patrie avec Amphiaraüs, et vint à Colophon en Ionie. Sa destinée était de mourir aussitôt qu'il aurait trouvé un devin plus habile que lui. Il mourut, en effet, de chagrin, dans le bois de Claros consacré à Apollon, pour n'avoir pas pu deviner les énigmes d'un autre devin nommé Mopsus.

## Palamède

Palamède, fils de Nauplius, roi de l'île d'Eubée, disciple de Chiron, avait suivi les autres princes grecs au siège de Troie. Il fut en butte à la haine redoutable d'Ulysse, pour plusieurs motifs. D'abord ce fut lui qui découvrit et révéla aux Grecs la folie simulée de ce héros ; lui encore qui, devant Troie, accusa Ulysse de perfidie ou d'imprévoyance, en laissant l'armée manquer de vivres, bien qu'il fût allé en Thrace, sous prétexte d'en acheter ; enfin Palamède désapprouvait cette guerre longue et ruineuse faite par la Grèce aux Troyens.

Ulysse à son tour l'accusa perfidement de trahison. Pour donner du crédit à son accusation, il fit enfouir une somme considérable dans la tente de Palamède, prétendit qu'il l'avait reçue de Priam, contrefit une lettre de ce roi, pour en fournir des preuves, et Palamède, condamné à mort par le conseil de guerre, fut injustement lapidé.

## **Pyrrhus**, ou **Néoptolème**

Pyrrhus, ou Néoptolème, fils d'Achille et de Déidamie, fut élevé à la cour de son aïeul maternel, Lycomède, roi de Scyros, jusqu'à la mort de son père. Un oracle ayant alors déclaré que la ville de Troie ne pouvait être prise s'il n'y avait parmi les assiégeants quelqu'un des descendants d'Éaque, les Grecs envoyèrent chercher Pyrrhus qui, à cette époque, n'avait que dix-huit ans.

À peine arrivé à Troie, il fut chargé d'accompagner Ulysse et Diomède à Lemnos, afin de décider Philoctète à venir avec les flèches d'Hercule rejoindre l'armée des Grecs.

Lors de la prise de la ville, Pyrrhus, à la tête de ses soldats, envahit le palais de Priam, tue, sous les yeux du roi, son fils Politès, tue Priam lui-même, sans égard pour sa vieillesse, précipite du haut des remparts le jeune Astyanax, fils d'Andromaque et d'Hector, et enfin réclame Polyxène pour l'immoler aux mânes de son père.

Dans le partage des esclaves, il eut Andromaque, veuve d'Hector, qu'il aima jusqu'à la préférer à Hermione, son épouse ; ce qui fut cause de sa mort. Cette femme, méprisée et jalouse, excita contre lui Oreste dont elle était aveuglément aimée.

Un jour que Pyrrhus était allé à Delphes pour apaiser Apollon contre lequel il avait fait des imprécations au sujet de la mort d'Achille, Oreste fit courir le bruit qu'il n'y était venu que pour piller les trésors du temple. Les Delphiens prirent les armes, et Pyrrhus tomba sous leurs traits au pied de l'autel.

À la Phthiotide, royaume de Pélée, il ajouta l'Épire, où sa dynastie se continua. Des trois fils qu'il eut d'Andromaque, Molossus seul régna après lui.

# Héros troyens de la guerre de Troie

## Priam

Priam, fils de Laomédon, petit-fils d'Ilus, arrière-petit-fils de Tros, ayant pris le parti d'Hercule contre son père qui lui avait manqué de foi, reçut du héros la couronne pour prix de son équité.

Ce prince rebâtit Troie qu'Hercule avait ruinée et étendit les limites de son royaume qui devint très florissant. Mais sa vieillesse fut attristée par le siège de Troie, la ruine de la ville et la perte de ses enfants. Il fut tué dans son palais, au milieu de ses dieux, par Pyrrhus.

Il ne lui servit de rien d'embrasser l'autel de Jupiter-Protecteur : le fils d'Achille l'en arracha brutalement, et lui passa son épée au travers du corps.

De plusieurs femmes il eut un grand nombre d'enfants ; d'Hécube il eut Hector, Pâris, Déiphobe, Hélénus, Politès, Antiphus, Hipponoüs, Polydore, Troïle, Créuse, Laodice, Polyxène et Cassandre. Homère le représente comme un prince équitable, mais d'une aveugle faiblesse pour son fils Pâris, ravisseur d'Hélène et cause de tous ses malheurs.

## Hécube

Hécube, fille de Dymas ou de Cissée, roi de Thrace, sœur de Théano et épouse de Priam, eut, dit Homère, cinquante fils. Elle eut la douleur de les voir presque tous périr pendant le siège ou après la ruine de Troie. Elle n'évita elle-même la mort que pour devenir l'esclave du vainqueur. On la chercha longtemps sans la trouver ; mais enfin Ulysse la surprit parmi les tombeaux de ses enfants, et en fit son esclave.

Avant de partir, elle avala les cendres d'Hector pour les soustraire à ses ennemis, et vit périr Astyanax, son petit-fils, dont elle dut encore conduire les funérailles. Selon quelques poètes, elle vit aussi immoler sa fille Polyxène sur le tombeau d'Achille.

Conduite chez Polymnestor, roi de Thrace, à qui Priam avait confié Polydore, le plus jeune de ses fils, avec de grands trésors, elle trouve le corps de son malheureux fils sur le rivage, s'introduit dans le palais du meurtrier, et l'attire au milieu des femmes troyennes qui lui crèvent les yeux avec leurs aiguilles, tandis qu'elle-même tue les deux enfants du roi. Les gardes et le peuple furieux poursuivent les Troyennes à coups de pierres. Hécube mord de rage celles qu'on lui lance, et, métamorphosée en chienne, elle remplit la Thrace de hurlements qui touchent de compassion non seulement les Grecs, mais Junon elle-même, la plus cruelle ennemie des Troyens.

## Théano

Théano, fille de Cissée, sœur d'Hécube et femme d'Anténor, était grande-prêtresse de Minerve à Troie. Lorsque Hécube et les femmes troyennes vinrent implorer le secours de la déesse, la belle Théano, dit Homère, mit les offrandes sur les genoux de Minerve, et les accompagna de prières qui furent rejetées.

Suivant une tradition, ce fut elle qui livra le Palladium aux Grecs.

## Anténor

Anténor, prince troyen, mari de Théano et beau-frère de Priam, eut une florissante famille, dix-neuf fils, dit-on, parmi lesquels on compte : Archiloque, tué dans un combat par Ajax, fils de Télamon ; Anthée, que Pâris tua par méprise ; Laodocus, sous la ressemblance duquel Minerve conseilla à Pandare de lancer une flèche, pour empêcher le combat singulier de Pâris et de Ménélas ; enfin, Atamante, Achélaüs, etc.

Il fut accusé d'avoir trahi sa patrie, non seulement parce qu'il reçut chez lui les ambassadeurs grecs venus pour redemander Hélène, mais aussi parce que, ayant reconnu dans Troie Ulysse déguisé, il ne le découvrit pas aux Troyens.

Après la prise de cette ville, il s'embarqua avec ceux de son parti, vint aborder en Italie sur les côtes des Vénètes, et fonda une ville de son nom, qui depuis fut appelée Padoue.

## Hector

Hector, fils de Priam et d'Hécube, époux d'Andromaque, père d'Astyanax, le plus fort et le plus vaillant des Troyens, défendit énergiquement sa patrie contre l'armée des Grecs. Il sortit avec gloire de plusieurs combats contre les plus redoutables guerriers, tels qu'Ajax, Diomède, etc.

Les oracles avaient prédit que l'empire de Priam ne pourrait être détruit tant que vivrait le courageux Hector. Durant la retraite d'Achille, il porta le feu jusque dans les vaisseaux ennemis, et tua Patrocle qui voulait s'opposer à ses progrès. Le désir de la vengeance rappelle Achille au combat. À la vue de ce terrible guerrier, Hécube et Priam tremblent pour les jours de leur fils, et lui font les plus vives instances pour le dissuader d'engager le combat ; mais il est inexorable, et, lié par son destin, il attend son rival.

Apollon l'abandonne. Minerve, sous la figure de son frère Déiphobe, le trompe et le livre à la mort. Après lui avoir ôté la vie, Achille l'expose à la lâche fureur des Grecs, attache à son char le cadavre du vaincu et le traîne indignement plusieurs fois autour de la ville. Enfin Apollon reproche aux dieux leur injustice. Thétis et Iris sont chargées par Jupiter, l'une de disposer Achille à rendre le corps, et l'autre d'ordonner à Priam de lui porter des présents capables d'apaiser sa colère. Priam vient en suppliant baiser la main sanglante du meurtrier de son fils, et s'humilier à ses genoux.

Le corps est rendu ; et Apollon, qui a protégé Hector de son vivant, à la prière de Vénus, prend le même soin de lui après sa mort, et empêche qu'il ne soit défiguré par les mauvais traitements d'Achille.

Sur les médailles on voit Hector monté sur un char tiré par deux chevaux ; d'une main il tient une pique, et de l'autre le Palladium.

## Andromaque

Andromaque, fille d'Éétion, roi de Cilicie, fut la femme d'Hector. Privée de son époux, tué en combat singulier par Achille, elle vit bientôt réduire en cendres la ville dont Hector était le principal appui, et échut en partage au fils de son meurtrier, à Pyrrhus, qui l'emmena en Épire et l'épousa.

Enfin elle eut pour troisième époux Hélénus, frère de son premier mari, et devenu roi d'Épire. Bien que montée avec lui sur le trône, elle ne laissait pas de se livrer à la tristesse, ne pouvant oublier son cher Hector auquel elle fit construire sur une terre étrangère un magnifique monument.

De son premier époux elle eut Astyanax ; elle eut Molossus, Piélus et Pergamus du second, et Cestrinus du dernier.

On cite Andromaque comme le modèle des épouses et des mères. Son caractère et ses malheurs ont inspiré de grands poètes, par exemple Euripide, Virgile, Racine, après Homère, le plus grand de tous.

## Pâris

Pâris, nommé aussi Alexandre, était fils de Priam, roi de Troie, et d'Hécube. Avant sa naissance, les devins consultés annoncèrent que l'enfant qu'on attendait causerait un jour l'embrasement de Troie. Sur cette prédiction, dès que Pâris fut né, Priam le donna à un de ses domestiques pour s'en défaire. Hécube, plus tendre, le déroba, et le confia à des bergers du mont Ida, en les priant d'en avoir soin.

Bientôt le jeune pasteur se distingua par sa bonne mine, par son esprit et par son adresse, et se fit aimer de la nymphe Œnone qu'il épousa.

Aux noces de Thétis et de Pélée, la Discorde ayant jeté sur la table la fatale pomme d'or, avec l'inscription, *À la plus belle*, Junon, Minerve et Vénus la disputèrent et demandèrent des juges. L'affaire était délicate, et Jupiter, craignant de compromettre son jugement, envoya les trois déesses, sous la conduite de Mercure, sur le mont Ida, pour y subir le jugement de Pâris.

La pomme ayant été adjugée à Vénus, Junon et Minerve, confondant leur ressentiment, jurèrent de se venger, et travaillèrent de concert à la ruine des Troyens.

Sur ces entrefaites, Pâris, à l'occasion de jeux funèbres où il avait remporté le prix, se fit reconnaître de Priam en lui montrant les langes avec lesquels il avait été exposé. Ce roi, ne croyant plus à l'oracle, le reçut avec joie, et le fit conduire au palais. Dans la suite, il l'envoya en Grèce, sous prétexte de sacrifier à Apollon, mais, en réalité, pour recueillir la succession de sa tante Hésione. Dans ce voyage, il devint amoureux d'Hélène et l'enleva.

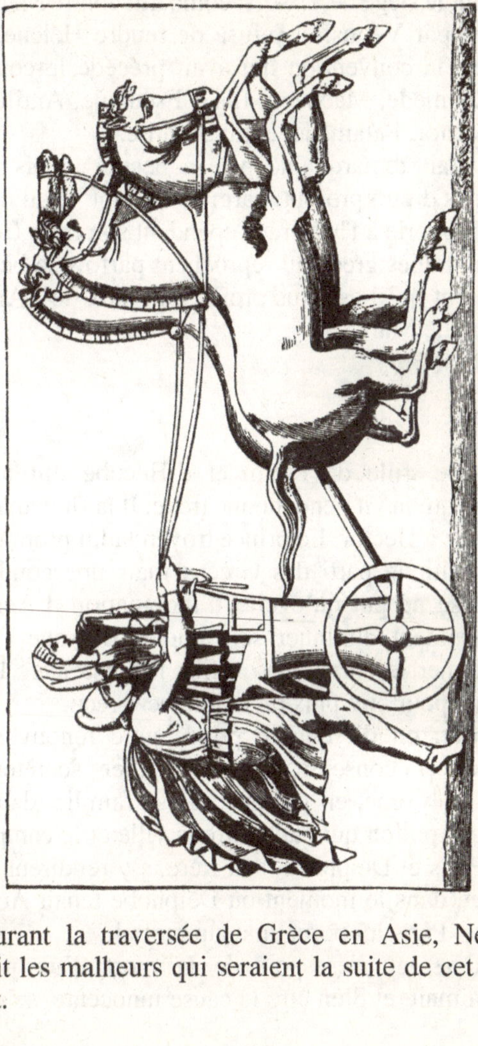

Enlèvement d'Hélène par le Phrygien Pâris.

Durant la traversée de Grèce en Asie, Nérée lui prédit les malheurs qui seraient la suite de cet enlèvement.

Pendant le siège de Troie, il combattit contre Ménélas, fut sauvé par Vénus, et refusa de rendre Hélène, aux termes de la convention qui avait précédé le combat, blessa Diomède, Machaon, fils d'Esculape, Antiloque, fils de Nestor, Palamède, et tua Achille.

Pâris était remarquable par sa beauté ; mais il ne laissait pas d'être prompt, hardi et vaillant, si du moins on s'en rapporte à Homère. Cependant son frère Hector et les capitaines grecs lui reprochent parfois sa beauté, et lui disent qu'il est plus propre aux jeux de l'Amour qu'à ceux de Mars.

## Polyxène

Polyxène, fille de Priam et d'Hécube, fut aimée d'Achille qui la vit pendant une trêve. Il la fit demander en mariage à Hector. Le prince troyen la lui promit, s'il voulait trahir le parti des Grecs ; mais une condition si honteuse ne put qu'exciter l'indignation d'Achille, sans cependant diminuer son amour. Lorsque Priam alla réclamer le corps de son fils, il mena avec lui la princesse, pour être plus favorablement reçu.

En effet, on dit que le prince grec renouvela sa demande, et consentit même à aller secrètement épouser Polyxène, en présence de sa famille, dans un temple d'Apollon qui était entre la ville et le camp des Grecs. Pâris et Déiphobe, son frère, s'y rendirent avec Priam, et, dans le moment où Déiphobe tenait Achille embrassé, Pâris lui porta un coup mortel.

Polyxène, au désespoir de la mort d'un prince qu'elle aimait, et d'en être la cause innocente, se retira au camp des Grecs où elle fut reçue avec honneur par Agamemnon.

Sur la fin malheureuse de cette princesse, il y a deux versions bien différentes. Selon les uns, s'étant dérobée pendant la nuit, elle se rendit sur le tombeau de son époux et se perça le sein.

Une autre tradition plus connue rapporte que Polyxène fut immolée par les Grecs sur le tombeau d'Achille. C'est celle qu'ont suivie Euripide dans sa tragédie d'*Hécube*, et Ovide dans ses *Métamorphoses*.

## Laocoon

Laocoon, fils de Priam et d'Hécube, selon les uns, ou frère d'Anchise, selon les autres, exerçait dans la ville de Troie les fonctions de prêtre de Neptune et d'Apollon.

Fatigués d'un siège et d'une suite de combats qui duraient depuis dix ans, les Grecs eurent recours à un stratagème pour pénétrer dans Troie, si bien défendue. Ils construisirent, suivant les leçons de Pallas-Minerve, un cheval énorme, avec des planches de sapin, artistement jointes ensemble, et ils publièrent que c'était une offrande qu'ils consacraient à cette déesse, pour obtenir un heureux retour dans leur pays. Ils remplirent de soldats les flancs de cet énorme cheval, et feignirent de s'éloigner. Les Troyens, voyant ce colosse sous leurs murs, se proposèrent de le faire entrer dans leur ville et de le placer dans leur citadelle.

En apprenant ce dessein, Laocoon accourt presque en fureur, s'efforce de dissuader ses concitoyens, leur représente comme une ruse ou une machine de guerre ce colosse abandonné par les Grecs, et lance un javelot contre les flancs du cheval. Les Troyens, dans leur aveugle confiance, regardèrent cette action comme une impiété. Ils en furent plus persuadés encore lorsque deux affreux serpents, venus de la mer, allèrent droit à l'autel où sacrifiait Laocoon, se jetèrent sur ses deux fils, Antiphate et Tymbræeus, les enveloppèrent de leurs anneaux, saisirent Laocoon lui-même qui venait au secours de ses enfants, et ne lâchèrent leurs trois victimes qu'après les avoir étouffées et lacérées de leurs morsures immondes.

Les Troyens donc font entrer dans leur ville le colosse fatal, et le placent dans le temple de Minerve. La nuit suivante, pendant que la ville entière était plongée dans un profond sommeil, un traître, transfuge de l'armée grecque, nommé Sinon, ouvre les flancs du cheval, en fait sortir les soldats, et alors Troie est prise et livrée aux flammes.

L'épisode de Laocoon, un des plus beaux passages de *l'Énéide*, de Virgile, a inspiré le chef-d'œuvre de sculpture bien connu dont le Louvre possède une reproduction. Il est attribué à trois excellents artistes de Rhodes : Polydore, Athénodore et Agésandre, qui le taillèrent, de concert, dans un seul bloc de marbre. Il fut trouvé à Rome dans les bains de Titus, en 1506.

## Hélénus

Hélénus, fils de Priam et d'Hécube, le plus éclairé des devins de la Troade, et le seul des fils de ce roi qui survécut à la ruine de sa patrie, formé dans l'art de la divination par Cassandre sa sœur, prédisait l'avenir par le trépied, par le laurier jeté dans le feu, par l'astrologie, et enfin par l'inspection du vol des oiseaux et l'intelligence de leur langage.

Vers la fin du siège de Troie, outré de n'avoir pu obtenir Hélène en mariage, il se retira sur le mont Ida. Ulysse, de l'avis de Calchas, le surprit de nuit et l'emmena prisonnier au camp des Grecs. C'est alors que ce devin leur apprit que jamais ils ne détruiraient la ville de Troie sans la présence et le concours de Philoctète.

Étant devenu esclave de Pyrrhus, fils d'Achille, il sut gagner son amitié par des prédictions utiles à ce prince. En reconnaissance, Pyrrhus non seulement céda à Hélénus la veuve d'Hector pour épouse, mais encore le laissa pour son successeur au royaume d'Épire. Le propre fils de Pyrrhus, Molossus, ne régna qu'après la mort d'Hélénus, et en partageant encore ses États avec Cestrinus, fils de ce prince.

## Cassandre

Cassandre, fille de Priam et d'Hécube, fut aimée d'Apollon qui lui accorda le don de prophétie. Ensuite le dieu s'en repentit, et, ne pouvant lui ôter le don de prédire, décrédita ses prédictions, et la fit passer pour folle. Ses pronostics, ses avertissements ne firent que la rendre odieuse.

Ayant prédit des revers à Priam, à Pâris, à toute la ville, elle fut enfermée dans une tour où elle ne cessait de déplorer les malheurs de sa patrie. Ses cris et ses larmes redoublèrent lorsqu'elle apprit le départ de Pâris pour la Grèce, mais on ne fit que rire de ses menaces. Elle s'opposa, mais sans succès, à l'entrée du cheval de bois dans la ville.

La nuit de la prise de Troie, Cassandre se réfugia dans le temple de Pallas-Minerve, où Ajax, fils d'Oïlée, se porta envers elle aux derniers outrages. Agamemnon, à qui elle échut en partage, touché de son mérite et de sa beauté, l'emmena en Grèce. En vain prévint-elle ce prince du sort qui lui était réservé ; sa prédiction eut l'effet accoutumé, et Clytemnestre la fit massacrer avec les deux jumeaux que Cassandre avait eus de son mari.

Mycènes et Amyclée prétendirent chacune avoir son tombeau. Leuctres lui bâtit un temple, et lui consacra une statue sous le nom d'Alexandra.

## Anchise

Anchise, descendant de Tros, le fondateur de Troie, par Assaracus et Capys, eut la rare fortune de plaire à une déesse, et Vénus lui annonça qu'elle lui donnerait un fils qui serait élevé par les nymphes jusqu'à l'âge de cinq ans, âge auquel elle le remettrait entre ses mains. Ce fils devait être Énée.

Anchise ne put faire son bonheur ; Jupiter, pour le punir de son indiscrétion, le frappa de la foudre qui cependant ne lui fit qu'une insignifiante blessure. Après la prise de Troie, il eut de la peine à se décider à quitter la ville. Un coup de tonnerre, qu'il prit pour un augure favorable, le détermina.

Énée le porta jusqu'aux vaisseaux, où il s'embarqua avec ses dieux pénates et ce qu'il avait de plus précieux. Il vécut jusqu'à l'âge de quatre-vingts ans, et fut enterré sur le mont Ida selon Homère, et, suivant Virgile, à Drépane, en Sicile, où il mourut et où son fils lui éleva un tombeau.

## Sarpédon

Fils de Jupiter et de Laodamie, fille de Bellérophon, Sarpédon régnait dans cette partie de la Lycie que le Xanthe arrose, et rendait ses États florissants par sa justice autant que par sa valeur. Il vint au secours de Priam avec de nombreuses troupes, et fut un des plus intrépides défenseurs de Troie.

Il était d'une taille gigantesque. Un jour il s'avance contre Patrocle qui faisait fuir les Troyens, et veut le combattre. Jupiter, voyant son fils près de succomber sous les efforts de son adversaire, est touché de compassion : il sait que la destinée a condamné Sarpédon à mourir en ce moment ; il délibère pourtant s'il ne l'arrachera pas à la mort, éludant, pour cette fois, les décrets du Destin. Sur les remontrances de Junon, il se détermine à céder ; mais, en même temps, il fait tomber sur la terre une pluie de sang, pour honorer la mort d'un fils aussi cher.

Après que Sarpédon eut été tué, les Grecs ne purent emporter que ses armes sur leurs vaisseaux. Apollon, par l'ordre de Jupiter, vint lui-même enlever le corps du guerrier sur le champ de bataille, le lava dans les eaux du Scamandre, le parfuma d'ambroisie, le revêtit d'habits immortels, et le remit entre les mains du Sommeil et de la Mort qui le portèrent promptement en Lycie, au milieu de son peuple.

## Émigration troyenne

### Énée

Énée, issu du sang des rois de Troie, fils d'Anchise et de Vénus, petit-fils d'Assaracus, fut élevé par le fameux Chiron, comme s'il eût été un prince de la Grèce. Il apprit de lui tous les exercices qui peuvent contribuer à former un héros. Après avoir pris les leçons de cet habile maître, il épousa Créuse, fille de Priam.

Lorsque Pâris eut enlevé Hélène, Énée prévit les tristes suites de cette violation de l'hospitalité, et conseilla de rendre celle qui devait causer la perte de sa patrie. Quoiqu'il eût blâmé la guerre, il ne laissa pas de s'y conduire avec courage. Homère ne met qu'Hector au-dessus de lui, et, malgré sa prévention en faveur des Grecs, il ne fait céder Énée qu'à Achille et à Diomède ; encore Énée ne prend-il pas la fuite, mais est dérobé au combat, tantôt par Apollon, tantôt par Vénus.

Dans la nuit où Troie succomba, il essaye vaillamment d'arrêter et de repousser les ennemis dans les rues de la ville ; mais, débordé par le nombre, et voyant que tout est perdu sans espoir, il charge sur son dos son père Anchise, avec ses dieux pénates, et, tenant son fils Ascagne par la main, il se retire sur le mont Ida avec ce qu'il a pu réunir de Troyens, entre autres le vieil Alétès, Ilionée, Abas, Oronte et un ami, le fidèle Achate.

Dans cette fuite précipitée, il perdit sa femme Créuse. Il revint sur ses pas dans l'espérance de la retrouver ; mais elle lui apparut comme une ombre, et lui révéla qu'elle avait été enlevée par Cybèle.

Après avoir construit une flotte de vingt vaisseaux et côtoyé la Thrace, une partie de la Grèce, il relâcha en Épire, où il trouva Hélénus qui lui prédit la suite de ses épreuves. Puis il remit à la voile, essuya plusieurs tempêtes, aborda en Afrique et fut reçu à Carthage par Didon, que Vénus disposa en sa faveur. Aimé de cette princesse, le héros s'oublia quelque temps dans les plaisirs de sa cour ; mais Mercure vint l'arracher à ce piège que la haine de Junon avait tendu à sa gloire ; et de la Sicile où l'appelait la célébration des jeux funèbres en l'honneur d'Anchise mort dans cette île l'année précédente, il arriva en Italie, consulta la sibylle de Cumes, descendit aux Enfers, vit dans les Champs-Élysées les héros troyens et son père dont il apprit sa destinée et celle de sa postérité.

Revenu des Enfers, il vint camper sur les bords du Tibre où Cybèle changea ses vaisseaux en nymphes. Là l'accomplissement de plusieurs oracles l'avertit que ses courses étaient terminées. Latinus, roi du pays, l'accueillit favorablement ; mais la violence de Turnus rompit la paix qui venait d'être jurée, et entraîna le vieux monarque dans une guerre qui finit par la mort de Turnus. Énée, après l'avoir tué en combat singulier, épousa Lavinie, fille de Latinus, et fonda la ville de Lavinium, que les Romains regardaient comme le berceau de leur empire.

Après quatre années d'un règne paisible, les Rutules, ligués avec les Étrusques, recommencèrent la guerre. Il se livra une sanglante bataille à la suite de laquelle Énée disparut, noyé, dit-on, dans le Numicius, cours d'eau qui se jette dans la mer Tyrrhénienne. Il avait trente-huit ans. Mais, cette fin ne paraissant pas digne d'un tel héros, on prétendit et l'on publia que Vénus, sa mère, l'avait enlevé au ciel, après avoir lavé son corps dans les eaux du petit fleuve. On lui éleva un monument sur les bords du Numicius, et les Romains l'honorèrent sous le nom de Jupiter Indigète.

## Latinus

Latinus, roi du Latium, était fils de Faunus et de la nymphe Marica. Il avait eu de son épouse Amate un fils mort à la fleur de l'âge. Il ne lui restait plus qu'une fille, Lavinie, jeune princesse recherchée en mariage par plusieurs princes d'Italie, et surtout par Turnus, roi des Rutules, qu'Amate, sa tante, favorisait. Mais d'effrayants prodiges avaient retardé cette union.

Un jour que la princesse brûlait des parfums sur l'autel, le feu prit à sa chevelure, s'attacha à ses vêtements, répandit autour d'elle des tourbillons de flamme et de fumée, sans qu'elle en éprouvât aucun mal. Les devins consultés augurèrent que sa destinée serait brillante, mais fatale à son peuple ; et Faunus défendit à Latinus de marier sa fille à un prince du Latium, annonçant un étranger dont le sang mêlé avec le sien devait élever jusqu'au ciel la gloire du nom latin.

Ce fut alors qu'Énée aborda en Italie, et vint demander un asile à Latinus. Le roi le reçut bien, et, se rappelant l'oracle de Faunus, il fit alliance avec Énée, et lui offrit sa fille en mariage. Les Latins s'y opposèrent et forcèrent leur prince à la guerre. Le Troyen ayant eu l'avantage devint possesseur de la princesse et héritier de Latinus.

Veuve d'Énée, et voyant son trône occupé par Ascagne, Lavinie ne fut pas sans crainte pour ses jours. Elle alla se cacher dans les forêts où elle mit au monde un fils qui prit le nom de Silvius. L'absence de cette princesse fit murmurer le peuple ; Ascagne fut obligé de la faire chercher et de lui céder la ville de Lavinium.

## Évandre

Évandre fut le chef d'une colonie d'Arcadiens qui vint s'établir dans l'Italie, aux environs du mont Aventin. Ce prince y apporta, avec l'agriculture, l'usage des lettres, et s'attira par là, et plus encore par sa sagesse, l'estime et le respect des aborigènes qui, sans l'avoir pris pour roi, lui obéirent comme à un ami des dieux.

Évandre reçut chez lui Hercule, et voulut être le premier à l'honorer comme une divinité, même de son vivant ; on éleva à la hâte un autel devant Hercule, et Évandre immola, en son honneur, un jeune taureau. Dans la suite, ce sacrifice fut renouvelé tous les ans sur le mont Aventin.

On prétend que c'est Évandre qui apporta en Italie le culte de la plupart des divinités des Grecs, qui institua les premiers Saliens, les Luperques et les Lupercales. Il bâtit à Cérès le premier temple sur le mont Palatin.

Virgile suppose qu'il vivait encore du temps d'Énée, avec qui il fit alliance et qu'il aida de ses troupes. D'après le même poète, Évandre envoya son propre fils Pallas secourir les Troyens d'Énée. Ce jeune et beau guerrier, après s'être signalé par ses exploits, meurt sur le champ de bataille. Sa mort et ses funérailles, décrites dans *l'Énéide*, forment deux tableaux du plus pathétique intérêt.

Évandre, après sa mort, fut placé, par la reconnaissance de ses sujets, au rang des immortels : il reçut tous les honneurs divins. Quelques mythologues sont persuadés que c'était Évandre qu'on honorait dans Saturne, et que son règne fut l'âge d'or de l'Italie.

## **Ascagne** ou **Iule**

Ascagne ou Iule était le fils unique d'Énée et de Créuse, fille de Priam. La nuit de la prise de Troie, Énée et Anchise étant indécis sur le parti qu'ils devaient prendre, une flamme légère qu'ils virent tout à coup voltiger autour de la tête d'Ascagne, sans brûler ses cheveux, leur parut un présage favorable, qui les décida à chercher un nouvel établissement dans les pays étrangers.

En Italie, Ascagne succéda à son père et bâtit Albe-la-Longue dont il fit la capitale de son royaume.

## **Nisus** et **Euryale**

Deux jeunes guerriers troyens, Nisus, fils d'Hyrtacus, et Euryale, fils d'Opheltès, avaient suivi Énée en Italie. Ils étaient liés d'une amitié indissoluble. Un soir, en l'absence d'Énée, Nisus le plus âgé des deux, étant de garde à la porte du Camp investi par les Rutules, conçoit le projet de franchir les lignes ennemies pour aller chercher le héros, leur chef. Euryale approuve son ami, et, malgré son âge, ne veut pas le laisser partir seul : il recommande sa mère à Iule, et les deux jeunes guerriers partent ensemble. Après avoir massacré un grand nombre de Rutules endormis, ils rencontrent un détachement latin conduit par Volcens. Nisus échappe, Euryale est pris, et va périr ; Nisus revient sur ses pas et demande inutilement à mourir à la place de son jeune ami. Euryale est égorgé, et Nisus ne succombe qu'après avoir vengé sa mort par celle de Volcens.

Tel est le résumé de l'admirable récit de Virgile, au neuvième livre de *l'Énéide*.

# Légendes populaires

## Didon

Didon, fille de Bélus, roi de Tyr, avait épousé un prêtre d'Hercule nommé Sicarbas ou Sichée, le plus riche de tous les Phéniciens. Après la mort de Bélus, Pygmalion, son fils, monta sur le trône. Ce prince, aveuglé par la passion des richesses, surprit un jour Sichée, dans le temps qu'il sacrifiait aux dieux, et l'assassina au pied de l'autel. Il cacha longtemps ce meurtre, flattant sa sœur d'une vaine espérance. Mais l'ombre de Sichée, privé des honneurs de la sépulture, apparut en songe à Didon, lui montra l'autel au pied duquel il avait été immolé, et lui conseilla de fuir et d'emporter des trésors cachés depuis longtemps dans un endroit qu'il lui indiqua.

Didon, à son réveil, dissimule sa douleur, prépare sa fuite, s'assure des vaisseaux qui étaient au port, y reçoit tous ceux qui haïssaient ou craignaient le tyran, et part avec les richesses de Sichée et celles de l'avare Pygmalion. La flottille toucha d'abord à l'île de Chypre où Didon enleva cinquante jeunes filles qu'elle donna à ses compagnons. De là elle conduisit sa colonie sur la côte d'Afrique, et y bâtit Carthage.

Pour fixer l'enceinte de sa nouvelle ville, elle achète autant de terrain que la peau d'un bœuf coupée en lanières peut en entourer, ce qui lui fournit assez d'espace pour pouvoir y construire une citadelle qui fut appelée *Byrsa*, c'est-à-dire, en grec, *cuir de bœuf*.

Elle fut demandée en mariage par Iarbas, roi de Mauritanie ; mais l'amour qu'elle conservait pour son premier mari lui fit rejeter cette alliance. Dans la crainte d'y être forcée par les armes de ce prince et par les vœux de ses sujets, elle demanda trois mois pour y réfléchir. Durant cet intervalle elle fit les préparatifs de ses funérailles, et, le terme fatal arrivé, elle se poignarda. Cet acte si énergique lui fit donner le nom de Didon, *femme de résolution*, au lieu de celui d'Élissa qu'elle avait porté jusqu'alors.

Virgile, par un anachronisme d'au moins trois cents ans, a rapproché Didon du héros troyen dont il la suppose éprise, et qu'elle voudrait retenir à Carthage. Lorsque le héros s'éloigne, elle appelle sa sœur Anna, lui annonce qu'elle ne peut se consoler du départ d'Énée ; puis elle monte sur son bûcher funèbre et s'y donne la mort. Pendant que la flotte des Troyens cingle vers la Sicile et l'Italie, Énée peut apercevoir sur le rivage les flammes qui consument celle qu'il a délaissée pour obéir au Destin.

## Pygmalion

Pygmalion, fils de Bélus, roi de Tyr, frère de Didon et d'Anna, et qui tua Sichée, son beau-frère, pour s'emparer de ses trésors, ne doit pas être confondu avec un autre Pygmalion, fameux statuaire de l'île de Chypre.

Celui-ci, révolté contre le mariage à cause de l'inconduite des Propœtides dont il était chaque jour témoin, se voua au célibat. Mais il devint amoureux d'une statue d'ivoire, ouvrage de son ciseau, et obtint de Vénus, à force de prières, de l'animer. Son vœu étant exaucé, il l'épousa, et eut d'elle un fils appelé Paphos, qui fut plus tard le fondateur d'une ville à laquelle il donna son nom.

Les Propœtides, femmes de Chypre, avaient nié la divinité de Vénus. Cette déesse les punit, en allumant dans leurs cœurs le feu de l'impudicité. Elles finirent par perdre toute honte, et furent insensiblement changées en rochers.

## Midas

Midas, fils de Gorgias et de Cybèle, régna dans cette partie de la grande Phrygie où coule le Pactole. Bacchus étant venu en ce pays, accompagné des Satyres et de Silène, le bon vieillard s'arrêta près d'une fontaine où Midas avait fait verser du vin pour l'attirer. Quelques paysans qui le trouvèrent ivre en cet endroit, après l'avoir paré de guirlandes, le conduisirent à Midas. Ce prince, instruit dans les mystères par Orphée et Eumolpe, reçut de son mieux le vieux Silène, le retint pendant dix jours qui se passèrent en réjouissances et en festins, et le rendit à Bacchus.

Ce dieu, charmé de revoir son père nourricier, dit au roi de Phrygie de lui demander tout ce qu'il souhaiterait. Midas le pria de faire en sorte que tout ce qu'il toucherait se changeât en or. Bacchus y consentit.

Les premiers essais de Midas l'éblouirent ; mais, ses aliments mêmes se changeant en or, il se vit pauvre au milieu de cette trompeuse abondance qui le condamnait à mourir d'inanition, et fut obligé de prier Bacchus de lui retirer un don fatal qui n'avait de bien que l'apparence. Bacchus, touché de son repentir, lui ordonna de se plonger dans le Pactole. Midas obéit, et, en perdant la vertu de convertir en or tout ce qu'il touchait, il la communiqua au Pactole qui, depuis ce temps, roule un sable d'or.

Ovide ajoute à cette première fable celle qui suit, et qui se rattache à celles de Pan et d'Apollon : « Pan, s'applaudissant un jour, en présence de quelques jeunes nymphes, sur la beauté de sa voix et sur les doux accents de sa flûte, eut la témérité de les préférer à la lyre et aux chants d'Apollon, et poussa la vanité jusqu'à lui porter un défi. Midas, ami de Pan, pris pour juge entre les deux rivaux, adjugea la victoire à son ami. Apollon, pour s'en venger, lui donna des oreilles d'âne. Midas prenait grand soin de cacher cette difformité, et la couvrait sous une tiare magnifique. Le barbier qui avait soin de ses cheveux s'en était aperçu, mais n'osait en parler. Fatigué du poids d'un tel secret, il va dans un lieu écarté, fait un trou dans la terre, en approche la bouche, et y dit à voix basse que son maître a des oreilles d'âne ; puis il ferme le trou, et se retire. Quelque temps après, il en sortit des roseaux qui, séchés au bout d'une année, et agités par le vent, répétèrent les paroles du barbier, et apprirent à tout le monde que Midas avait des oreilles d'âne. »

## **Baucis** et **Philémon**

Baucis, femme pauvre et âgée, vivait, avec son mari Philémon, presque aussi vieux qu'elle, dans une petite cabane. Jupiter, sous la figure d'un simple mortel, et accompagné de Mercure, voulut visiter la Phrygie. Les deux voyageurs arrivèrent dans un bourg auprès duquel demeuraient Philémon et Baucis, et, affectant de succomber de fatigue, ils frappèrent à toutes les portes, demandant l'hospitalité. Pas un habitant ne voulut les recevoir. Ils sortirent du bourg, et allèrent frapper à la cabane des deux vieillards qui s'empressèrent de leur prodiguer leurs soins.

Tout était pauvre et vieux chez Philémon et Baucis, mais leur générosité, leur bon cœur suppléant à la fortune, tout ce qu'ils avaient fut mis à la disposition des dieux. Pour les récompenser, Jupiter les invita à le suivre jusqu'au haut d'une montagne ; et ils le suivirent docilement, malgré leur grand âge et leur marche pénible. Là ils regardèrent derrière eux, et ils virent tout le bourg et les environs submergés, excepté leur petite cabane qui fut changée en un temple merveilleux. Alors Jupiter dit à ces hôtes pieux et humains de lui exprimer un vœu, promettant de leur accorder de suite tout ce qu'ils demanderaient. Les deux époux souhaitèrent seulement d'être les ministres de ce temple, et de ne point mourir l'un sans l'autre.

Leurs souhaits furent accomplis. Parvenus à la plus grande vieillesse, ils se trouvaient un jour l'un près de l'autre devant le temple ; tout à coup Philémon s'aperçut que Baucis se métamorphosait en arbre, en un magnifique tilleul, et Baucis, de son côté, fut étonnée de voir que Philémon devenait un superbe chêne. Ils s'adressèrent alors les adieux les plus tendres, qui cessèrent peu à peu comme un doux murmure dans leurs branches et sous leur feuillage.

Cette simple et gracieuse légende est bien connue par le récit en vers de La Fontaine.

## **Héro** et **Léandre**

Héro, prêtresse de Vénus, demeurait à Sestos, ville située sur les bords de l'Hellespont, du côté de l'Europe ; vis-à-vis était Abydos, du côté de l'Asie, où demeurait le jeune Léandre. Celui-ci, l'ayant vue dans une fête de Vénus, devint amoureux d'elle, s'en fit aimer, et passait à la nage l'Hellespont, dont le trajet, en cet endroit, était de huit cent soixante-quinze pas.

Héro tenait toutes les nuits un flambeau allumé au haut d'une tour, pour le guider dans sa route. Après plusieurs entrevues, la mer devint orageuse ; sept jours se passèrent : Léandre, impatient, ne put attendre le calme, se jeta à la nage, manqua de force, et les vagues jetèrent son corps sur le rivage de Sestos. Iléro, ne voulant pas survivre à son amant, se précipita dans la mer.

Des médailles représentent Léandre précédé par un Cupidon qui vole, un flambeau à la main, pour le guider dans sa périlleuse traversée.

Cette légende a inspiré au grammairien grec Musée un petit poème épique, joli et gracieux chef-d'œuvre.

## Pyrame et Thisbé

Pyrame, jeune Assyrien, était passionnément épris d'amour pour la jeune et belle Thisbé, qui éprouvait pour lui les mêmes sentiments. Ils habitaient la même ville, presque la même maison, et cependant ils ne pouvaient ni se voir, ni s'entretenir ensemble librement, tant leurs parents mettaient d'obstacles à leurs entrevues et à leurs entretiens. Ils projetèrent un rendez-vous hors de la ville, sous un mûrier blanc.

C'était le soir et par un clair de lune. Thisbé, enveloppée dans un voile, arriva la première au rendez-vous convenu. Là elle fut attaquée par une lionne qui avait la gueule ensanglantée, et dont elle se sauva avec tant de précipitation, qu'elle laissa tomber son voile. La bête, le trouvant sur son passage, le mit en pièces et l'ensanglanta.

Pyrame arriva peu après, ramassa le voile qu'il reconnut avec épouvante, et, croyant que Thisbé était dévorée, il se perça de son épée. Sur ces entrefaites, Thisbé, sortie du lieu où elle s'était sauvée, revint au rendez-vous ; mais, ayant trouvé Pyrame expirant, elle ramassa l'épée fatale, et se la plongea dans le cœur.

On rapporte que le mûrier fut teint du sang de ces amants, et que les mûres qu'il portait devinrent rouges de blanches qu'elles étaient auparavant.

Ce sujet a été traité en vers par La Fontaine.

## Cycnus

Cycnus, fils de Sthénélus, roi de Ligurie, uni par les liens du sang à Phaéton du côté de sa mère, ayant appris la mort de son ami, abandonna ses États pour le pleurer sur les bords de l'Éridan, car il était inconsolable dans sa douleur. Tout le jour, et souvent la nuit, il allait dans la solitude, le long du fleuve, exhalant ses plaintes par des chants mélancoliques auxquels se mêlaient le doux clapotement des eaux et le frémissement des peupliers. Il parvint ainsi à la vieillesse sans pouvoir se consoler. Les dieux eurent pitié de lui ; ils changèrent en plumes ses cheveux blancs, et le métamorphosèrent en cygne.

Sous cette forme, Cycnus se souvient encore de la foudre de Jupiter qui a fait périr son ami ; il pousse encore de tristes plaintes, n'ose prendre son essor, rase la terre, et habite l'élément le plus contraire au feu.

## Les Pygmées

Les Pygmées, peuple fabuleux qu'on disait avoir existé en Thrace, étaient des hommes de toute petite taille. Ils avaient tout au plus une coudée de haut : leurs femmes étaient mères de famille à l'âge de trois ans, et très vieilles à huit ans. Leurs villes et leurs maisons n'étaient bâties que de coquilles d'œufs ; à la campagne, ils se retiraient dans des trous qu'ils faisaient sous terre ; ils coupaient leur blé avec des cognées, comme s'il eût été question d'abattre une forêt.

Une armée de ces petits hommes attaqua Hercule qui s'était endormi après la défaite du géant Antée, et prit pour le vaincre les mêmes précautions qu'on prendrait pour former un siège : les deux ailes de cette petite armée fondent sur la main du héros ; et, pendant que le corps de bataille s'attache à la gauche, et que les archers tiennent ses pieds assiégés, la reine, avec ses plus braves sujets, livre un assaut à la tête. Hercule se réveille, et, riant du projet de cette fourmilière, les enveloppe tous dans sa peau de lion, et les porte à Eurysthée.

Les Pygmées avaient guerre déclarée contre les grues qui, tous les ans, venaient de la Scythie les attaquer : nos champions, montés sur des perdrix, ou, selon d'autres, sur des chèvres et des béliers d'une taille proportionnée à la leur, s'armaient de toutes pièces pour aller combattre leurs ennemis.

Les Grecs qui, dans leurs fables, admettaient l'existence des géants, c'est-à-dire des hommes d'une grandeur extraordinaire, imaginèrent, pour faire contraste, ces petits hommes d'une coudée, qu'ils appelèrent Pygmées, du mot grec *pygmé*, mesure de 18 doigts, valant environ 338 millimètres.

L'idée de ces petits hommes vint peut-être aux Grecs de certains peuples d'Éthiopie, appelés Péchiniens. Ces peuples étaient d'une taille bien au-dessous de l'ordinaire ; les grues se retirant tous les hivers dans leur pays, ils s'assemblaient pour leur faire peur et les empêcher de dévaster leurs champs.

Homère, dans *l'Iliade*, compare les Troyens à des grues qui fondent sur les Pygmées, preuve manifeste que cette fable était populaire en Grèce dès les temps les plus reculés. Beaucoup de vases grecs, d'ailleurs, représentent les combats des Pygmées et des grues.

## Gygès

Gygès était un berger de Candaule, roi de Lydie. Se promenant un jour dans la campagne, il aperçut une profonde excavation qui s'était produite dans la terre, à la suite de pluies torrentielles. Il eut la curiosité d'y pénétrer, et, là, il fit une étrange découverte. Devant lui se trouvait un énorme cheval de bronze dans les flancs duquel étaient pratiquées des portes. Gygès, les ayant ouvertes, vit à l'intérieur du cheval le squelette d'un géant qui avait au doigt un anneau d'or. Il prit cet anneau, se le passa aussi au doigt, et, sans dire un mot de son aventure, il alla rejoindre les autres bergers du voisinage.

Lorsqu'il fut dans leur compagnie, il remarqua que, toutes les fois qu'il tournait le chaton de sa bague en dedans, du côté de la paume de la main, il devenait invisible pour tous, mais ne laissait pas lui-même de voir et d'entendre ce qui se passait autour de lui. Dès qu'il avait ramené le chaton en dehors, à sa place ordinaire, il redevenait visible.

S'étant assuré par mainte expérience de la merveilleuse propriété de son anneau, il se rendit à la cour, et, comme il était ambitieux, tua le roi Candaule, épousa la reine et usurpa la royauté.

## Milon de Crotone

Milon de Crotone, fils de Diotime, fut un des plus célèbres athlètes de la Grèce. On dit qu'il fut six fois vainqueur à la lutte aux jeux Olympiques, la première fois, dans la classe des enfants. Il se présenta une septième fois à Olympie ; mais il ne put y combattre, faute d'antagoniste. Dans les autres jeux de la Grèce il eut partout le même succès.

Il était d'une force extraordinaire, et, pour en donner une idée, on raconte de lui des choses étonnantes. – Il tenait une grenade dans sa main, et, par la seule application de ses doigts, sans écraser ni presser ce fruit, il la tenait si bien que personne ne pouvait la lui arracher. – Il mettait le pied sur un palet graissé d'huile, et par conséquent très glissant ; cependant, quelque effort que l'on fît, il n'était pas possible de l'ébranler, ni de lui faire lâcher pied. – Il se ceignait la tête avec une corde, en guise de ruban ; puis il retenait sa respiration : dans cet état violent, le sang se portant au front lui en enflait tellement les veines, que la corde rompait. – Il tenait le bras droit derrière le dos, la main ouverte, le pouce levé, les doigts joints, et alors nul homme n'eût pu lui séparer le petit doigt d'avec les autres.

Ce qu'on dit de sa voracité est presque incroyable : vingt livres de viande, autant de pain et quinze pintes de vin suffisaient à peine à le rassasier. Un jour, ayant parcouru toute la longueur du stade, portant sur ses épaules un taureau de quatre ans, il l'assomma d'un coup de poing, et le mangea tout entier dans la journée.

Il eut une fois occasion de faire un bel usage de ses forces. Un jour qu'il écoutait les leçons de Pythagore, le plafond de la salle où l'auditoire était assemblé menaçant de s'effondrer, il le soutint lui seul, donna aux auditeurs le temps de se retirer et se sauva après eux. La confiance qu'il avait en ses forces finit par lui être fatale.

Ayant trouvé en son chemin un vieux chêne abattu et entrouvert par quelques coins de bois qu'on y avait enfoncés avec force, il entreprit d'achever de le fendre avec ses mains ; mais sous l'effort qu'il fit les coins se dégagèrent, les deux parties de l'arbre se rejoignirent, ses mains furent prises comme dans un étau : il ne put les retirer, et fut dévoré par les loups.

Dans le groupe de marbre, œuvre de Puget, qui est au Louvre, Milon de Crotone est dévoré par un lion, fantaisie du sculpteur.

## **Romulus** et **Rémus**

Silvius Procas, douzième roi d'Albe-la-Longue, laissa deux fils dont le plus jeune, Amulius, s'empara du trône, au préjudice de Numitor, son frère aîné. Afin d'assurer la couronne sur sa tête et sur celle de ses enfants, Amulius, dans une partie de chasse, tua Lausus, fils de Numitor, et força en même temps Rhéa Silvia, sœur de Lausus, de se consacrer au culte de Vesta, espérant la priver de postérité, puisque le mariage ainsi lui serait interdit.

Cependant le dieu Mars rendit Silvia mère de deux jumeaux, Romulus et Rémus. Amulius, en ayant été informé, jeta cette vestale en prison, et fit exposer sur le Tibre les deux nouveau-nés placés dans le même berceau. Le fleuve était débordé ; bientôt les eaux se retirèrent, et les enfants restèrent à sec dans un endroit sauvage. Une louve, qui venait de perdre ses petits, entendit les vagissements de Romulus et de Rémus, et les allaita avec un soin maternel.

Le dieu Tibre, la Louve, Romulus et Rémus.

Un berger du voisinage, Faustulus, ayant remarqué les allées et venues de la louve, la suivit, trouva les enfants, les prit, et les donna à élever, dans sa cabane, à sa femme Acca Laurentia. Les deux frères grandirent et se fortifièrent au milieu des bergers, parcourant les bois et les montagnes, se livrant à la chasse et luttant parfois contre les brigands qui enlevaient leur bétail. Il arriva qu'un jour Rémus tomba entre leurs mains, et fut conduit par eux au roi Amulius. Devant lui, ils l'accusèrent d'avoir dévasté les troupeaux de Numitor.

Au lieu de punir Rémus, Amulius le fit conduire à Numitor lui-même qui était intéressé à se venger du coupable. Le jeune prisonnier ressemblait à Silvia sa mère. À cause de cette frappante ressemblance avec sa fille, Numitor hésitait à se rendre justice. Sur ces entrefaites, Romulus, instruit de son origine et de sa famille par le berger Faustulus, accourut brusquement à Albe, délivra son frère, tua le roi Amulius, et, s'étant fait reconnaître, rétablit son grand-père Numitor sur le trône.

Peu de temps après, Romulus et Rémus songèrent à fonder une ville à l'endroit où ils avaient été exposés et recueillis. Ils consultèrent les auspices pour savoir lequel des deux donnerait son nom à la ville nouvelle. Ils se rendirent sur une colline et observèrent l'espace. Rémus vit le premier six vautours sur le mont Aventin ; Romulus en vit après lui douze sur le mont Palatin. Là-dessus il s'éleva entre eux une violente dispute qui, selon une tradition, se termina par la mort de Rémus.

Mais la légende ordinaire admet que Rémus finit par céder dans cette occasion, et permit à Romulus de donner en partie son propre nom à la ville de Rome. Plus tard le plan de cette ville fut tracé par un simple sillon, et, dès ce moment, Romulus, par un édit solennel, défendit à qui que ce fût de franchir ce qu'il appelait déjà ses remparts. Rémus s'en moqua, et en plaisantant sauta par-dessus le fossé. Aussitôt Romulus, furieux, tua son frère et, sans pitié, s'écria : « Ainsi périsse désormais quiconque essayera de franchir de force mes remparts ! »

Meurtrier de son frère, mais persistant dans ses ambitieux projets, Romulus bâtit la ville, y fit venir les bergers et les brigands d'alentour, accueillit dans un asile inviolable les aventuriers, les esclaves fugitifs, se fit proclamer roi par ce ramassis de gens sans feu ni lieu, et établit une forme de gouvernement. Mais dans cette multitude méprisée des peuplades voisines il n'y avait pas de femmes. Pour lui en procurer Romulus eut recours à l'artifice ; il fit annoncer partout une grande représentation, des jeux extraordinaires qui auraient lieu dans la ville. Les Sabins s'y rendirent avec leurs femmes et leurs enfants ; et, pendant la fête, à un signal donné, les compagnons de Romulus enlevèrent les Sabines.

Cet outrage occasionna d'abord des guerres sanglantes qui se seraient continuées pendant de longues années si les Sabins, par la médiation des Sabines enlevées, n'eussent préféré la paix et l'union avec les Romains de façon qu'ils ne fissent plus qu'un même peuple avec eux. Tatius, leur roi, partagea le même trône avec Romulus.

Après avoir constitué un véritable et sage gouvernement dans Rome, et s'être entouré d'un collège d'augures et de prêtres, d'une armée, d'un sénat, Romulus disparut subitement dans une assemblée au Champ-de-Mars pendant un orage, au milieu des éclairs et des coups de tonnerre. Il est à présumer qu'il fut mis à mort par ses nouveaux sujets. On dit même que les sénateurs l'emportèrent par lambeaux sous les plis de leurs robes. Toutefois, un certain Proculus affirma sous le sceau du serment qu'il avait vu monter au ciel Romulus, et que ce roi avait ordonné qu'on lui rendît les honneurs divins.

Aussitôt on bâtit un temple où on l'honora sous le nom de Quirinus, et on créa pour lui un prêtre particulier appelé Flamine Quirinal.

Hersilie, une des Sabines enlevées par les Romains, et devenue la femme de Romulus, fut aussi placée, après sa mort, au rang des divinités. On l'honorait, dans le même temple que Quirinus, sous les noms d'Hora ou d'Horta. Son culte avait quelque rapport avec celui d'Hébé, et on l'invoquait pour attirer sa protection sur la jeunesse romaine. Elle passait pour inspirer aux jeunes gens le goût de la vertu et des actions glorieuses. Ses sanctuaires ne se fermaient jamais, symbole de la nécessité où est l'homme, jour et nuit, d'être excité à faire le bien. On l'appelait aussi Stimula.

## Quelques divinités allégoriques

### Harpocrate

Harpocrate, le dieu du silence, avait, dit-on, une origine égyptienne : on le prétendait fils d'Isis et d'Osiris, et il est confondu par certains mythologues avec Horus. En Grèce et à Rome, sa statue était fréquemment placée à l'entrée des temples, ce qui signifiait qu'il faut honorer les dieux par le silence, ou que les hommes, n'ayant de la divinité qu'une connaissance imparfaite, n'en doivent parler qu'avec respect. Les anciens avaient souvent sur leurs cachets une figure d'Harpocrate, pour apprendre qu'on doit garder le secret des lettres.

On le représentait sous les traits d'un jeune homme nu, ou vêtu d'une robe traînante, coiffé d'une mitre à l'égyptienne, ou portant sur la tête un panier, tenant d'une main une corne d'abondance, et de l'autre soit une fleur de lotus, soit un carquois. Le symbole qui surtout le distingue est qu'il tient le second doigt sur la bouche pour recommander le silence et la discrétion.

La chouette, symbole de la nuit, est quelquefois placée au pied de sa statue.

Parmi les arbres, le pêcher et le lotus lui étaient particulièrement consacrés, parce que, dit Plutarque, la feuille du pêcher a la forme d'une langue, et son fruit celle d'un cœur, emblème du parfait accord qui doit exister entre la langue et le cœur.

## **Lara,** ou **Muta**, ou **Tacita**

Rome avait aussi la déesse du silence qu'elle honorait sous les noms de Lara, Muta, ou Tacita. Son culte avait été recommandé par le roi Numa Pompilius qui avait jugé cette divinité nécessaire à l'établissement de son nouvel État.

Lara était une naïade de l'Almon, ruisseau qui se jette dans le Tibre, au-dessous de Rome. Jupiter, amoureux de Juturne, n'ayant pu la trouver, parce qu'elle s'était enfuie et jetée dans le Tibre, appela toutes les naïades du Latium, et les pria d'empêcher la nymphe de se cacher dans leurs rivières. Toutes lui promirent leurs services. Lara seule alla déclarer à Juturne et à Junon les desseins de Jupiter. Le dieu, irrité, lui fit couper la langue, et donna ordre à Mercure de la conduire aux Enfers ; mais, en chemin, Mercure, épris de la beauté de cette nymphe, s'en fit aimer, et en eut deux enfants, qui, du nom de leur mère, furent appelés Lares.

La fête de cette déesse du silence se célébrait à Rome le 18 février. On lui offrait des sacrifices pour empêcher les médisances. Les Romains joignirent sa fête à celle des Morts, soit parce qu'elle passait pour être la mère des Lares, soit que, ayant la langue coupée, elle était l'emblème de la mort par son éternel silence.

## Plutus

Plutus, dieu des richesses, était mis au nombre des dieux infernaux, parce que les richesses se tirent du sein de la terre, séjour de ces divinités. Il naquit de Cérès et de Jasion, dans l'île de Crète. Ce dieu, dans sa jeunesse, avait, paraît-il, une très bonne vue ; mais, ayant déclaré à Jupiter qu'il ne voulait aller qu'avec la Vertu et la Science, le père des dieux, jaloux des gens de bien, l'avait aveuglé pour lui ôter les moyens de les discerner. Telle est du moins la légende d'Aristophane, auteur de la comédie intitulée *Plutus*. Lucien ajoute que, depuis qu'il est aveugle, ce dieu, qui de plus est boiteux, va presque toujours avec les méchants.

On représente ordinairement Plutus sous la figure d'un vieillard qui tient une bourse à la main. Il venait, suivant les anciens, à pas lents, et il s'en retournait avec des ailes, parce que les richesses s'acquièrent à la longue et sont vite dissipées.

## **Até** et **les Lites**, ou **Prières**

Até, fille de Jupiter, déesse malfaisante, odieuse aux mortels et aux dieux, n'a d'autre occupation que de troubler l'esprit des hommes pour les livrer au malheur. Junon ayant trompé Jupiter en faisant naître Eurysthée avant Hercule, le dieu tourna tout son ressentiment contre Até, la considérant comme auteur de tout le mal. Il la saisit par les cheveux, la précipita sur la terre, et fit serment qu'elle ne rentrerait jamais dans les cieux. Depuis ce temps elle parcourt la terre avec une célérité incroyable, et se plaît dans les injustices et les calamités des mortels.

Les Lites, c'est-à-dire les Prières, sont les sœurs d'Até, et, comme elle, filles de Jupiter. Homère les a dépeintes sous une ingénieuse allégorie. « Elles sont, dit-il, boiteuses, ridées, ayant toujours les yeux baissés, l'attitude toujours humble, toujours rampante ; elles marchent après Até, ou l'Injure ; car l'Injure altière, pleine de confiance en ses propres forces, et d'un pied léger, les devance toujours et parcourt la terre pour offenser les hommes ; et les humbles prières la suivent pour guérir les maux qu'elle a faits. Celui qui les respecte et les écoute en reçoit de grands secours ; mais celui qui les rejette éprouve à son tour leur redoutable courroux. » Elles ont un grand ascendant sur le cœur de leur père, maître des hommes et des dieux.

## La Bonne Foi

La Bonne Foi, déesse des Romains, avait son culte établi dans le Latium à une époque très reculée, antérieurement, dit-on, au règne de Romulus. Le roi Numa, par les conseils de la nymphe Égérie, lui éleva un temple sur le mont Palatin, et plus tard elle eut un autre temple au Capitole, auprès de celui de Jupiter. Elle avait des prêtres et des sacrifices qui lui étaient propres.

On la représentait sous la figure d'une femme vêtue de blanc, ayant les mains jointes. Dans les sacrifices qu'on lui faisait, toujours sans effusion de sang, ses prêtres devaient être voilés d'une étoffe blanche et en avoir la main enveloppée.

Deux mains jointes ensemble étaient le symbole de la Bonne Foi.

Un ancien dieu des Sabins, *Dius Fidius*, ou simplement *Fidius*, dont le culte passa à Rome, était aussi considéré comme le dieu de la Bonne Foi. Les Romains juraient par cette divinité. La formule de serment *Me Dius Fidius* et, par abréviation, *Medi Edi* signifiait : « Que *Dius Fidius* me protège ! »

## **La Fraude,** ou **Mauvaise Foi**

La Fraude ou Mauvaise Foi était une divinité monstrueuse et infernale. On la représentait avec une tête humaine d'une physionomie agréable, le corps tacheté de différentes couleurs, et le reste du corps en forme de serpent avec la queue d'un scorpion.

Le Cocyte était l'élément où ce monstre vivait. Il n'avait que la tête hors de l'eau, le reste du corps était toujours plongé dans le fleuve, pour montrer que les trompeurs offrent toujours de belles apparences et cachent avec soin le piège qu'ils tendent.

On l'a représentée aussi sous les traits d'une femme à double tête, moitié jeune, moitié vieille, nue jusqu'à la ceinture. De la main droite elle tient deux cœurs, et de la gauche un masque. De dessous une jupe courte sortent la queue d'un scorpion et les serres d'un vautour.

## L'Envie

Les Grecs avaient fait de l'Envie un dieu, parce que le mot *phthonos*, qui, dans leur langue, exprime l'envie, est du masculin ; les Romains en firent une déesse. Son nom, *Invidia*, est dérivé d'un verbe qui signifie « regarder avec le mauvais œil ». Pour garantir leurs enfants du *mauvais œil*, c'est-à-dire de l'influence du génie malfaisant, les Grecs avaient recours à des pratiques superstitieuses, et il en était de même chez les Romains.

On représentait cette divinité sous les traits d'un vieux spectre féminin, ayant la tête ceinte de couleuvres, les yeux louches et enfoncés, un teint livide, une horrible maigreur, des serpents dans les mains et un autre qui lui ronge le cœur. Quelquefois on place à ses côtés une hydre à sept têtes.

L'Envie est un monstre que le mérite le plus éclatant ne peut étouffer.

## La Calomnie

Les Athéniens avaient fait de la Calomnie une divinité. Le grand peintre Apelle, ayant été calomnié par ses envieux auprès de Ptolémée, roi d'Égypte, éclaira l'esprit de ce prince en lui offrant un de ses chefs-d'œuvre, admirable et saisissante allégorie dont voici la description :

La *Crédulité*, avec les longues oreilles de Midas, est assise sur le trône ; l'*Ignorance* et le *Soupçon* l'environnent. La *Crédulité* tend la main à la *Calomnie*, qui s'avance vers elle, le visage enflammé. Cette figure principale occupe le milieu du tableau ; elle secoue une torche d'une main, et de l'autre traîne l'*Innocence* par les cheveux. Celle-ci est représentée sous la forme d'un jeune et bel enfant, qui lève les mains au ciel, et le prend à témoin des injustes traitements qu'il éprouve. Devant la *Calomnie* marche l'*Envie*, dont le principal emploi est de lui servir de guide ; et elle emprunte le secours de la *Fraude* et de l'*Artifice*, ce qui désigne sa difformité. À une certaine distance, on distingue le *Repentir*, sous la figure d'une femme en deuil, aux vêtements déchirés, les yeux baignés de larmes, dans l'attitude du désespoir, et tournant les regards vers la *Vérité* qu'on aperçoit dans le lointain et qui s'avance lentement sur les pas de la *Calomnie*.

Les peintres modernes ont représenté la Calomnie telle qu'une Furie, aux yeux étincelants, portant une torche à la main et torturant l'Innocence sous les traits d'un éphèbe qui proteste en élevant les mains et les yeux vers le ciel.

## La Renommée

La Renommée était la messagère de Jupiter. Les Athéniens lui avaient élevé un temple, et l'honoraient d'un culte réglé. Chez les Romains, Furius Camille lui fit aussi bâtir un temple.

Les poètes la représentent comme une déesse énorme, qui a cent bouches et cent oreilles. Elle a de longues ailes qui, en dessous, sont garnies d'yeux. Les artistes modernes l'ont peinte en robe retroussée, avec des ailes au dos et une trompette à la main.

## Bellone

Dans la fable de Mars on a vu que Bellone, sa sœur ou sa femme, attelle et conduit avec la Terreur et la Crainte le char de ce dieu. On considère généralement Bellone comme fille de Céto et de Phorcys, famille de monstres à laquelle appartiennent les Grées et les Gorgones. Cette déesse personnifie la Guerre sanglante et furieuse.

Elle avait à Rome un temple dans lequel le Sénat donnait audience aux ambassadeurs. À la porte de ce temple était une petite colonne nommée la *guerrière*, à laquelle on jetait une lance toutes les fois qu'une guerre était déclarée. Mais son temple le plus fameux se trouvait à Comane, en Cappadoce : là son culte était célébré par une multitude de ministres de tout âge et de tout sexe. Plus de six mille personnes étaient employées au service de ce temple.

Indépendamment de ses fonctions auprès du dieu Mars, cette déesse au front d'airain, suivant l'expression d'Homère, a son char, son cortège particuliers, et procède d'elle-même à sa terrible mission. Armée à l'antique, le casque en tête, la lance à la main, montée sur son char qui renverse tout sur son passage, précédée de l'Épouvante et de la Mort, elle s'élance vers la bataille ou dans la mêlée : sa chevelure de serpents siffle autour de son visage enflammé, pendant que la Renommée vole autour d'elle, appelant au son de la trompette la Défaite et la Victoire.

## La Paix

La Paix, fille de Jupiter et de Thémis, eut un temple et des statues chez les Athéniens ; mais elle fut encore plus honorée chez les Romains, qui lui consacrèrent dans la Voie Sacrée le plus grand et le plus magnifique temple qui fût dans Rome. Ce temple, commencé par Agrippine, fut achevé par Vespasien : il renfermait les riches dépouilles que cet empereur et son fils avaient enlevées au temple de Jérusalem.

On représente cette déesse sous les traits d'une femme à la physionomie douce et bienveillante, portant d'une main une corne d'abondance, de l'autre une branche d'olivier. Quelquefois elle tient un caducée, un flambeau renversé et des épis de blé. On lui faisait des sacrifices sans effusion de sang.

Aristophane donne à la Paix, pour compagnes, Vénus et les Grâces.

## La Discorde

La Discorde, divinité malfaisante, fut chassée du ciel par Jupiter, car elle ne cessait de troubler et de brouiller entre eux les habitants de l'Olympe. Descendue sur la terre, elle se fait un criminel plaisir de semer partout où elle passe les querelles et les dissensions, dans les États, dans les familles, dans les ménages. C'est elle qui, n'ayant pas été invitée aux noces de Thétis et de Pélée, jeta au milieu des déesses la pomme fatale, cause de cette fameuse contestation dont Pâris fut le juge, et qui aboutit à la ruine de Troie.

Les poètes lui donnent une chevelure hérissée de serpents et attachée par des bandelettes sanglantes, un visage au teint livide, les yeux hagards, une bouche écumante, une langue qui distille un infect poison. Elle a les vêtements en lambeaux et de différentes couleurs ; tantôt elle porte une torche allumée, tantôt elle est armée d'un poignard.

On l'a représentée aussi tenant à la main des rouleaux où on lit ces mots : *Guerre, confusion, querelle*. Mais, sous cette image, on pourrait plutôt reconnaître la *Chicane*, dont le temple est le Palais de Justice, et dont les ministres fidèles sont les procureurs, les notaires et les avocats.

## La Concorde

La Concorde était, ainsi que la Paix, avec qui on la confond, fille de Jupiter et de Thémis. On l'invoquait pour l'union des familles, des citoyens, des époux, etc. Ses statues la représentent couronnée de guirlandes, tenant d'une main deux cornes d'abondance entrelacées, et de l'autre un faisceau de verges, ou une grenade, symbole d'union. Parfois on lui donne un caducée, quand on veut exprimer qu'elle est le fruit d'une négociation.

Chez les Romains, elle avait plusieurs temples ; dans le plus grand, celui du Capitole, le Sénat tenait souvent ses assemblées.

## Justice

La Justice est au ciel près du trône de Jupiter. Dans les arts on la représente sous la figure de Thémis ou d'Astrée.

On la peignait sous les traits d'une vierge avec un regard sévère, mais non farouche ; son visage avait une expression à la fois de tristesse et de dignité.

## Prudence

La Prudence, déesse allégorique, distincte de Métis, cette première épouse de Jupiter, était représentée le plus souvent sous les traits d'une femme à deux visages, l'un regardant le passé, l'autre l'avenir. Les modernes lui donnent un seul visage, et, pour emblème, un miroir entouré d'un serpent ; quelques-uns y ajoutent un casque, une guirlande de feuilles de mûrier, un cerf qui rumine, et une flèche avec le petit poisson appelé rémora. Près d'elle, on place encore une clepsydre, un oiseau de nuit, un livre, etc., tous symboles de la circonspection.

## La Vieillesse

On sait que la Jeunesse se confond avec Hébé dont elle emprunte les traits. Quant à la Vieillesse, triste divinité, elle est fille de l'Érèbe et de la Nuit. Elle avait un temple à Athènes, et un autel à Cadix.

On la caractérise sous la figure d'une vieille femme, couverte d'une draperie noire ou de la couleur des feuilles mortes. De la main droite elle tient une coupe, et de la gauche elle s'appuie sur un bâton. Près d'elle on place souvent une clepsydre presque épuisée.

## La Faim

La Faim, divinité, est fille de la Nuit. Virgile la place aux portes des Enfers, et d'autres sur les bords du Cocyte. D'ordinaire, on la représente accroupie dans un champ aride, où quelques arbres dépouillés de feuillage ne présentent qu'un ombrage triste et rare ; elle arrache avec ses ongles quelques plantes infertiles.

Les Lacédémoniens avaient à Chalciœcon, dans le temple de Minerve, un tableau de la Faim, dont la vue était effrayante. Elle était représentée dans ce temple sous la figure d'une femme hâve, pâle, abattue, d'une maigreur extrême, ayant les tempes creuses, la peau du front sèche et étirée, les yeux éteints, enfoncés dans la tête, les joues plombées, les lèvres livides, enfin, les bras décharnés ainsi que les mains qu'elle avait liées derrière le dos. Ovide a fait de la Faim une description qui n'est pas moins effrayante.

On ne peut décrire la Faim ou la Famine sans reporter ses souvenirs vers la fable d'Érésichton, fils de Driops et aïeul maternel d'Ulysse.

Il méprisait les dieux ; et ne leur offrait jamais de sacrifices. Il eut la témérité de profaner à coups de hache une antique forêt consacrée à Cérès et dont les arbres étaient habités par autant de dryades. La déesse chargea la Faim, ou la Famine, de le punir de son impiété. Le monstre pénétra au fond des entrailles de ce malheureux pendant qu'il dormait.

En vain Érésichton fit appel aux ressources de sa fille, Métra, aimée de Neptune et qui avait obtenu de ce dieu le don de prendre toutes les formes de la nature ; l'infortuné père, en proie à une faim dévorante, que rien ne pouvait calmer, finit par se dévorer lui-même.

## La Pauvreté

La Pauvreté, divinité allégorique, est fille du Luxe et de l'Oisiveté. On la fait aussi naître de la Débauche, parce que les débauchés incorrigibles s'acheminent vers une ruine certaine. Suivant Théocrite, la Pauvreté, en grec *Pénia*, est la mère de l'Industrie et de tous les Arts. C'est elle qui éveille l'activité des hommes en leur faisant sentir leur dénuement et les avantages du bien-être.

On la représente sous les traits d'une femme pâle, inquiète, mal vêtue, glanant dans un champ déjà moissonné.

## La Volupté

La Volupté est une déesse personnifiée sous les traits d'une belle femme dont les joues sont colorées du plus vif incarnat : ses couleurs sont empruntées à l'artifice, ses regards languissants dénotent une grande mollesse, et son attitude manque de modestie. Elle est étendue sur un lit de fleurs, et tient à la main une boule de verre qui a des ailes.

## La Vérité

La Vérité, fille de Saturne ou du Temps, est mère de la Justice et de la Vertu. Pindare lui donne pour père le souverain des dieux. On la représente sous la figure d'une femme souriante, mais modeste : elle est nue, tient de la main droite un soleil qu'elle fixe, de la gauche un livre ouvert avec une palme ; et sous l'un de ses pieds le globe du monde.

Quelquefois on lui donne un miroir, et souvent ce miroir est orné de fleurs. Plus rarement on la représente, dans toute sa nudité, et sortant d'un puits.

## La Vertu

La Vertu, fille de la Vérité, était plus qu'une déesse allégorique. Les Romains lui érigèrent un temple. Ils en avaient aussi élevé un à l'Honneur, et il fallait passer par l'un pour arriver à l'autre, idée ingénieuse par laquelle ils voulaient faire comprendre que l'Honneur ne réside que dans les actions vertueuses.

La Vertu est représentée sous la figure d'une femme simple et modeste, vêtue de blanc, et dont le maintien commande le respect. Elle est assise sur une pierre carrée, et présente ou porte une couronne de laurier. Parfois elle tient une pique ou un sceptre : on lui donne aussi des ailes déployées pour signifier qu'elle s'élève au-dessus du vulgaire par ses efforts généreux. Le cube sur lequel elle repose indique sa solidité.

## La Persuasion

La déesse de la Persuasion, en grec *Pitho*, en latin *Suada* ou *Suadela*, était regardée comme la fille de Vénus. Elle se trouve ordinairement dans son cortège ou à ses côtés avec les Grâces.

Thésée, ayant persuadé à tous les peuples de l'Attique de se réunir dans une même ville, introduisit à cette occasion le culte de cette déesse. Hypermnestre, fille de Danaüs, après avoir gagné sa cause contre son père, qui la poursuivit en justice pour avoir sauvé la vie à son mari contre ses ordres, dédia un sanctuaire à la même déesse.

Pitho avait aussi dans le temple de Bacchus, à Mégare, une statue de la main de Praxitèle. Égialée, fils d'Adraste, roi d'Argos et de Mégare, lui avait bâti un temple, parce que, dans un temps de peste, Apollon et Diane, irrités contre cette dernière ville, s'étaient laissé fléchir par les prières de sept jeunes garçons et de sept jeunes filles.

Phidias avait représenté la déesse Pitho sur la base du trône de Jupiter Olympien, au moment où elle couronne Vénus. Sur un bas-relief antique, conservé à Naples, on la voit dans un groupe qui représente Vénus et Hélène assises avec Pâris et un Génie ailé ou l'Amour debout. Nous avons reproduit en partie ce bas-relief, ci-dessus, à la page 355.

À Rome, Suada, déesse de la persuasion et de l'éloquence, présidait aussi aux mariages.

Dans les arts, la Persuasion est personnifiée sous les traits d'une femme à la physionomie heureuse. Sa coiffure simple est surmontée d'un ornement en forme de langue humaine ; son vêtement modeste est entouré d'un réseau d'or, et elle s'occupe à attirer vers elle un animal étrange dont les trois têtes sont celles du singe, du chat et du chien.

## La Sagesse

Les anciens représentaient la Sagesse sous la figure de Minerve, avec un rameau d'olivier à la main, emblème de la paix intérieure et extérieure. Son symbole ordinaire était la chouette, symbole aussi de Minerve.

Les Lacédémoniens donnaient à la Sagesse la figure d'un jeune homme ayant quatre mains, quatre oreilles, symbole d'activité et de docilité ; un carquois au côté, et une flûte à la main droite, pour exprimer qu'elle doit se trouver dans les travaux et même dans les plaisirs.

## La Reconnaissance

La Gratitude ou Reconnaissance est représentée sous la figure d'une femme qui tient d'une main un rameau de fèves ou de lupins, et de l'autre une cigogne, oiseau qui, dit-on, a soin de ses parents dans leur vieillesse.

## **Mnémosyne** ou **la Mémoire**

Mnémosyne, ou la déesse Mémoire, aimée de Jupiter et mère des neuf Muses, est représentée par une femme qui soutient son menton, attitude de la méditation. Quelques anciens l'ont peinte sous les traits d'une femme d'âge presque mûr ; elle a une coiffure enrichie de perles et de pierreries, et se tient le bout de l'oreille avec les deux premiers doigts de la main droite.

## La Victoire

Les Grecs faisaient de la Victoire une puissante divinité. Elle était fille du Styx et de Pallante ou Pallas, celle-ci fille de Crius et d'Eurybie. Les Sabins l'appelaient Vacuna.

La déesse Victoire avait plusieurs temples en Grèce, en Italie et à Rome. On la représente ordinairement avec des ailes, tenant d'une main une couronne de laurier, et de l'autre une palme. Quelquefois elle est montée sur un globe.

Quand les anciens voulaient désigner une victoire navale, ils la représentaient debout sur la proue d'un vaisseau.

## L'Amitié

L'Amitié, divinité allégorique, était en honneur chez les Grecs et les Romains. En Grèce, ses statues étaient vêtues d'une robe agrafée, avaient la tête nue, et la poitrine découverte jusqu'à l'endroit du cœur, où elle portait la main droite, embrassant de la gauche un rameau sec autour duquel croissait une vigne chargée de raisins.

Les Romains la représentaient sous la figure d'une jeune fille simplement vêtue d'une robe blanche, la gorge à moitié nue, couronnée de myrte et de fleurs de grenadier entrelacés, avec ces mots sur le front : *Hiver et été*. La frange de sa tunique portait ces deux autres mots : *La mort et la vie*. De la main droite elle montrait son côté ouvert jusqu'au cœur ; on y lisait : *De près et de loin*. On la peignait aussi les pieds nus.

## La Santé

On a vu que la Santé ou Hygiée, fille d'Esculape et de Lampétie, était honorée chez les Grecs comme une des plus puissantes divinités. Les Romains avaient adopté le culte de cette déesse qu'ils honoraient sous le nom de *Salus*. Ils lui consacrèrent plusieurs temples dans Rome et instituèrent un collège de prêtres chargés de les desservir. Ces prêtres seuls avaient le droit de voir la statue de la déesse ; ils prétendaient aussi être seuls en droit de demander aux dieux la santé des particuliers et le salut de l'État, car l'Empire romain, considéré comme un grand corps, était mis sous la protection de cette divinité.

On la représentait sous la figure d'une jeune personne assise sur un trône, couronnée d'herbes médicinales, tenant une patère de la main droite et un serpent de la gauche. Près d'elle était un autel autour duquel un serpent faisait un cercle de sorte que sa tête se relevait au-dessus de l'autel.

## L'Espérance

L'Espérance, divinité allégorique, était particulièrement révérée des Romains. Ils lui élevèrent plusieurs temples. Elle était, selon les poètes, sœur du Sommeil qui suspend nos peines, et de la Mort qui les finit. Pindare l'appelle la nourrice des vieillards.

On la représente sous les traits d'une jeune nymphe, l'air empreint d'une grande sérénité, souriant avec grâce, couronnée de fleurs naissantes, et tenant à la main un bouquet de ces mêmes fleurs. Elle a pour emblème la couleur verte, la fraîche et abondante verdure étant un présage d'une belle récolte de grains. Les modernes lui ont donné pour attribut une ancre de navire : ce symbole ne se trouve sur aucun monument ancien.

## La Piété

La Piété présidait elle-même au culte qu'on lui rendait, à la tendresse des parents pour leurs enfants, aux soins respectueux des enfants envers leurs parents, et à l'affection de l'homme envers son semblable. On lui offrait des sacrifices, particulièrement chez les Athéniens ; et à Rome, elle était en très grand honneur.

Ordinairement on la voit sous la figure d'une femme assise, couverte d'un grand voile, tenant une corne d'abondance de la main droite, et posant la gauche sur la tête d'un enfant ; à ses pieds est une cigogne.

Manius Acilius Glabrion bâtit dans Rome un temple à la Piété en l'honneur de cette jeune femme qui nourrit son père en prison : c'est le sujet du tableau d'André del Sarto, connu sous le nom de la *Charité romaine*.

## Les Jeux et les Ris

Les Jeux, en latin *Joci*, sont les dieux qui président à tous les agréments, de quelque nature qu'ils soient, du corps et de l'esprit. On les représente comme de jeunes enfants avec des ailes de papillon, nus, riant, badinant toujours, mais avec grâce. Ils forment avec les Ris et les Amours la cour de Vénus, et ne quittent jamais leur souveraine.

Le dieu des ris et de la gaieté était particulièrement honoré à Sparte. Lycurgue lui avait consacré une statue. Les Lacédémoniens le considéraient comme le plus aimable de tous les dieux et celui qui savait le mieux adoucir les peines de la vie. Les Thessaliens célébraient sa fête avec une vive allégresse et une décente gaieté.

## Les oracles

Le désir de connaître l'avenir et d'apprendre la volonté des dieux donna naissance aux oracles. Outre ceux de Delphes, de Cumes, de Claros, de Didyme ou de Milet que rendait Apollon et ceux de Dodone et d'Ammon réservés à Jupiter, Mars en avait un en Thrace, Mercure à Patras, Vénus à Paphos, Minerve à Mycènes, Diane en Colchide, Pan en Arcadie, Esculape à Épidaure et à Rome, Hercule à Gadès, Trophonius en Béotie, etc.

Les oracles se rendaient de différentes manières. Tantôt il fallait, pour en obtenir, beaucoup de formalités préparatoires, des jeûnes, des sacrifices, des lustrations, etc. ; tantôt le consultant recevait une réponse immédiate, en arrivant. L'ambiguïté était un des caractères les plus ordinaires des oracles, et le double sens ne pouvait que leur être favorable.

### **La Pythie** ou **Pythonisse**

Les Grecs donnaient le nom de Pythonisses à toutes les femmes qui faisaient le métier de devineresses, parce que le dieu de la divination, Apollon, était surnommé Pythius, soit pour avoir tué le serpent Python, soit pour avoir établi son oracle à Delphes, ville primitivement appelée Pytho.

La Pythie ou Pythonisse proprement dite était la prêtresse de l'oracle de Delphes. Assise sur un trépied ou siège élevé sur trois supports, au-dessus du gouffre béant d'où s'échappaient les prétendues exhalaisons prophétiques, elle rendait ses oracles une fois seulement chaque année, vers le commencement du printemps.

À l'origine, il n'y eut qu'une seule Pythie ; ensuite, lorsque l'oracle fut tout à fait accrédité, on en élut plusieurs qui se remplaçaient et pouvaient être toujours prêtes à répondre, s'il survenait un cas important ou exceptionnel.

Avant de monter sur le trépied, la Pythie se baignait dans la fontaine de Castalie, jeûnait trois jours, mâchait des feuilles de laurier, et accomplissait avec un religieux recueillement plusieurs cérémonies. Ces préambules achevés, Apollon avertissait lui-même de son arrivée dans le temple qui tremblait jusque dans ses fondements. Alors la Pythie était conduite à son trépied par les prêtres. C'était toujours dans des transports frénétiques que la Pythie remplissait ses fonctions ; elle proférait des cris, des hurlements et paraissait être comme possédée du dieu. L'oracle prononcé, elle tombait dans une sorte d'anéantissement qui durait parfois plusieurs jours. « Souvent, dit Lucain, une mort prompte fut le prix ou la peine de son enthousiasme. »

La Pythie était choisie avec soin par les prêtres de Delphes qui eux-mêmes étaient préposés à l'interprétation ou à la rédaction de ses oracles. On voulait

La Pythie sur son trépied.

qu'elle fût née légitimement, qu'elle eût été élevée simplement et que cette simplicité parût dans ses habits. Elle ne connaissait ni essences, ni tout ce qu'un luxe raffiné a fait imaginer aux femmes. On la cherchait de préférence dans une maison pauvre où elle eût vécu dans une ignorance entière de toutes choses. Pourvu qu'elle sût parler et répéter ce que le dieu lui dictait, elle en savait assez.

L'oracle n'était pas toujours désintéressé. Plus d'une fois, à l'instigation de ses ministres, Apollon, par la bouche de sa prêtresse, se fit courtisan de la richesse ou du pouvoir. Les Athéniens, par exemple, accusèrent la Pythie de *philippizer*, c'est-à-dire de s'être laissé corrompre par l'or de Philippe de Macédoine.

La coutume de consulter la Pythie remontait aux temps héroïques de la Grèce. Phémonoé fut, dit-on, la première prêtresse de l'oracle de Delphes qui fit parler le dieu en vers hexamètres, et l'on ajoute qu'elle vivait sous le règne d'Acrisius, grand-père de Persée.

## Les Sibylles

La Sibylle était aussi une femme devineresse ou versée dans la divination. Mais ce mot a plus d'extension que celui de Pythie, et s'applique par conséquent à un grand nombre de prophétesses. Les Sibylles, dont le nom en grec dorien signifie « volonté de Jupiter », ne furent probablement à l'origine que les prêtresses de ce dieu, mais bientôt leur ministère s'étendit à toutes les divinités et s'exerça même dans les pays éloignés de la Grèce.

La plus célèbre d'entre elles est la Sibylle de Cumes où Apollon avait son sanctuaire sur un antre presque aussi mystérieux que celui de Delphes. Elle rendait ses oracles avec l'exaltation d'une pythonisse, et, de plus, il lui arrivait de les écrire, mais sur des feuilles volantes. Ainsi furent rédigés les fameux *Livres sibyllins* contenant les destinées de Rome et dont l'acquisition fut faite par Tarquin l'Ancien.

Ces livres, confiés à la garde de deux prêtres particuliers appelés duumvirs, étaient consultés dans les grandes calamités ; mais il fallait un décret du sénat pour y avoir recours ; et il était défendu, sous peine de mort, aux duumvirs de les laisser voir à personne.

## La Divination

De tout temps, et chez tous les peuples, l'homme, inquiet sur l'avenir, s'est ingénié à trouver les moyens de le connaître ou de le prévoir, non seulement dans les grandes circonstances, mais pour ainsi dire au jour le jour, et dans le train ordinaire de sa vie. Aussi, en Grèce pas plus qu'à Rome, on ne se borna à chercher l'avenir dans les oracles des Pythies ou des Sibylles ; on entreprit de le découvrir de mille autres manières, et l'on inventa la divination.

Cette prétendue science, dont l'origine prête à tant de conjectures et de commentaires, avait fleuri dans l'ancienne Asie, en Égypte et surtout en Chaldée. Elle faisait partie de la théologie des Grecs, et fut érigée, à Rome, au rang des institutions de l'État. Elle avait ses maximes, ses règles précises et nettement formulées.

On distinguait deux sortes de divinations : l'une artificielle, l'autre naturelle.

On appelait divination artificielle un pronostic ou une induction fondée sur des signes extérieurs, liés avec des événements à venir ; et, divination naturelle, celle qui présageait les choses par un mouvement purement intérieur, et une impulsion de l'esprit indépendamment de tout signe extérieur. D'une part, on supposait que la divinité qui préside à la marche des événements manifeste d'avance sa volonté par des phénomènes sensibles, dans le ciel, dans les astres, dans l'air, sur terre, dans les animaux, dans les plantes, dans les entrailles des victimes, sur la physionomie des hommes et jusque dans les lignes de la main. D'autre part, on attribuait à l'âme, non sans raison toujours, le don de prévoyance naturelle, mais on exagérait cette faculté divinatrice, en la considérant comme une gardienne intérieure du corps, se détachant parfois de ses liens, et venant soit dans l'extase, soit dans les songes, dévoiler à l'homme les secrets de l'avenir.

En Grèce, les devins, les interprètes des songes, les prêtres ou aruspices chargés de l'inspection des victimes jouissaient d'une grande considération, et avaient de l'autorité. Ils étaient attachés au service des temples et des autels ; ils accompagnaient même les armées dans leurs expéditions. Mais c'est à Rome surtout que leurs fonctions revêtaient un caractère officiel.

## Les Augures

L'augure, divination qui consistait primitivement dans l'observation du chant et du vol des oiseaux, et de la manière dont ils mangeaient, s'étendit ensuite à l'interprétation des météores et des phénomènes célestes. À Rome, les ministres officiellement préposés à cette divination portaient aussi le nom d'augures.

Le collège des augures, institué, dit-on, par Romulus, fut d'abord composé de trois, puis de quatre et enfin de neuf membres dont quatre patriciens et cinq plébéiens. Ces ministres étaient en grande considération ; une loi des Douze Tables défendait même, sous peine de mort, de désobéir aux augures.

On n'entreprenait aucune affaire importante sans les consulter. Cependant il paraît que, vers la fin de la république, leur autorité était un peu tombée dans le discrédit, et les Romains éclairés disaient sans doute, avec Cicéron, qu'ils ne concevaient pas comment un augure pouvait en regarder un autre sans rire.

La science augurale se trouvait contenue dans des livres que les devins étaient obligés d'apprendre ou de consulter. Cette science se réduisait à douze chefs ou articles principaux, conformément aux douze signes du zodiaque.

Augure romain.

De tous les météores qui servaient à prendre l'augure, les plus importants étaient le tonnerre et les éclairs : s'ils venaient de l'orient, ils étaient réputés heureux ; s'ils passaient du nord à l'ouest, c'était tout le contraire. Les vents étaient aussi des signes de bons ou de mauvais présages. Les oiseaux dont on observait avec le plus d'attention le vol et le chant étaient l'aigle, le vautour, le milan, le hibou, le corbeau, la corneille.

Prendre les auspices, c'était spécialement observer les oiseaux. Cette observation était astreinte à des formalités religieuses, et, s'il s'agissait d'une affaire d'État, elle ne devait être faite que par un augure qualifié. Celui-ci, en présence des magistrats, élevait sa baguette divinatoire, et, avec elle, traçait dans le ciel un cercle imaginaire, déterminant ainsi l'espace et le délai dans lesquels les signes devaient être observés. Si l'augure était favorable, l'affaire était entreprise sans hésitation ; s'il était défavorable, elle était ajournée jusqu'au moment jugé propice par un nouvel augure. On vit plus d'une fois les armées sortir de Rome pour se mettre en campagne et revenir sur leurs pas, sous prétexte de prendre de nouveaux auspices.

Afin que le chef d'une armée eût toujours à sa disposition les moyens de consulter les dieux par l'entremise des oiseaux, il se faisait accompagner d'augures portant dans des cages les poulets sacrés. Ces augures appelés « pullaires » avaient pour unique fonction de nourrir cette volaille, et de l'observer à toute heure du jour.

La foi dans les augures soutenait le courage du soldat romain, et le mépris des auspices était, à ses yeux, un signe certain d'une défaite. Durant la première guerre punique, le consul Appius Claudius Pulcher étant sur le point d'engager sur mer une bataille contre la flotte carthaginoise, prit d'abord les auspices. Le pullaire vint lui annoncer que les poulets sacrés refusaient de sortir de leur cage et même de manger. – « Eh bien ! reprit le consul, qu'on les jette à la mer : au moins ils boiront. » Cette parole répétée aux soldats superstitieux abattit leur courage, et l'armée subit un désastre.

Ce qui ajoutait à la considération dont jouissaient les augures, c'est que, indépendamment de leur science qui les éclairait sur beaucoup de choses, ils étaient parfois admirablement servis par le hasard : témoin Accius Navius. Cet augure vivait du temps de Tarquin l'Ancien. Il s'opposa au dessein de ce prince qui voulait augmenter le nombre des centuries de chevaliers, prétendant qu'il ne le pouvait sans être autorisé par les augures. Le roi, blessé de cette opposition, et voulant l'humilier, lui proposa de deviner si ce qu'il pensait dans le moment pouvait s'exécuter. – « Cela se peut faire », lui dit Accius Navius. – « Or, reprit Tarquin, je me demandais si je pourrais couper cette pierre à aiguiser avec un rasoir. » – « Vous le pouvez donc », répondit l'augure. Sur-le-champ, la chose fut faite, et les Romains, frappés d'admiration, érigèrent une statue à Accius Navius.

On donnait le nom d'aruspices aux ministres chargés spécialement d'examiner les entrailles des victimes pour en tirer des présages. Ils étaient, en général, choisis dans les meilleures familles de Rome.

## **Les Présages** et **les Sorts**

On distinguait les présages des augures, en ce que ceux-ci s'entendaient de signes recherchés et interprétés suivant les règles de l'art augural, et que les présages, qui s'offraient fortuitement, étaient interprétés par chaque particulier, d'une manière plus vague et plus arbitraire. On peut, dit-on, les réduire à sept classes, savoir : 1° les paroles fortuites ; 2° les tressaillements de quelques parties du corps, principalement du cœur, des yeux, des sourcils ; 3° les tintements d'oreille ; 4° les éternuements du matin, du midi et du soir ; 5° les chutes imprévues ; 6° la rencontre de certaines personnes étranges, étrangères ou contrefaites, et aussi la rencontre de certains animaux ; 7° les noms et prénoms. On peut y joindre l'observation de la lumière d'une lampe, l'usage puéril de compter les pétales de certaines fleurs, ou les pépins d'un fruit, etc.

Il ne suffisait pas d'observer simplement les présages, il fallait de plus les accepter, et remercier la divinité s'ils étaient favorables. Si, au contraire, ils étaient fâcheux, on priait les dieux d'en détourner les effets.

À Rome, dans les temps de calamités, et, en général, toutes les fois qu'un présage avait paru défavorable, on invoquait le dieu Averruncus, dans la persuasion qu'il avait la puissance de détourner les maux ou d'y mettre fin. Ce surnom, d'un mot latin qui signifie « détourner », se donnait même assez souvent aux autres dieux, quand on les priait de conjurer un malheur.

Dans toute circonstance on avait recours aux présages, mais on les observait surtout au commencement d'une affaire importante, aux premières heures du jour, au premier jour d'un mois et principalement d'une année : de là l'usage des paroles de bon augure dans les rencontres, les salutations, les souhaits, et jusque dans le langage le plus ordinaire de la conversation.

Non seulement les Romains évitaient les paroles de mauvais augure, mais ils prenaient garde d'évoquer quelque malheur par certains gestes, certaines attitudes, certains regards. Les esprits crédules attribuaient à telle ou telle personne le pouvoir de fasciner, et de *jeter un sort*, le plus souvent mauvais.

Le *Sort*, pour les anciens, est la part d'existence, ou, pour mieux dire, la part de biens et de maux dévolue à chaque être vivant, par le Destin. Ce mot étant du féminin en latin, les Romains avaient fait de la déesse *Sors* une fille de Saturne, et on lui rendait les mêmes hommages qu'au Destin ou à la Destinée. Elle était représentée sous les traits d'une jeune fille, à la parure recherchée, tenant sur sa poitrine une petite boîte carrée, propre à contenir ce qui est nécessaire pour tirer les sorts.

On tirait les sorts généralement au moyen de dés : dans quelques temples on les jetait soi-même, d'où est venue cette expression si ordinaire aux Romains et même aux Grecs : « le sort est tombé », ou « le dé en est jeté ».

Ce genre de divination était pratiqué en maint endroit de la Grèce, et notamment à Dodone. Deux petites villes d'Italie, Préneste et Antium, avaient le privilège de contenir les sorts ; et de Rome on allait fréquemment les y interroger. Mais on allait aussi les interroger en Sicile, au temple des frères Palices.

Ceux-ci, frères jumeaux, étaient fils de Jupiter et de la nymphe Thalie. Cette nymphe, craignant le ressentiment de Junon, pria le maître de l'Olympe de la cacher dans les entrailles de la terre. Peu après, il sortit de terre deux enfants qui furent appelés Palices et mis au rang des dieux. Près de leur temple était un petit lac d'eau bouillante et sulfureuse, toujours plein, sans jamais déborder : on le regardait comme le berceau d'où les deux frères étaient sortis. Longtemps ce fut près de ce lac que les Grecs allaient faire des serments solennels ; plus tard le temple des Palices devint un asile pour les esclaves maltraités par leurs maîtres ; enfin le lac des frères Palices fut utilisé pour tirer les sorts. On y jetait des formules écrites sur des billets qui surnageaient ou tombaient au fond, suivant que le présage était ou n'était pas favorable.

## Les cérémonies et les jeux

### Prêtres et Prêtresses

À l'origine, le sacerdoce appartenait aux chefs des familles, ou patriarches, ensuite il passa aux chefs des peuples. Chez les Grecs, les princes se chargeaient anciennement de presque toutes les fonctions sacerdotales : à côté de leur épée, ils portaient, enfermé dans un étui, le couteau du sacrificateur. Plus tard, il y eut des familles entières exclusivement consacrées à l'intendance des sacrifices et du culte de certaines divinités. Telle était, par exemple, la famille des Eumolpides d'Athènes, qui donna l'hiérophante ou le souverain prêtre de Cérès à Éleusis, pendant douze cents ans.

Chez les Romains, l'institution des prêtres avait un caractère à la fois politique et religieux. Le sacerdoce était une sorte de magistrature chargée d'administrer ou du moins de surveiller autant les affaires de l'État que celles de la religion. Les prêtres, élus par le peuple, furent d'abord choisis parmi les patriciens, mais, l'égalité religieuse ne tarda pas à s'établir, et les plébéiens entrèrent dans tous les collèges sacerdotaux. On tint compte cependant, dans les élections sacerdotales, de l'honorabilité et de l'illustration des familles.

Il faut distinguer deux classes de prêtres romains. Les uns n'étaient attachés à aucun dieu particulier ; mais ils offraient des sacrifices à tous les dieux : tels étaient les pontifes, les augures, les quindécimvirs, les auspices, ceux qu'on appelait *frères arvales* ; les curions, les septemvirs nommés aussi *Épulons* ; les féciaux ; d'autres à qui on donnait le nom de *compagnons* ou assesseurs ; et enfin le roi des sacrifices. Les autres prêtres avaient chacun leur divinité particulière : ceux-là étaient les flamines, les saliens, les luperques, les galles, et enfin les vestales.

Les prêtresses les plus connues sont celles qui rendaient des oracles ou qui se consacraient au culte de Bacchus et de Vesta ; mais les prêtresses étaient fort nombreuses surtout en Grèce. En certains endroits on choisissait les jeunes filles : telles étaient entre autres la prêtresse de Neptune dans l'île de Calaurie, celle du temple de Diane à Égire, en Achaïe, et celle de Minerve à Tégée, en Arcadie. Ailleurs, comme dans le temple de Junon, en Messénie, on revêtait du sacerdoce des femmes mariées.

## Les sacrifices

À Rome, la loi des Douze Tables ordonnait de n'employer aux sacrifices que des ministres chastes et exempts de toute souillure. Le sacrificateur, vêtu de blanc, et couronné de feuillage, commençait toujours

Sacrifice d'un bœuf (sur un autel de marbre du Temple de Mercure de Pompéi).

la cérémonie par des vœux et des prières. Dans le principe, on n'offrait aux dieux que des fruits de la terre, le roi Numa en avait du moins fait une rigoureuse prescription ; mais, depuis ce prince, l'usage d'immoler des animaux s'introduisit à Rome, et l'on regardait l'effusion du sang comme très agréable à la divinité.

Les animaux destinés au sacrifice se nommaient victimes ou hosties. Elles devaient être saines, et chaque dieu en avait de préférées. Lorsqu'on commençait le sacrifice, un héraut faisait faire silence ; on éloignait les profanes, et les prêtres jetaient sur la victime une pâte faite de farine de froment et de sel ; cette pâte est appelée en latin *mola* : de là est venu le mot *immoler* pour exprimer la consommation du sacrifice, bien que, dans l'origine, cette cérémonie n'en fût que le préliminaire.

Après cette consécration, le prêtre goûtait le vin, en donnait à goûter à ceux qui étaient présents, et le versait entre les cornes de la victime. Cette cérémonie constituait les *libations*. Ensuite on allumait le feu, et, lorsque l'encens était brûlé, les serviteurs appelés *popes*, à demi nus, amenaient la victime devant l'autel ; un autre, nommé *cultrarius*, la frappait avec une hache et l'égorgeait aussitôt : on recevait le sang dans des coupes, et on la plaçait sur la table sacrée ; là on la dépouillait, et l'on procédait à sa dissection. Quelquefois on la brûlait tout entière, et alors le sacrifice s'appelait *holocauste :* mais le plus souvent on la partageait avec les dieux. La part échue à chaque assistant n'était pas toujours mangée sur place, et ce partage était souvent l'occasion de festins accompagnés de nouvelles et copieuses libations. Enfin, le sacrifice terminé, les sacrificateurs se purifiaient les mains, et congédiaient l'assistance par la formule *Licet* ou *Ex templo*, c'est-à-dire « On peut se retirer ».

Les Grecs, dans leurs sacrifices, observaient à peu près les mêmes cérémonies et les mêmes usages que les Romains. Ils doraient les cornes des grandes victimes, et se contentaient de couronner les petites des feuilles de la plante ou de l'arbre consacré à la divinité en l'honneur de laquelle on sacrifiait. Dans la cérémonie de l'immolation, la pâte de froment était remplacée par quelques poignées d'orge rôtie mêlée de sel.

Ce qu'on appelait hécatombe était, à l'origine, un sacrifice de cent bœufs, offert sur cent autels de gazon par cent sacrificateurs. Mais, dans la suite, on désigna par ce mot le sacrifice de cent victimes quelconques de même espèce, offertes ensemble et avec la même cérémonie.

## Fastes

À Rome, on donnait le nom de Fastes aux tables ou calendriers sur lesquels étaient indiqués, jour par jour, les fêtes, les jeux, les cérémonies de l'année, sous la division de jours fastes et néfastes, permis et défendus, c'est-à-dire de jours destinés aux affaires, et de jours destinés au repos. On attribue cette division à la sage politique du roi Numa. En général, les jours néfastes étaient ceux qui avaient été signalés par quelque événement malheureux. Ces jours-là tous les tribunaux étaient fermés, et il était interdit de rendre la justice.

Les pontifes, uniques dépositaires des Fastes, inscrivaient aussi sur les tables ou registres, dans l'ordre chronologique, tout ce qui se passait de mémorable au cours de l'année. Leur pouvoir finit par être dangereux, parce que, sous prétexte de jours fastes ou néfastes, ils pouvaient avancer ou reculer le jugement des affaires les plus importantes et traverser les desseins les mieux concertés des magistrats et des particuliers. Ils exercèrent ce pouvoir pendant quatre cents ans.

On distinguait les grands Fastes, ou ceux que la flatterie consacra dans la suite aux empereurs ; les petits Fastes, ou Fastes purement calendaires ; les Fastes rustiques qui marquaient les fêtes de la campagne ; les Éphémérides ou histoires succinctes de chaque jour ; et enfin les Fastes publics où l'on marquait tout ce qui concernait la police de Rome.

Ce qu'on appelait Fastes consulaires était la liste contenant les noms des consuls et autres magistrats avec la date exacte de leur entrée et de leur sortie de charge. Cette liste était faite sur des tables de marbre ou de bronze conservées dans des temples avec les archives de l'État.

En Grèce, on évaluait la durée du temps par périodes de quatre années, appelées *Olympiades*, parce que chaque période s'ouvrait et se fermait par les jeux Olympiques célébrés aux environs de Pise, dans le Péloponnèse. La première Olympiade commence en l'année 776 avant Jésus-Christ.

À Rome, le temps s'évaluait par périodes de cinq ans, appelées *Lustres*. Chaque lustre commençait par un recensement et une purification du peuple, appelée lustration, et, dans cette circonstance, on célébrait les *suovétaurilies*, triple sacrifice, le plus solennel de tous, d'un verrat, d'un bélier et d'un taureau. Il était offert au dieu Mars.

## Les jeux publics

En Grèce et à Rome, les jeux publics eurent, dès l'origine, un caractère essentiellement religieux. Ils furent institués en Grèce aux temps héroïques, soit pour apaiser la colère des dieux, soit pour obtenir leur faveur ou les remercier de leurs bienfaits. Dans l'opinion des peuples, la divinité, ayant toutes nos passions, se laissait désarmer ou gagner par l'effet du plaisir et des divertissements.

À Rome, dans les grandes calamités, on offrait à certains dieux un banquet solennel, coutume venue de la Grèce, et primitivement de l'Égypte. Pour cette cérémonie, on descendait les statues de leur place ordinaire ; on les disposait sur de moelleux coussins recouverts de somptueux tapis : devant elles on dressait des tables chargées de mets et parfumées de fleurs. Le soir, les tables étaient desservies, le lendemain le festin recommençait, et cela pendant plusieurs jours. C'est ce qu'on appelait un *lectisterne*.

Sensibles aux plaisirs de la table, les dieux, suivant la croyance populaire, ne devaient pas être moins sensibles aux divertissements publics où l'homme, pour varier le spectacle, multipliait ses efforts et dépensait en quelque sorte toutes les ressources de son activité et de ses talents.

Chez les Grecs, le sacrifice solennel par lequel commençaient régulièrement tous les jeux indiquait bien le motif de leur institution ; mais les exercices dont ils se composaient établissaient entre les différentes villes désignées pour y prendre part une rivalité d'où le sentiment religieux paraissait exclu. Ces grands spectacles n'étaient en réalité qu'un concours national où chaque cité, jalouse de la victoire, promettait le triomphe ou les plus belles récompenses au vainqueur.

Au point de vue politique, ces jeux ne pouvaient avoir que d'heureux résultats. Indépendamment du lien qu'ils constituaient entre tous les peuples de la même race, ils imprimaient une direction salutaire à l'éducation de la jeunesse. Les exercices physiques, la course, la lutte, le pugilat, le tir au javelot, le maniement de la lance et de l'arc, la danse même étaient en honneur dans tous les gymnases, dans toutes les cités. L'athlète admis à concourir n'était ni un esclave, ni un mercenaire ; avant tout il devait être homme libre, et, par suite, il n'y avait à se disputer les prix que des citoyens. La jeunesse s'efforçait donc d'acquérir toutes les qualités requises pour se présenter au concours, et elle n'en était que plus apte à résister à l'ennemi sur le champ de bataille, lorsqu'elle avait obtenu dans les jeux quelques victoires ou même des applaudissements.

Il n'était pas interdit aux peuples étrangers de venir à ces jeux disputer les prix : leur participation donnait même plus d'importance au concours, et c'était pour le vainqueur un nouveau titre de gloire que de l'emporter sur des antagonistes renommés et venus de loin.

On comptait en Grèce quatre jeux solennels : les Isthmiques, les Néméens, les Pythiques et les Olympiques. Les deux premiers se célébraient périodiquement tous les trois ans ; la période était de quatre ans pour les jeux Pythiques ainsi que pour les jeux Olympiques. On avait choisi pour les célébrer des plaines plus ou moins spacieuses, situées dans l'isthme, près de Corinthe, sur la lisière de la forêt de Némée, près d'Argos, dans le voisinage de Delphes, et enfin à Olympie, en Élide. Leur célébration, toujours au printemps, se faisait en l'honneur de Neptune, d'Hercule, d'Apollon et de Jupiter.

Tout se passait régulièrement, et d'après un programme établi d'avance dans ces joutes nationales. Pour s'en faire une idée générale, il suffira de jeter un rapide coup d'œil sur l'organisation et l'exécution des jeux Olympiques, à l'époque la plus florissante de l'histoire de la Grèce.

Les Éléens, chargés de la police des jeux, assignaient à chaque peuple sa place au pourtour de la plaine, et classaient athlètes et concurrents par catégories. Des juges étaient désignés en certain nombre pour présider aux divers exercices, maintenir l'ordre et empêcher toute fraude ou toute supercherie. Le fraudeur était passible d'une forte amende, et sa cité était responsable pour lui.

Après le sacrifice offert à Jupiter, on ouvrait les jeux par le pentathle, réunion de cinq exercices, savoir : la lutte, la course, le saut, le disque et le javelot ou le pugilat. Dans ce premier concours, il fallait avoir vaincu dans les cinq exercices pour remporter le prix ; une seule défaite suffisait pour le perdre. La course à pied venait ensuite : certains coureurs n'ayant pris aucune part au pentathle se présentaient à ce concours. Toute cette partie du programme était exécutée le même jour.

Un ou plusieurs jours étaient consacrés à la course des chevaux et des chars, et ici les conditions du concours étaient nombreuses et variées : les chars étaient parfois attelés de trois et même de quatre chevaux qu'il fallait conduire d'une seule main dans la lice, en leur faisant contourner adroitement la borne qui était le but. Enfin, dans l'intervalle des luttes et des courses, avaient lieu les concours de danse, de musique, de poésie et de littérature. Les représentations scéniques avaient aussi leur place, et la durée entière de tous ces jeux étaient de cinq jours.

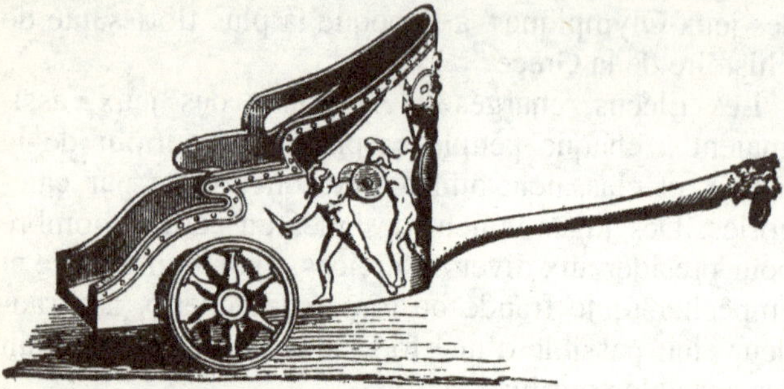

Char du Triomphe chez les Grecs.

À Olympie, le vainqueur obtenait en récompense une couronne de chêne ; dans les autres jeux il recevait, à Delphes, une couronne de laurier, à Corinthe et à Argos, une couronne d'ache. L'athlète couronné aux jeux Olympiques rentrait triomphalement dans sa ville par une brèche faite aux remparts.

Avant de combattre, l'athlète se frottait d'huile, et s'avançait dans l'arène sans aucun vêtement. Il était défendu aux femmes, sous peine de mort, d'assister aux jeux Olympiques, et même de passer l'Alphée pendant tout le temps de leur célébration. Cette défense fut si exactement observée, qu'il n'arriva jamais qu'à une seule femme de transgresser cette loi, et encore cette femme, nommée Callipatira, était une Spartiate qui, ayant préparé son fils à combattre, avait voulu, sous un déguisement d'homme, être témoin de sa victoire. Le cas fut jugé exceptionnel, et, traduite en jugement, la femme fut acquittée.

À Rome, ainsi qu'en Grèce, les jeux publics se célébraient durant la belle saison, entre les équinoxes du printemps et de l'automne. Ils étaient fort nombreux, et, en apparence, toujours célébrés en l'honneur de quelque divinité. Mais la politique y avait autant de part que la religion. Les magistrats, organisateurs de ces jeux, se préoccupaient moins d'honorer les dieux que de gagner les suffrages du peuple. Pour créer et varier les divertissements, ils puisaient à pleines mains dans le trésor public, et souvent même, par ambition, ils dépensaient à ce genre de spectacle leur propre fortune.

Quoi qu'il en soit, on distinguait, à Rome, les jeux *solennels*, revenant à époque fixe, *honoraires* ou éventuels, *votifs*, c'est-à-dire voués par le sénat à l'occasion de quelque fait extraordinaire, *impératifs*, ou ordonnés par les ministres du culte à la suite de présages menaçants ou heureux.

Ces jeux se donnaient en plein air : ils comprenaient toutes sortes de luttes, la course à pied, à cheval et en char. Parfois la lutte devenait un véritable combat à mort entre les adversaires, parfois aussi les combattants étaient aux prises avec les bêtes féroces. Ce n'étaient pas, comme dans les jeux de la Grèce, des hommes libres qui venaient dans l'arène disputer le

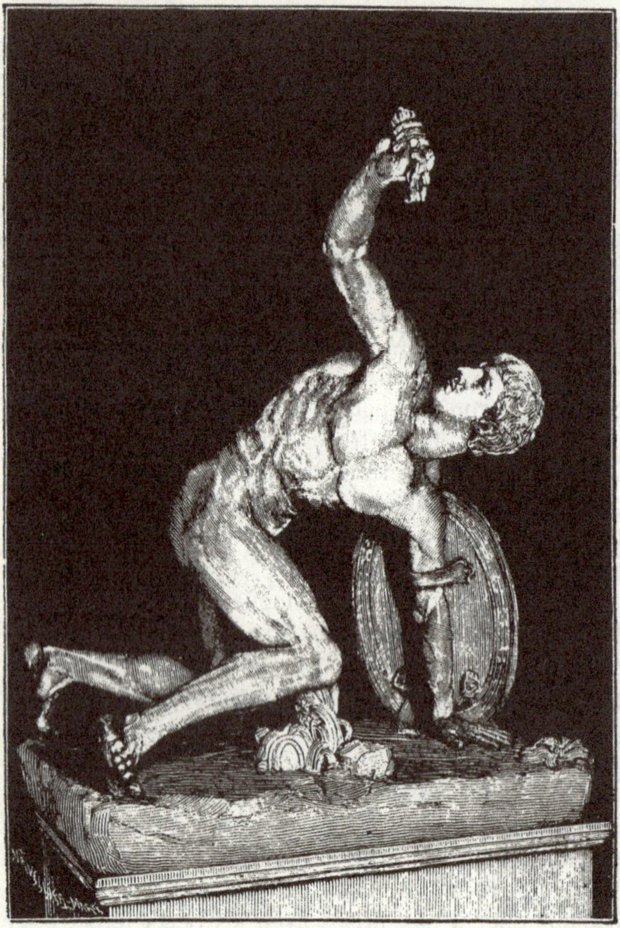

Gladiateur tombant.

prix de l'adresse, de l'élégance, de la grâce, de l'agilité et du courage : le peuple romain, qui gardait pour lui les exercices du Champ-de-Mars, n'avait sous ses yeux, dans le cirque, que des esclaves, des mercenaires et des gladiateurs. Aussi, dans ces jeux, la satisfaction du peuple se bornait à suivre les péripéties d'une lutte sanglante. Le bruit de la victoire ne sortait guère de l'amphithéâtre : l'enthousiasme n'embrasait pas les cœurs, et de ces égorgements barbares la jeunesse ne retirait aucune leçon de noble et saine moralité.

## **Naissance** (Le jour de la)

Le jour de la naissance était particulièrement célébré chez les Romains. Cette solennité se renouvelait tous les ans, et toujours sous les auspices du Génie qu'on invoquait comme une divinité qui présidait à la naissance de tous les hommes.

On dressait un autel de gazon entouré d'herbes sacrées sur lequel, dans les familles riches, on immolait un agneau. Chaque particulier étalait ce jour-là ce qu'il avait de plus magnifique. La maison était ornée de fleurs et de couronnes, et la porte était ouverte aux parents et aux amis qui se faisaient un devoir d'apporter des présents.

Le jour de la naissance des prêtres était surtout consacré par la piété ; et celui des princes par des sacrifices, des distributions de vivres aux pauvres ; par l'affranchissement des esclaves, l'élargissement des prisonniers, enfin par des spectacles et des réjouissances publiques.

Ces honneurs eurent aussi leur contraste : on mit au rang des jours malheureux la naissance de ceux que la tyrannie proscrivait, et celle des tyrans eux-mêmes.

## Funérailles

À Athènes, ainsi qu'à Rome, il était d'usage de parfumer les corps avant de les ensevelir. L'inhumation fut le mode primitif de sépulture. Elle consistait à jeter au moins un peu de poussière sur le mort, afin de lui permettre de passer les fleuves infernaux, et même on lui introduisait dans la bouche une petite pièce de monnaie destinée à payer ce passage. Cette coutume, bien établie chez les Romains, persista jusqu'à une époque assez avancée de la république.

La cérémonie avait lieu la nuit, et les personnes formant le cortège suivaient le cercueil en tenant à la main une sorte de torche ou grosse corde allumée (*funis*), d'où vient, dit-on, le mot *funérailles*. De tout temps les esclaves et les citoyens pauvres furent enterrés ainsi, sans appareil.

Mais, dans les familles opulentes, les obsèques, à Rome, se célébraient avec une pompeuse solennité Elles avaient lieu en plein jour, et le cercueil ou lit funèbre sur lequel reposait le mort, était accompagné d'un long cortège de parents, d'amis et de clients qu'un maître des cérémonies rangeait dans l'ordre suivant : en tête marchait une troupe de *musiciens* jouant de la longue flûte ; ensuite venaient les *pleureuses*, femmes payées, qui entonnaient des complaintes funèbres, poussaient des sanglots et célébraient les louanges du défunt ; elles étaient suivies du victimaire qui devait immoler sur le bûcher les animaux favoris du mort, chevaux, chiens, chats, oiseaux, etc. ; après lui venait la riche litière où reposait le cadavre sur une couche de parfums, de fleurs et d'herbes aromatiques. Si le défunt comptait d'illustres ancêtres, leurs images, leurs bustes précédaient sa litière ou son cercueil ; s'il avait obtenu des décorations, des honneurs particuliers, ses insignes le suivaient, portés par ses plus chers clients. Enfin s'avançait le cortège, et la voilure vide du défunt fermait la marche.

Un usage bizarre voulait que devant le cortège, et immédiatement derrière le cercueil, il y eût un bouffon chargé de représenter par sa démarche, son attitude, ses gestes, la personne de celui qu'on conduisait ainsi au bûcher funèbre.

Ce bûcher fait de bois brut formait une masse carrée sur laquelle on déposait le cadavre soit enfermé dans le cercueil, soit exposé sur sa litière. Un membre de la famille y mettait le feu. Pendant que le corps se consumait, l'oraison funèbre du mort était prononcée devant l'assistance muette et recueillie.

Les cendres, renfermées soigneusement dans une urne, étaient solennellement portées tantôt à la chambre sépulcrale nommée *columbarium*, tantôt dans un tombeau particulier, parfois sous une simple stèle ou colonne, parfois aussi dans un fastueux monument.

# INDEX

## A

**B**

## C

D

## E

## F

G

## H

## I

## J



## L

## M

## N

## O

## P

Q



R

## S

T

U



V

X



Z

## TABLE DES DESSINS ET GRAVURES

# TABLE DES MATIÈRES

**Les Montagnes, les Bois, les Divinités champêtres**



**Divinités de la Ville et de la Campagne particulières à Rome**



**Les dieux de la patrie, de la famille, de la vie humaine**

## Le Monde infernal



## Temps héroïques
## Croyances populaires



## Légendes thébaines



## Les Labdacides

**Légendes athéniennes**



**Légendes étoliennes**



**Légendes thessaliennes**



**Légendes argiennes**



**Les Pélopides**



**Les Tyndarides**



**Les Atrides**



**Autres héros grecs de la Guerre de Troie**

### Héros troyens de la Guerre de Troie



### Émigration troyenne



### Légendes populaires



### Quelques divinités allégoriques

**Les Oracles**



**Les Cérémonies et les Jeux**

*Cet ouvrage a été composé et mis en page*
*par PCA, 44400 Rezé*

*Imprimé en France par* CPI
en mai 2018
N° d'impression : 2036892

POCKET – 12, avenue d'Italie – 75627 Paris Cedex 13

Dépôt légal : juin 2018
S28617/01